KB105984

독자의 1초를 아껴주는 정성!

세상이 아무리 바쁘게 돌아가더라도
책까지 아무렇게나 빨리 만들 수는 없습니다.
인스턴트 식품 같은 책보다는
오래 익힌 술이나 장맛이 밴 책을 만들고 싶습니다.

땀 흘리며 일하는 당신을 위해
한 권 한 권 마음을 다해 만들겠습니다.
마지막 페이지에서 만날 새로운 당신을 위해
더 나은 길을 준비하겠습니다.

독자의 1초를 아껴주는
정성을 만나보십시오.

미리 책을 읽고 따라해 본 2만 베타테스터 여러분과
무따기 체험단, 길벗스쿨 엄마 기획단,
시나공 평가단, 토익 배틀, 대학생 기자단까지!
믿을 수 있는 책을 함께 만들어주신 독자 여러분께 감사드립니다.

(주)도서출판 길벗   www.gilbut.co.kr
길벗이지톡   www.eztok.co.kr
길벗스쿨 www.gilbutschool.co.kr

돈이 보이는
주식의 역사

돈이 보이는 주식의 역사

The History of Stocks in sight of Money

초판 1쇄 발행 · 2021년 1월 20일
초판 2쇄 발행 · 2021년 1월 30일

지은이 · 윤재수
발행인 · 이종원
발행처 · (주)도서출판 길벗
출판사 등록일 · 1990년 12월 24일
주소 · 서울시 마포구 월드컵로 10길 56(서교동)
대표전화 · 02)332-0931 | **팩스** · 02)322-0586
홈페이지 · www.gilbut.co.kr | **이메일** · gilbut@gilbut.co.kr

기획 및 책임편집 · 박윤경(yoon@gilbut.co.kr) | **영업마케팅** · 정경원, 최명주
웹마케팅 · 김진영, 장세진 | **제작** · 손일순 | **영업관리** · 김명자 | **독자지원** · 송혜란, 윤정아

교정교열 · 최원정 | **디자인** · 섬세한 곰 김미성 | **전산편집** · 예다움
CTP 출력 및 인쇄 · 북토리 | **제본** · 신정문화사

▶ 잘못된 책은 구입한 서점에서 바꿔 드립니다.
▶ 이 책은 저작권법에 따라 보호받는 저작물이므로 무단전재와 무단복제를 금합니다. 이 책의 전부 또는 일부를 이용하려면
  반드시 사전에 저작권자와 출판사 이름의 서면 동의를 받아야 합니다.

ISBN 979-11-6521-431-9 13320
(길벗도서번호 070448)
가격 23,000원

독자의 1초를 아껴주는 정성 '길벗출판사'

길벗 | IT실용서, IT/일반 수험서, IT전문서, 경제실용서, 취미실용서, 건강실용서, 자녀교육서
더퀘스트 | 인문교양서, 비즈니스서
길벗이지톡 | 어학단행본, 어학수험서
길벗스쿨 | 국어학습서, 수학학습서, 유아학습서, 어학학습서, 어린이교양서, 교과서

네이버포스트 · https://post.naver.com/gilbutzigy
유튜브 · https://www.youtube.com/ilovegilbut
페이스북 · https://www.facebook.com/gilbutzigy

주식시장의 폭락과 버블 속에서 배우는
주식투자 인사이트

돈이 보이는
주식의 역사

윤재수 지음

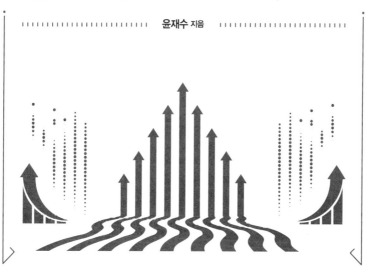

100년의 주식시장 역사 속에 미래 투자의 답이 있다!

길벗

방향성 없어 보이는 주가 등락에도 법칙이 존재한다

2008년 글로벌 금융위기로 인한 증시 폭락을 생생하게 기억할 것이다. 당시 1년간 코스피지수는 1,193포인트, 57.2%나 급락했다. 투자자들은 무너지는 주식시장을 속수무책으로 바라만 볼 뿐 제대로 대응하지 못했다. 특히 2008년 10월 한 달은 매일 사이드카가 울릴 정도로 공포 그 자체였다.

그러나 모두가 두려워하는 극도의 위기상황에서도 자산가치 이하로 폭락한 대형 우량주를 사들인 일부 투자자들도 있다. 그때 주식을 매수한 투자자들은 1년 후인 2009년에 지수가 2,085포인트까지 상승하여 큰 수익을 실현하였다. 2020년 코로나 팬데믹으로 증시가 폭락했을 때도 예외는 아니었다. 공포심에 휩싸인 투자자들은 보유 주식을 투매하였고 증시는 짧은 기간 동안 깊게 폭락하였다. 그러나 상승으로 전환된 주가는 스프링처럼 뛰어올라 위기 이전 수준을 회복한 후 언제 그런 위기가 있었느냐는 듯 상승을 이어가고 있다.

위기를 기회로 생각한 투자자들은 어떤 사람들일까? 바로 이론이나 경험을 통해 증권시장의 역사를 아는 사람들이다. 주식투자 역사를 보면 증권시장은 매일 새롭게 변하는 것 같아도 끊임없이 폭등과 폭락을 반복하는 가운데 어떤 공통점을 보여주고 있음을 알 수 있다. 독자들은 이 책에 소개된 수많은 투자 사례를 통해 주가 등락의 법칙과 공통점을 발견하게 될 것이다.

40년 주식현장을 지켜본 투자자의 입장에서 바라본 주식시장 역사

증권시장 역사는 시장참여자 중 누구의 관점에서 보느냐에 따라 달리 읽힐 수 있다. 시장을 개설하거나 관리감독하는 입장, 즉 정부, 금감원, 거래소, 협회 등은 객관적인 각종 통계자료를 제공해 준다. 그러나 그들은 시장참여자 중 누가 수익을 내고, 누가 손해를 보는지에 대해서는 관심이 없고 그런 통계도 내지 않는다. 증권회사나 사산운용사 등은 고객에게 수익을 내주는 동시에 다른 한편으로는 수수료나 보수를 챙기기 때문에 손익에서 양면성을 갖는다. 설령 손해가 발생해도 책임지지 않는다. 필자는 증권시장 안팎에서 40년 가까이 투자현장을 경험했다. 때로는 증권회사의 임원과 투자고문으로, 때로는 개인투자자의 시간을 보냈다. 이 책은 시장관리자가 아닌 투자자의 입장에서 바라본 주식투자 역사서이다.

투자 결정과 그에 따른 결과를 100% 책임지는 시장참여자는 개인 투자자들뿐이기 때문에 급등락을 반복하는 증권시장에서 개인투자자 들이 패자가 되지 않으려면 지난 주식투자 역사 속에서 증권시장의 속 성을 파악할 필요가 있다.

끊임없이 변화한 투자 기준의 변천사 기록

해방되고 나서 1960년대까지는 주식투자에 별다른 기준이 없었다고 해도 과언이 아니다. 일명 '책동전'이라는 것이 있었는데, 매도세력과 매수세력이 양편으로 나누어져 돈과 물량으로 힘을 겨룬 결과가 주가 로 나타났다. 그야말로 기업가치와 무관한 투기적 거래였다. 이후 80 년대 중반부터 본격적으로 그래프를 투자 기준으로 삼는 사람들이 생 겨났고, 개인투자자들이 EPS, PER, ROE, EV/EBITDA 같은 투자지표를 알기 시작한 것은 1992년 외국인 직접투자가 시작되고부터이다. 그러 나 현대적 투자지표가 광범위하게 활용되는 지금도 기업의 재료나 루 머에 기대 주식을 거래하는 사람들이 많이 있다.

이 책은 투자 사례를 통해 투자 기준이 어떻게 변천해 왔으며 또 투자지표를 참고하는 것이 얼마나 중요한가를 말해 준다.

주식투자 역사는 현재 증시를 이해하고 미래 증시를 예측하기 위한 것

E. H. 카는 《역사란 무엇인가》에서 객관적으로 모두가 같은 의미를 말하는 것은 불가능하다고 했다. 그리고 역사란 현실에 주는 의미가 무엇인가에 초점이 맞추어져 있다고 했다. 이 책도 과거 증시 역사를 통해 현재 증시를 이해하고 미래 증시를 예측해 보는 데 초점이 맞추어져 있다. 과거 투자 사례를 보면 지금도 유사한 사례가 반복되고 있고 향후에도 반복될 것이라는 사실을 알 수 있다.

이 책은 저자가 40년 가까이 대한민국 주식시장을 직접 경험한 것을 기초로 하여 쓴 책이다. 하지만 오랜 세월 이어져 내려온 변화무쌍한 주식시장에서 개인의 경험은 한계가 있으며, 부족한 점 또한 많다는 것을 인정한다. 미진한 부분은 계속 보완해 나갈 것이다.

이 책은 2015년에 발행한 《대한민국 주식투자 100년사》의 개정판이다. 초판이 발행된 지 5년이 흘렀기 때문에 그동안 증시상황을 보완하였고, 아울러 독자들에게 도움을 드리고자 최근 증시상황과 향후 전망도 게재하였다.

본 도서가 새롭게 태어나기까지 정성으로 수고하신 길벗출판사 박윤경 차장님께 감사를 드린다.

2021년 1월
저자 윤재수

차례

머리말 · 4

2001년에서
2010년까지

급변하는 세계,
다원화된 주식시장

| 이야기로 보는 주식투자 역사 | **9·11테러와 옵션투자** · **400**

식민지 수탈의 도구가 된
일제강점기 증권시장

1896년 일본인에 의해 인천에 미두취인소(米豆取引所, 미두거래소)가 세워지면서 우리나라 증권시장의 역사가 시작된다. 취인소는 거래소의 옛말로, 미두취인소는 유가증권이 아닌 쌀(米)과 콩(豆)을 거래하되 형식은 오늘날 선물거래에 해당한다. 미두취인소는 일제의 쌀수탈을 위한 합법적인 통로 구실을 했고, 쌀값 안정을 목적으로 설립하였지만 오히려 쌀값 폭등과 폭락을 가져와 투기장으로 전락하고 말았다.

1920년 경성주식현물시장이 생기고, 1932년 조선취인소가 개설되어 이 땅에 처음으로 근대적 모습의 유가증권 거래시장이 개설되었다. 조선취인소(오늘날의 한국거래소)에는 소수의 한국기업과 일본기업이 상장되어 거래가 이루어졌다. 당시는 주식거래가 활발하지 못했으며, 거래목적 또한 한국기업의 발전을 위한 것이 아니었다. 그러나 오늘날의 증권시장 뿌리라는 점은 부인할 수가 없다.

일제강점기에는 농업뿐만 아니라 공업과 광업까지 주로 일본자본이 중심이 되어 일본인이 경영하였고 한국인 기업은 영세성을 면치 못했기 때문에 자본이득 또한 대부분 일본이 가져갔다. 1896년부터 1945년까지 일제강점기 증권시장은 건전한 산업자본 육성이라는 자본시장 본래의 목적과는 거리가 면, 한마디로 '식민지 수탈의 도구' 역할을 하였다. 더불어 당시 증권시장은 오로지 돈의 힘으로 상대방을 밀어붙이는 단기 투기성 시장에 불과하였다.

From 1896 to 1945

1장

국내 최초 선물거래,
1900년대 쌀·콩 투기

쌀·콩을 대상으로 투기 거래한 인천미두거래소

인천미두거래소는 쌀, 콩 등 곡물을 거래하던 상설시장으로, 일본인들이 중심이 되어 1896년 5월에 설립되었다. 구조와 거래방식은 오늘날의 선물시장과 비슷하다. 우리나라 증권시장의 모태로 불리는 인천미두거래소는 후일 증권거래소 설립에 영향을 미쳤다.

현재 한국은행 인천지점 자리에 있던 인천미두거래소 모습

인천미두거래소는 조선의 쌀값을 안정시키고 품질을 향상시킨다는 명목으로 설립되었지만, 실상은 조선의 쌀과 돈을 수탈해 가려는 일제의 검은 야욕의 도구에 불과했다. 설립 초기에는 쌀 외에 콩, 명태, 석유, 방적사, 목화 등도 현물로 거래했으나 점차 쌀이 주가 되었다.

1917년부터 1928년까지 12년간 인천항을 통해 일본으로 반출된 쌀은 연평균 700만 석(石. 1석은 160kg, 즉 두 가마)에 달한다. 당시 우리나라 연평균 생산량인 1,400만 석의 절반에 해당하는 어마어마한 규모다. 가을 추수 때가 되면 인천부두 일대에 일본으로 보내질 쌀이 산처럼 쌓이는 진풍경이 펼쳐졌다 한다.

거래대금의 10%만 내면 큰돈을 벌 수 있다는 유혹, 청산거래

인천미두거래소는 1896년에 설립되어 1932년 경성주식현물거래소와 합병된 이후 1939년에 문을 닫고 역사 속으로 사라질 때까지 43년간 미두시장의 중추적 역할을 수행했다. 쌀 거래단위는 100석부터 3천 석까지로, 거래대금의 10%에 해당하는 증거금만 내면 누구라도 거래가 가능해 투기성이 매우 높았다(오늘날 주가지수 선물거래[1]의 증거금은 15%다. 그만큼 더 투기성이 높았던 것이다).

---

1 선물거래는 수량, 규격, 품질 등이 표준화되어 있는 상품 또는 금융자산에 대하여 현재 시점에서 결정한 가격(선물가격)으로 미래 일정한 시점에 인수/인도할 것을 약정하는 거래를 말한다. 매매계약 시점과 인도 및 대금지불 시점이 다르다는 점에서 현물거래와 구분된다.

경성주식현물거래소의 매매 광경

인천미두거래소의 가장 큰 특징은 쌀과 돈을 현물로 맞바꾸는 현물거래가 아니라 중간중간 반대매매로 차익을 실현하는 청산거래[2] 방식이라는 점이다. 이 때문에 거래대금의 10%에 해당하는 증거금만 있으면 큰돈을 벌 수 있다는 착각에 빠지게 했다.

일본인들은 인천미두거래소로 돈을 끌어들이기 위해 '미두 투기로 큰돈을 번 사람이 많다'는 소문을 퍼뜨렸고, 이를 믿은 전국의 지주와 지방부호들이 인천으로 몰려들었다. 그러나 극소수의 행운아를 제외하곤 대부분 패가망신하는 신세가 되었다.

미두 투기 바람은 광풍으로 이어져 '논과 밭은 동양척식주식회사에 다 빼앗기고, 얼빠진 부자들의 낟곡과 돈뭉치는 미두 바람에 몽땅 날렸다'는 말이 나돌 정도였다.

2　청산거래는 실물 교환을 하지 않고 차액만 정산하는 일종의 선물거래 방식으로, 증거금만으로도 매매할 수 있어서 레버리지가 높다. 예를 들어 A라는 주식 또는 상품을 1천 원에 갑이 매도하고 을이 매수하는 거래가 성립되었다고 하자. 당일 최종가격, 즉 장부가액이 1,050원으로 결정되었다면, 차액인 50원만 갑이 을에게 넘겨주면 거래가 종료된다. 즉 갑과 을이 실제 주식을 소유하지도 않고, 실물인도도 하지 않는 거래이다. 청산거래 시 증거금 비율은 10% 안팎으로 매우 낮다. 따라서 갑과 을은 10% 증거금인 100원(1,000원 × 10%)을 투자하여 갑은 50% 손실을 보고, 을은 50% 수익을 실현한 셈이다. 레버리지가 10배에 이르니 투기성이 매우 높다고 할 수 있다.

2장

한국 최초의 주식회사는 조선은행

한국 최초의 주식회사와 함께 시작된
본격적인 주식거래

한국 최초의 주식회사는 1896년에 설립된 조선은행(1901년 폐점)이다. 그 뒤를 이어 1898년 부하철도회사, 1899년 대한천일은행과 대한철도회사 등이 주식회사 형태로 차례차례 설립되었고, 1906년 한성농공은행, 1908년 동양척식주식회사 등의 금융기관 설립도 잇따랐다.

이들 회사는 대부분 주식 모집 방법으로 설립되었다. 1909년에 모집 설립된 한국은행의 예를 살펴보자.

총 발행주식 10만 주 중 한국정부 3만 주, 내장원(조선 후기에 왕실의 재산을 관리하던 관청) 1천 주, 일본황실 1천 주를 우선 배정하고, 남은 6만 8천 주를 민간에게 공모하였다.

한국 최초의 주식회사인 조선은행 건물

정부가 연간 배당률 6%를 약속하였기 때문에 인기가 높아 응모주식수가 38만 5,159주에 달해 예정 수량의 5배가 넘었다.

그러나 정책적으로 조선에 이주한 일본인에게 우선 배정하였기 때문에 주로 재한일본인들이 주주가 되었다. 주주가 된 조선인은 211명에 불과하였고 그중 189명은 단 1주씩만 배정받았다. 한국은행은 1910년 한일합병 이후 조선은행으로 명칭이 변경(1911년 8월)되었고, 경영과 인사 등 모든 권한은 총독부에 귀속되었다.

주식거래는 1900년대 초부터 조금씩 활기를 띠어가기 시작한다. 1905년에 실시한 정부의 화폐정리사업으로 화폐가 부족해지자 자금이 모자란 자산가와 사업가들이 보유주식을 매각하면서 주식거래가 빈번하게 이루어지기 시작한 것이다. 당시 주식거래는 양복점, 전당포 등 점두(店頭)에서 거래당사자 간에 이루어지는 점두거래(장외거래) 형태였다.

1908년에는 일본인이 주식거래를 중개하려고 유가증권 문옥(問屋, とんや. 도매상)을 개업한다. 이후 1911년 4월에 경성유가증권문옥조합이 결성되어 비록 점두거래이긴 했지만 특정 시간과 장소에서 주식거래가 이루어지는 체계를 마련했다. 시세는 일본 오사카거래소를 기준으로 삼았는데, 처음으로 '주식시세표'를 작성해 배포했다.

한국 최초의 주식거래시장, 경성주식현물거래소

1920년 5월에는 한국 최초의 증권거래시장인 경성주식현물거래소가 개설되었다. 거래방법은 실물거래와 청산거래 두 가지로, 그중 청산거래가 대부분이었다. 거래종목은 대부분 일본 도쿄거래소와 오사카거래소의 상장주식이었고, 한국주식으로 거래된 주된 종목은 경취주(경성주식현물취인시장주)였다.

한국기업들도 많이 생겨나 거래가 제법 이루어졌다. 1918년 조선식산은행과 조선방직이 설립되었을 때는 주가가 큰 폭으로 상승하기도 했다. 조선인 중에는 이영주, 김응룡 등이 주식업자로 이름이 나 있었다. 특히 이영주는 동아주식점(東亞株式店) 이름으로 〈매일신보〉에 '주식론'을 연재하여 주식에 대한 지식을 보급하였다.

경성주식현물거래소가 설립된 이후 조선인 투자자들도 일본인 투자자들과 어깨를 견줄 만큼 성장했다. 특히 동아증권의 조준호 사장과 금익증권의 강익하 사장이 두각을 나타내며 국내 증시를 주도했다. 그러나 1923년 관동대지진, 1927년 금융공황, 1929년 세계대공황 등이 연이어 발생하면서 일본경제가 침체하자 식민지 조선의 경제도 큰 타격을 받았고 주식거래 또한 부진을 면치 못했다.

3장

국내 최초의 근대적 증권거래소, 조선취인소 개설

일본자본으로 설립된 제조회사의 주식 공모 활발

일본은 만주사변(1931년)과 중일전쟁(1937~1945년) 등 침략전쟁을 본격화하며 조선을 병참기지로 만들기 위해 일본자본으로 조선의 공업화를 추진했다. 이때 설립된 제조회사들은 전쟁특수를 맞아 주가도 상승하고 거래량도 크게 늘어 성장가도를 달렸다.

1930년대 중반에는 주식 공모도 활발하게 이루어졌다. 특히 1934

조선제련은 장항제련소로 이름을 바꿔 운영되다 현재 LS니꼬동제련으로 명맥을 유지하고 있다.

년 조선제련 공모 때는 처음으로 공모주 수를 웃도는 청약자가 몰려 추첨으로 주식을 배정하는 일까지 벌어졌다. 또 1935년에는 북선제지에서 한국 증시사상 최초로 프리미엄부 발행[3]을 해 세간의 화제를 모으기도 했다. 이외에도 경쟁률이 60배에 이른 조선석유 공모 등 공모주의 인기가 상당했다.

한국 최초의 거래소인 조선취인소 개설

1932년 1월 12일 영업을 개시한 조선취인소는, 비록 일제강점기에 설립된 것이긴 하지만 우리나라 최초로 법적 근거를 갖는 증권거래소이다. 조선취인소는 '조선취인소령'에 의거해 설립되었다(조선취인소령은 1962년 증권거래법이 제정되기 전까지 증권거래의 기준이 되는 법으로서 기능하였다).

조선취인소에는 미두부와 증권부를 두었는데, 미두부는 인천미두시장을 폐쇄하고 거래소 내 부서로 편입한 것이었다. 조선취인소는 일반주주의 모집으로 설립된 주식회사로, 서울 명동에 사옥(社屋)이 있었다[1945년 조선취인소가 폐쇄되고 나서 1956년 대한증권거래소(현 한국거래소)가 같은 건물에서 문을 연다]. 이를 시작으로 서울 명동은 증권거래소가 여의도로 이전해 가는 1979년 전까지 한국의 월가로 명성을 날리게 된다.

조선취인소에서 이루어진 거래는 크게 단기거래, 장기거래, 실물거

---

3 기업의 사업성적이 좋을 때 액면가에 프리미엄(할증금)을 붙여 주식을 발행하는 것을 프리미엄부 발행이라고 한다. 보통 액면가와 시가의 중간 수준에서 발행가가 결정되기 때문에 중간발행이라고도 부른다. 예를 들어 액면금액 5천 원인 주식이 1만 원의 시가를 형성하고 있을 때 2천 원의 프리미엄을 붙여 7천 원으로 발행하면 프리미엄부 발행이 된다.

1932년에 인천미두거래소를 편입시킨 조선취인소

래의 3가지 방식으로 나누어져 있었다. 그중에 단기거래가 전체 거래량의 90%를 차지하였다.

단기거래 종목에서 한국기업으로는 조선취인소 주식이 유일하고, 도쿄거래소 주식, 오사카거래소 주식, 일본산업, 종연방직이 최고 인기 종목이었다. 이들 종목은 오사카거래소에도 상장되어 있었는데 장부가는 오사카거래소 가격을 기준으로 하였다. 조선취인소의 가격은 오사카시장에서 형성되는 가격에 아무런 영향을 미치지 못했기 때문에 사진시장 또는 복사시장이라고 불렸다. 다시 말해 조선취인소는 오사카에서 거래되는 주식의 가격 등락에 돈을 거는 도박장에 불과하였던 셈이다.

한편, 1941년 태평양전쟁이 발발하자 조선도 전시통제경제에 들어갔다. 일본은 패전의 기운이 짙어가던 1943년 7월 1일, 새로운 조선증권취인령을 발표하여 조선취인소를 조선증권취인소(조증취)로 개편하고 총독부의 감독을 더욱 강화하였다. 전시동원체제에서 증권시장은 공채(公債) 소화와 전비자금 조달 창구로 변질되었다. 당시 상장 한국기업으로는 경성방직(현 경방), 경성전기, 조선기계, 조선맥주 등이 있었으나 일반인의 주식거래는 전무하다시피 했다. 결국 1945년 8월, 제2차 세계대전 종전과 함께 조선취인소도 폐쇄되었다.

미두시장의 승부사
'반복창'

미두 투기 거부의 화려한 결혼식

미두 투기로 거부가 된 반복창(潘福昌)의 돈 씀씀이는 대단했다. 서른 일곱이 될 때까지 결혼을 하지 않은 반복창은 미모의 20세 여인을 사랑했다. 그녀는 S여자전문대학 음악과를 중퇴한 상당한 지식인으로, 학벌도 없고 나이 차이도 많은 반복창과는 도무지 어울리지 않은 여성이었다. 그러나 반복창은 돈으로 그녀의 환심을 사 결혼을 승낙받았다.

'당대 최고의 호화 결혼식'이었던 반복창과 김후동의 혼인을 풍자한 만화

1929년 봄, 두 사람은 최고급 호텔인

서울 조선호텔에서 당대 최고의 호화 결혼식을 올렸다. 인천에서 상경하는 하객을 위해 2등객차 여러 칸을 왕복으로 전세 냈으며, 초호화판 피로연 등 결혼식 당일 비용만 3만 원(현재 가치로 약 30억 원)에 달했다. 또 신혼살림을 시작할 저택을 짓기 위해 싸리재 마루터(지금의 종로2가)에 수백 평의 땅을 사들인 뒤 성곽처럼 높은 축대를 쌓아올렸다.

일본이름 반 지로인 반복창

반복창은 1920년대 미두시장에서 '미두계 패왕'이라는 별명을 얻을 정도로 명성이 높았다. 강화도 국화리에서 태어난 그는 집안이 가난해 12살 때 인천으로 나와 일본사람 집에서 어린아이 돌보는 일을 했는데, 그 집 주인이 인천에서 가장 큰 정미소인 역무정미소(力武精米所)를 운영했다.

1876년 강화도조약 체결 이후 일본은 조선 병합을 위한 전략의 하나로 일본인을 대거 조선으로 이주시켰다. 그 결과 조선 거주 일본인의 수가 크게 늘어 을사조약이 체결된 1905년에 4만 2천 명이던 일본인이 1925년에는 44만 4,500명에 이르렀다. 이들은 조선의 주요 공직을 독차지했으며 경제, 사회, 문화 등 모든 분야에서 조선총독부의 지원을 받아 각종 권한과 이권을 독점하고 있었다. 미두 투기의 핵심 세력이었던 인천 소재 30여 개 정미소 중 70%도 일본인이 운영했다.

당시 대부분의 정미소에서는 미두 투기를 하고 있었다. 규모가 큰 정미소일수록 더 많은 양의 도정(搗精, 곡식의 등겨를 벗기는 작업)을 위탁받기 때문에 투기 규모도 컸다. 정미소들이 미두 투기를 한 이유는 납품기일 이전에 단 며칠이라도 잘만 이용하면 남이 맡긴 미곡을 이용해 짭짤한 차익을 얻을 수 있었기 때문이다.

반복창의 일본인 주인도 미두 투기를 했는데, 당시 인천미두거래소에서는 오전에 열 번, 오후에 여섯 번 해서 하루에 총 열여섯 번 경매를 실시했다. 당일 최종시세는 일본 오사카에 있는 당도취인소(當島取引所)에서 결정되는 가격을 기준으로 삼았으므로 시시각각 바뀌는 오사카 시세를 누가 먼저 아느냐에 따라 이익과 손실이 결정되었다.

그러다 보니 중매점(仲買店, 자기 계산으로 또는 타인의 대리인으로 미두 시장에 참여하는 상인, 지금의 증권회사 형태)이나 큰 정미소에서는 오사카 시장에서 결정되는 가격을 먼저 알아내기 위해 치열한 경쟁을 벌였다. 반복창의 일본인 주인이 운영하던 역무정미소도 오사카에 있는 당도취인소에 직원을 상주시킨 뒤 가격이 형성되면 곧바로 한국으로 전보를 치도록 조치했다.

반복창은 아이 돌보기를 몇 년간 한 뒤 정미소 사무실에서 사환으로 일하게 되었다. 그는 일본에서 오는 전보를 받아 주인에게 전달하는 일을 전담했다. 우체국에서 대기하고 있다가 전보가 도착하면 즉시 사무실로 달려가 주인에게 전달하는 일을 하루에도 몇 차례씩 되풀이했다. 이렇듯 한참을 기다렸다가 전보를 직접 가져오게 하는 이유는 1초라도 빨리 시세를 알기 위한 것도 있지만 그보다는 정보가 누설되지 않도록 하기 위함이었다.

그러던 중 반복창에게 뜻밖의 제의가 들어왔다. 반복창이 전보 담당자라는 사실을 안 한국인 미두꾼(미두 전문투기꾼) 이석수(가명)가 그에게 접근해 전보를 살짝 보여주면 그때마다 큰돈을 주겠다고 제안한 것이다. 옳은 일이 아니었지만 반복창은 전보를 잠깐 펴 보인 뒤 도로 접어서 가져가기만 하면 큰 돈벌이가 된다는 생각에 제의에 응했다.

그 후 미두꾼 이석수는 미두거래에서 재미를 톡톡히 보았고, 반복창도 돈맛을 알게 되었다.

미두 투기로 거부가 되다

성인이 된 반복창은 이석수의 소개로 어느 미두중개점(米豆仲介店)에서 일하게 되었다. 그곳에서 그는 '요비코(呼子)'로 일했는데, 요비코란 미두거래소에서 경락 시세가 결정되면 즉시 고객에게 큰 소리로 외쳐 알리는 사람이다. 2년 후 반복창은 업계에서 선망의 대상인 '바다지(場立)', 즉 시장입회인이 되었다. 바다지는 미두시장에 나가 직접 경락에 참여하는 핵심적인 사람이었다.

미두 투기에 천부적인 소질이 있어서인지, 어려서부터 오르내리는 미두 시세를 봐와서인지, 아무튼 그의 판단과 조언에 따라 미두에 투자한 고객들은 모두 투자수익이 좋았다. 자연히 그의 인기는 하늘 높이 치솟았고 다른 중개점과 거래하던 고객들도 그가 근무하는 중개점으로 몰려들었다.

그때부터 반복창은 자기 돈으로 직접 미두거래에 손을 댔는데, 제1차 세계대전이 끝날 즈음부터 활발하게 이루어진 미두거래에서 수차례 큰 수익을 거두었다. 이후 중개점도 그만두고 미두 투기에만 전념해 그의 돈은 눈덩이 굴러가듯 커져갔다.

1920년에 그는 80만 원(현재 가치로 약 1천억 원)에 이르는 막대한 재산을 모아 짧은 기간에 만인이 부러워하는 거부가 되었다.

투기로 일어서고 투기로 몰락하다

반복창은 오랜 경험에서 얻은 본능적인 감각으로 향후 몇 개월 동안 쌀값이 올라갈 것으로 판단하고 3개월 후의 시세인 선한(先限)을 대량으로 매수했다. 3개월 후 쌀시세가 올라가면 수익이 나지만, 반대로 쌀값이 떨어지면 손해를 보는 포지션이었다. 그런데 그와는 반대로 선한을 매도한 사람들은 반복창을 눈엣가시로 여기던 일본인들이었다. 자신들 밑에서 머슴살이를 하던 조선인 반복창이 크게 성공해 미두시장의 큰손으로 군림하자 자존심이 상한 일본인들은 그를 몰락시킬 기회를 엿보고 있었다.

반복창이 대량매수를 한다는 정보를 입수한 일본인들은 담합해서 반대로 선한을 매도했다. 마침 일본의 벼농사가 풍작이라 조선에서 쌀수입을 중단할 것이라는 예측이 나오고 있었지만 반복창은 그러한 정보를 알지 못했다.

예나 지금이나 한번 붙으면 한쪽이 항복하고 투항할 때까지 끝까지 몰고 가는 것이 투

반복창의 흥망성쇠를 '김복천'이라는 가명으로 기술한 《삼천리》 1929년 7월호와 인천의 미두거래소(작은 사진).

기의 속성이다.

양쪽 모두 포기할 수 없는 극한상황으로 몰리면서 반복창도 밀리면 끝장이라는 각오로 상대의 기를 꺾기 위해 전재산을 털어 추가 매수에 나섰다. 처음에는 성공하는 듯하였으나 결국 쌀시세는 급락했고 반복창은 재산을 몽땅 날린 뒤 두 손을 들고 말았다. 일본인들의 담합에 무릎을 꿇고 일순간에 빈털터리가 된 것이다.

끝내 재기에 실패한 그는 실성한 사람처럼 미두시장 주변을 맴돌다 1938년 10월 세상을 떠났다. 그로부터 한 달이 채 못 되어 미두시장도 이 땅에서 영영 사라졌으니, 반복창은 미두시장의 흥망성쇠와 운명을 함께한 셈이다. 아방궁과 같이 화려하고 웅장하게 짓고자 했던 반복창의 집터인 종로2가 일대에는 그의 사연을 아는지 모르는지 지금은 고층빌딩들이 줄지어 서 있다.

국채 중심의 투기장으로
전락한 해방 후 증권시장

해방 이후 1945년부터 1960년까지의 증권시장은 주식거래는 미미한 가운데 국채만 주로 거래되는 채권 중심의 시장이었다. 1949년부터 발행되기 시작한 지가증권은 농지개혁 과정에서 지주들에게 토지보상금으로 지급된 것으로, 초기에는 전쟁 중이었기 때문에 가격이 폭락했지만 점차 제값을 회복하기 시작하면서 거래도 증가하였다. 1950년대 후반에는 건국국채가 대량으로 발행되었고 자연히 증권시장에서 주된 거래종목이 되었다.

건국국채에 대한 뜨거운 열기는 증권시장을 투기장으로 만들어 1·16 국채 파동을 야기했고, 급기야 거래소에서 이루어진 국채 거래를 무효화하는 극단의 조치를 불러오는 상황에까지 이르렀다.

주식시장의 경우 1956년 현대적인 의미의 증권거래소가 처음 개설되고 최초로 12개 기업이 상장되면서 본격적인 주식거래가 시작되지만, 상장기업의 수가 적었고 주식 소유 비율도 대주주에게 편중된 탓에 주식거래 자체는 미미하였다.

한마디로 우리나라 증권시장 역사에서 1950년대는 지가증권, 건국국채와 같은 국채 중심의 투기 거래가 성행했던 시기라고 할 수 있다.

From 1946 to 1960

4장

땅 대신 받은 증권으로
신흥 부자 속출

지가증권 거래로 겨우 명맥을 유지한
해방 이후 증권시장

1945년 해방 이후부터 1956년 현대적인 의미의 증권거래소가 개설되기 전까지 우리 증권시장은 자본시장다운 면모를 갖추지 못하였다. 상장기업이 몇 안 되는 데다 주식 소유 비율도 일부 대주주에게 편중되어 거래가 거의 없다시피 했다. 주식거래는 부진을 면치 못하였고, 유일하게 국채인 지가증권(地價證券)만이 1956년까지 활발히 거래되며 증권시장의 명맥을 유지하는 정도였다. 1955년까지의 총 거래실적을 보면 지가증권 71%, 건국국채 20%, 주식 9%로 지가증권 거래가 주를 이룬다.

지가증권은 1949년 6월 이승만 정부가 농지개혁법을 실시하면서 소작인에게는 농지를 주고 지주들에게는 농지값을 보상해 주기 위해 발행한 최초의 정부 발행 공채이다.

이승만 정부는 16만 9천여 명의 지주에게 15억 2,400만 원에 해당하는 지가증권을 5년 분할 지급 조건으로 발행하였다. 이승만 정부가 대지주들의 반대를 무릅쓰고 농지개혁을 강행한 이면에는 '자산의 대부분이 토지인 한국에서 지주들이 토지를 내놓는 대신 보상금을 받아서 기업자본을 만들어야 공업화에 착수할 수 있을 것'이라는 계산이 깔려 있었다.

농지개혁법으로 농지값을 보상해 주기 위해 발행한 최초의 정부 발행 공채인 지가증권

6·25전쟁 이후 가격이 급등한 지가증권으로 부자가 되다

그러나 농지개혁이 시행된 지 3개월 만인 1950년 6월 25일 전쟁이 발발했다. 전쟁은 휴전협정(1953년 7월 27일)이 체결될 때까지 3년간 지속되었다. 전쟁으로 남북한 구분 없이 전국토가 초토화되었고, 해방 후 그나마 남아 있던 산업시설은 80% 이상 파괴되었다. 남북한 통틀어 300만 명이 넘는 희생자를 낸 6·25전쟁을 당시 미국 언론은 '지퍼 전

쟁'이라고 표현하였다. 지퍼처럼 남북을 오르내리며 치러진 지독한 전쟁이라는 뜻이다.

남쪽으로 피난 온 지주들은 생계를 유지하기 위해 보유하고 있던 지가증권을 싼값에 내다팔았다. 자연히 지가증권의 가격은 폭락할 수밖에 없었고, 부산에서는 액면가의 10%에 거래되기도 했다.

휴지조각이나 다름없던 지가증권은 전쟁이 끝날 무렵 정부가 액면금액 전액을 일본인 귀속재산 불하[1]대금으로 사용할 수 있게 하면서 가격이 액면가의 50%까지 뛰어올랐다. 단기에 4~5배 이상 급등한 것이다. 역사를 되짚어보면, 부자가 될 수 있는 기회는 위기 때 더 많았다. 전쟁 중 지가증권을 매도한 지주들은 몰락했고, 국채를 헐값에 사모아 기업에 투자한 사람들은 부자가 되었다.

지가증권이 돈이 된다는 소문이 퍼지자 피난시절 부산 광복동 거리는 지가증권을 사고팔려는 사람들로 붐볐다. 증권거래소가 폐쇄되고 없던 이 시절에는 증권회사에서 직접 거래가 이뤄졌다. 당시에 정부로부터 정식 인가를 받은 곳은 대한증권주식회사 하나뿐이었지만 수많은 무허가 무면허 증권회사들이 난립했다.

---

1 광복 후 일본 소유의 재산을 조선인에게 매각해 넘겨주기 위해 취해진 법적 조치. 1945년 9월 미군정의 수립과 함께 국·공유재산은 물론 일본인 소유의 사유재산까지도 모두 미군정에 귀속되어 미군정은 통치기간(1945년 9월~1948년 8월) 내내 모든 재산에 대해 접수·관리·운영·처분의 권리를 행사하였다.

당시 미군정이 접수한 귀속재산의 가치가 얼마나 되며, 우리나라 경제에서 차지하는 비중이 어느 정도였는지는 정확하게 파악하기 어렵다. 다만 공업부문에서 일본인 소유의 귀속공장이 당시 남한 총 공장수의 85%에 달했다고 한다(조선은행 조사부). 이는 귀속재산이 8·15해방 당시 남한 경제에서 차지하는 비중이 대단히 컸음을 나타낸다.

귀속재산은 국·공유로 지정된 중요한 몇몇을 제외하고는 모두 민간인에게 불하되었다. 불하 작업은 1950년대 중반까지 이어졌는데, 이 과정에서 불공정한 특혜불하 시비가 끊이지 않았다.

5장

일본의 기업을 인수해 재벌의 발판을 마련한 SK, 두산, 한화

지가증권으로 일본인 재산을 사들이다

해방 후 정부는 일본인 귀속재산을 민간에 팔았다. 입찰 경쟁이 치열하지 않고 매각 가격도 매우 낮아 인수자들은 엄청난 특혜를 받은 셈이다.

우리나라 초기 기업들은 이를 발판으로 자본을 축적한 경우가 많은데, 그중에는 오늘날 재벌이라 불리는 기업도 많다. 선경(현 SK그룹의 선신), 두산, 한화가 대표적인데, 당시 이들 기업의 창업자들은 지가증권을 적절히 활용해 귀속재산을 사들였다.

SK그룹의 전신인 선경을 세운 창업자 최종건이 인수한 선경직물 주식회사

한화그룹 창업자 김종희가 조선화약공판을 매입한 뒤 설립한 한국화약 주식회사. 오늘날 한화그룹의 시초라 할 수 있다.

오늘날 SK그룹의 전신인 선경의 창업자 최종건은 일본인이 운영하던 선경직물 주식회사 직원으로 근무하다 해방 후 일본인이 물러가자 그의 나이 21세 되던 1953년에 귀속재산을 인수받아 오늘날 SK그룹의 초석을 만들었다.

두산그룹 창업자 박승직도 일본 기린맥주가 영등포에 세운 소화기린맥주 공장을 해방 이후에 매입해 오늘날 OB맥주로 성장시켰다.

한화그룹 창업자 김종희 역시 일본인 소유의 조선화약공판 직원으로 일하다 해방 후 1953년에 회사를 매입해 오늘날 한화그룹의 발판을 만들었다.

지가증권은 위기와 기회는 함께 온다는 걸 보여주는 대표적인 사례라 할 수 있다.

6장

한국 최초의 증권사는 대한증권

정부가 나서서 증권회사 설립을 유도하다

해방 이후 사회는 아직 혼란스러웠고 증권시장을 일제 잔재로 보는 부정적인 인식도 있었다. 그 가운데 증권시장 활성화 노력이 계속되어 1947년에 증권구락부(증권인들의 모임)가 발족되고, 1949년 11월에는 대한민국 증권면호 1호인 대한증권(현 교보증권 전신)이 설립되었다.

그러나 지가증권, 건국국채 등의 국채가 무면허 증권회사를 통해 무분별하게 거래되자 정부가 나서서 증권회사 설립을 유도했다(1951년). 그 결과 1952년에 고려증권, 1953년에는 영남증권과 동양증권(후에 동서증권), 국제증권 등이 차례로 설립되어 1955년에는 모두 33개 회사로 늘어났다. 증권업자들의 협의체인 사단법인 대한증권업협회도 1953년 11월 25일에 발족했다.

민간이 출자하고 정부가 관리감독한
초창기 대한증권거래소

그러나 정작 증권거래의 중심이 되는 거래소가 없어서 정부는 1954년에 재무부차관을 위원장으로 하는 '증권거래소 설립추진위원회'를 조직했고, 윤인상 재무부차관이 거래소 설립을 주도했다.

하지만 증권시장을 투기장으로만 여기는 여론에 밀려 법안 통과가 해를 넘겨 지연되자, 우선 해방 전에 있던 조선증권거래소령에 준하여 거래소를 설립하기로 하고 증권단, 금융단, 보험단이 각각 1억 환씩 출자하여 재무부장관의 인가를 받아 대한증권거래소(현 한국거래소의 전

1956년 3월 3일에 설립된 대한증권거래소

신)를 설립하였다. 1956년 3월 3일 개소식을 가질 당시, 조흥은행 등 12개 기업이 상장되어 매매거래를 시작했다.

대한증권거래소는 민간 출자금으로 설립되었지만, 거래소 규정을 만들고 거래소를 운영하는 업무 모두를 의결기관인 출자자 총회 대신 정부가 관리감독하며 임원도 정부가 선임하는 등 특수조직으로 출발했다.

7장

사채를 뛰어넘는
국채 수익률

주식거래는 저조, 국채거래는 활발했던
초창기 증권시장

증권거래소가 문을 열었지만 초창기 증권시장은 상장기업의 수가 적어 주식거래가 저조하였다. 그러는 가운데 국채[2]거래만 크게 증가해 국채매매 중심의 시장이 되었다. 1956년부터 1961년까지 6년간 이루어진 증권거래대금 1,060억 환 가운데 국채매매 비중이 77%를 차지할 정도였다.

---

2   예산상의 세입 부족을 보충하기 위해 국가가 발행하는 채권. 채권의 종류에는 발행주체에 따라 정부가 발행하는 국채, 지방자치단체가 발행하는 지방채, 특수법인이 발행하는 특수채, 공기업이 발행하는 공채, 금융기관이 발행하는 금융채, 일반기업이 발행하는 회사채 등이 있다. 국채는 모든 채권 중에서 가장 공신력이 높기 때문에 대체로 상환기간이 길고, 이자율이 낮으며, 투자수익률도 다른 채권에 비해 낮다.

1950년대 전반에는 토지개혁의 보상으로 교부된 지가증권의 거래가 활발했을 뿐 건국국채는 활발하게 거래되지 않았으나 1956년부터 건국국채가 지가증권을 제치고 시장을 주도하였다. 국채는 원리금을 떼

정부의 재정적자를 메우기 위해 대량 발행된 건국국채

일 염려가 없다는 점이 부각되면서 매력적인 투자 대상 종목으로 부상하였다.

부족한 정부 재정을 꾸려나가고 6·25전쟁에 필요한 자금을 조달하기 위해 대량으로 발행된 건국국채는, 1950년 1월부터 1963년 1월까지 13년간 총 17회 발행되었다. 이 중 1회에서 4회까지는 연 5% 이율에 2년 거치 3년 분할상환 조건이었으나, 10회 이후에는 이율은 동일하되 상환조건이 3년 거치 5년 분할상환으로 바뀌어 발행되었다.

국채의 투자수익률은 매우 높았다. 건국국채의 투자수익률은 1956년 연 110%, 1958년 연 51%, 1960년 연 47%를 기록해 당시의 높은 물가상승률을 감안하더라도 사채시장 수익률을 능가했다. 국채 투자수익률이 이렇게 높았던 이유는 거래 쌍방 모두에게서 찾아볼 수 있다.

먼저, 국채를 파는 사람의 입장에서 살펴보자. 국채는 정부에 의해 애국국채라는 이름으로 강제할당 방식과 첨가소화(添加消化) 방식(주택이나 차량 등을 구입할 때 의무적으로 매입해야 하는 방식)으로 보급되었다. 따라서 일반인의 소액권 인수가 대부분이었는데 장기 분할상환인데다 이자율이 연 5%에 불과하여 대부분은 만기까지 기다리지 않고 초

기에 헐값에 매도하였다. 이는 일반인들이 채권 투자수익률에 무지하기 때문이기도 했다.

다음으로, 국채를 사는 사람의 입장에서 보면 귀속재산 불하 대금, 은행융자 등 각종 담보보증금, 주세 등에 국채를 사용할 수 있었고, 국채가격이 떨어져 투자수익률이 높았다.

이런 이유로 국채의 수요·공급이 많아져 국채거래가 활발하였다.

한편, 당시에 주식거래가 부진했던 이유는 다음과 같은 시대상황에서 찾아볼 수 있다.

첫째, 해방 후 산업화가 부진한 가운데 거래소에 상장할 만한 견실한 기업이 부족했다. 그나마 얼마 안 되는 상장주식도 정부나 소수 대주주에게 집중되어 유통물량이 부족했고 투자자의 관심을 끌기엔 미흡했다.

둘째, 상법과 증권거래법 등 증권관련 법률이 마련되지 않았다.

셋째, 농지개혁과 전후복구, 재정적자 등의 이유로 국채가 대량 발행되었다. 시장 실질금리[3]가 120%가 넘는 엄청난 고금리 상황에서 6·25전쟁을 거치며 채권가격이 급락해 채권 수익률이 사채금리보다 더 유리한 상황이었다. 정부도 채권을 원활히 유통시키기 위해 사용처를 확대해 활용도를 높이고 여러 가지 세제혜택을 주었다.

---

3   자금을 빌리는 기업이나 개인이 부담하는 실질적인 금리부담을 말하는 것으로 명목금리에서 인플레이션을 차감한 금리 수준을 의미한다. 실질금리는 일정 기간 금리가 정해지는 확정금리인 반면 실세금리(시중금리)는 매일매일 자금시장의 수요와 공급에 의해 금리가 변동된다는 차이가 있다. 시중금리는 경기동향과 시장의 자금상황에 연동하며, 보통 3년 만기 국고채 수익률, 91일 만기 양도성예금증서(CD) 유통수익률 등을 말한다.

8장

투기를 부추기는 청산거래제도

실물은 교환하지 않고 차액만 정산하는 청산거래 방식

오늘날 증권거래는 매매가 체결된 날로부터 3일째 되는 날(공휴일 제외) 결제가 이루어지는 3일 수도결제 제도이다. 즉 주식을 판 사람은 매매체결 후 3일째 되는 날 통장에서 보유주식이 빠져나가면서 매도대금이 입금되고, 매수한 사람은 반대로 매매체결 후 3일째 되는 날 통장에서 돈이 빠져나가면서 주식이 입고된다. 이에 반해 파생상품[4]인 선물과 옵션은 당일 정산을 하고 다음 날 출금이 가능하다.

---

4   파생상품이란 국공채, 통화, 주식 등 기초자산의 가격이나 자산가치 지수의 변동에 의해 그 가치가 결정되는 금융계약을 말한다. 좁은 뜻으로는 리스크 회피를 위한 수단 또는 레버리지를 높이는 수단으로 사용되는 선물, 옵션, 스왑 등을 의미한다.

대한증권거래소가 개설된 1956년에는 실물거래와 청산거래 방식을 모두 사용했는데, 이 중 청산거래 방식을 더 많이 사용했다. 실물거래란 돈과 증권을 실제로 교환하는 방식으로 오늘날의 주식거래와 같지만 청산거래는 실물 교환을 하지 않고 차액만 정산하는 방식을 말한다. 청산거래의 경우 증거금[5] 10%만으로도 매매할 수 있어서 레버리지가 높았다. 또한 결제일 이전에 반대매매[6] 방식으로 언제든지 포지션[7]을 청산할 수 있어 투기성이 매우 강했다.

청산거래의 두 가지 형태 – 당한과 선한

청산거래 방식도 여러 번 바뀌었는데, 1957년 8월에는 당한과 선한이라는 두 가지 형태로 운영되었다. 당한(當限)은 매매약정이 이루어진 달의 말일에 결제하는 방식이고, 선한(先限)은 다음 달 말일에 결제하는 방식으로, 오늘날의 선물·옵션으로 치면 당한은 1개월물, 선한은

---

5   증권을 신용으로 거래할 때 매매당사자 쌍방이 매매약정을 이행한다는 증거로 증권회사에 예탁하는 금액. 증거금 비율은 종목별로 10%, 15%, 20%, 30%, 40%, 50%, 100%로 다르게 적용된다.

6   매수한 증권을 매도하거나, 매도한 증권을 매수하여 포지션을 정리하는 것. 흔히 선물이나 옵션과 같은 파생상품에서 이루어진다. 청산거래에서 반대매매란 수도결제일인 만기까지 가지 않고 보유한 증권을 중도에 매도하거나, 매도해 둔 포지션을 중도에 정리하는 것을 말한다. 그 외에 미수로 주식을 매수한 경우에 결제일에 미수금을 입금하지 못하면 증권사에서 임의로 미수금액만큼의 주식을 처분하는데 이 또한 반대매매라고 한다. 이런 경우 보통 시장가로 계산해 처분하기 때문에 투자자 입장에서는 손해를 보기 십상이다.

7   선물거래나 주식거래에서 투자자는 매도(Short Position) 아니면 매수(Long Position)로 자신의 투자 입장을 설정하게 되는데 이것을 포지션이라고 한다.

2개월물에 해당한다.

선한의 경우를 예로 들어보자. 어느 날 국채 1계약을 8천 원에 A가 매도하고 B는 매수하는 선한거래를 증거금 1천 원씩 내고 체결했다고 하자. 다음 달 말일 결제일에 국채가격이 올라 1만 원이 되었다면 2천 원이 B계좌에서 빠져나가 A계좌로 입금이 되므로 A는 증거금 1천 원만 내고 한 달 만에 2천 원의 수익을 거둔 셈이다. 투자수익률로는 100%가 된다.

매수그룹과 매도그룹으로 나뉘어 작전을 펼치다

청산거래는 시세 전망을 어떻게 하느냐에 따라 두 그룹으로 나뉜다. 가격이 상승할 것으로 예측하는 사람은 매수그룹을 형성한 뒤 증권을 적극 매수하고, 반대로 가격이 하락할 것으로 예측하는 사람은 매도그룹을 형성해 증권을 매도한다.

청산거래는 차액결제 방식으로 거래를 청산하기 때문에 매수그룹은 가격을 높이기 위해 계속해서 호가를 올리며 주문을 내고, 매도그룹은 가격을 떨어뜨리기 위해 계속해서 호가를 낮추며 주문을 낸다. 어느 쪽이든 밀리면 크게 손해를 보게 되므로 매매 쌍방은 돈의 힘으로 상대방이 손을 들 때까지 세력을 다투게 된다. 이를 흔히 책동전(策動戰)이라고 하는데, 오늘날 작전[8]이라 부르는 것과 같은 투기적 거래

---

8   증권브로커와 큰손, 대주주 등이 공모해 특정 기업의 주식이나 채권을 대거 매입하는 수법으로 가격을 폭

이다.

　청산거래는 대부분 실물 보유 없이 소액의 증거금만으로 이루어지는 공매매(空賣買)라 가격변동이 클수록 차액결제 금액도 커지게 되어 자금력이 부족한 증권회사의 경우에는 결제불이행[9] 사태가 발생할 수도 있다.

등시켜 이익을 챙기는 주가조작 행위. 최근에는 공매도로 주가를 떨어뜨리는 작전도 있다. 법률적인 용어로는 시세조종(時勢操縱)이다.

9　사전에 정해진 수도결제일에 매도자는 주식이나 채권 같은 실물을, 매수자는 현금을 결제해야 하는데 이것이 이루어지지 않는 것을 말한다. 결제불이행 사태가 발생하면 신뢰가 생명인 증권거래가 이루어질 수 없고 시장은 일시에 무너지게 된다.

9장

최초 상장된 12개 기업의 운명은?

인수·합병·통합으로 12개 중 8개 기업만 명맥을 유지하다

1956년 3월 3일 대한증권거래소 출범과 함께 12개 기업이 주식을 상장했다. 당시 상장법인은 조흥은행, 저축은행, 상업은행, 흥업은행 등 4개 은행과 대한해운공사, 경성전기, 남선전기, 조선운수, 조선공사, 경성방직 등 6개 일반기업, 그리고 정책적으로 상장된 대한증권거래소와 한국연합증권금융의 2개 법인이다. 이들 12개 기업의 운명은 어떻게 되었을까?

우선 대한증권거래소는 1974년 6월 29일에, 한국연합증권금융은 같은 해 11월 15일에 정책적으로 상장폐지되었다.

상장번호 1호인 조흥은행은 신한금융지주회사의 자회사가 되면서

2004년 7월 2일 상장폐지되었고, 상업은행과 흥업은행(한일은행의 전신)은 합병되어 한빛은행이 된 뒤 다시 우리은행을 거쳐 우리금융지주회사에 편입되었다.

저축은행은 제일은행으로 행명을 바꾼 후 스탠다드차타드은행에 인수되면서 2005년 4월 22일 상장폐지되었다.

경성전기와 남선전기는 조선전업과 함께 한국전력주식회사로 통합되면서 1961년에 상장폐지되었고, 조선운수는 1962년에 한국미곡창고와 합병 후 상장폐지되어 오늘날의 대한통운이 되었다.

경성방직, 대한해운공사, 조선공사는 각각 경방, 한진해운, 한진중공업으로 상호와 대주주가 변경된 채 현재까지 거래되고 있다.

조흥은행	──────────────────▶	신한금융지주회사 편입
저축은행	────────(제일은행)──▶	스탠다드차타드은행에 인수
상업은행, 흥업은행	──(합병 후 한빛은행)──▶	우리은행(우리금융지주회사 편입)
대한해운공사	──────────────────▶	한진해운
경성전기, 남선전기	──────────────────▶	한국전력주식회사로 통합
조선운수	──(한국미곡창고와 합병)──▶	CJ대한통운
조선공사	──────────────────▶	한진중공업
경성방직	──────────────────▶	경방
대한증권거래소	──────────────────▶	한국거래소
한국연합증권금융	──────────────────▶	한국증권금융

이야기로 보는
주식투자
역사

투기 대상이 된 건국국채!
1·16 국채 파동

정부의 재정적자를 메우기 위한 수단, 건국국채

일본이 태평양전쟁에서 패함에 따라 한국은 36년의 일제치하에서 벗어나 1945년 독립국가가 되었다. 그러나 해방의 기쁨도 잠시, 미군정을 거쳐 1948년에 대한민국 정부가 수립되었지만 국가를 경영할 자금이 턱없이 부족했다. 미국 원조에만 의존하기에는 한계가 있었기에 정부는 건국국채를 발행해 재정적자를 메우기로 했다.

1950년 1월 제1회 건국국채가 발행된 뒤 5개월 만에 6·25전쟁이 터졌다. 그 바람에 건국국채는 애초의 발행 의도와 달리 막대한 전쟁 비용을 조달하기 위한 수단으로 전락했고, 정부는 건국국채를 마구 찍어낸 뒤 '애국국채'라는 이름으로 반강제적으로 팔기 시작했다.

그러나 시중 사채금리가 월 4~5%(연 48~60%)인 마당에 건국국채

이자는 연 5%에 불과했으므로 자발적인 소화를 기대할 수는 없었다. 물가는 천정부지로 치솟고 내일 당장 나라가 어떻게 될지 모르는 전쟁 통에 장기채권을 가지고 있을 사람은 없었다.

정부는 국채를 원활히 소화시키기 위해 '끼워팔기' 방법을 활용했다. 정부로부터 각종 인허가를 받을 때나 무역업체들이 수출입 통관을 할 때 일정량의 국채를 의무적으로 매수하도록 한 것이다. 그렇게 되자 울며 겨자 먹기로 마지못해 떠안은 건국국채를 상환기일까지 장기간 보유하려는 사람은 없고 모두들 팔기에 급급했다.

그 결과 초기의 건국국채 시세는 액면가의 10%로까지 떨어져 사실상 휴지조각이나 다름없었다. 사정이 이렇다 보니 일부 지방에서는 벽지나 창호지 대용으로 사용하는 사람이 있을 정도였다.

참혹한 전쟁이 끝나고 나라 경제가 점차 안정되어 가자 국채에 대한 인식도 조금씩 달라졌다. 특히 정부가 국채를 액면가액 그대로 정부기관의 입찰 보증금이나 통관 보증금으로 사용할 수 있게 하자 가격은 상승했고 거래도 활발해졌다. 국채가격이 상승하자 증권회사들이 고용한 채권수집상들이 신사복에 가죽가방을 들고 "채권 사려"를 외치며 전국을 누비는 장면을 쉽게 볼 수 있었다. 채권수집상들은 헐값에 국채를 사 모아 돈 있는 재단이나 건설업자, 무역회사에 몇 배의 차익을 남기고 팔아넘겼다.

건국국채는 1950년 1월부터 1963년 1월까지 모두 17회에 걸쳐 총 99억 5천만 원 규모로 발행되었는데, 정부가 약속한 상환기일에 원리금을 지급하자 공신력이 더욱 높아져 가격도 상승했다.

단기에 급등과 폭락을 거듭한 건국국채

가격도 오르고 거래도 활발해진 건국국채를 둘러싸고 큰 사건이 발생했다. 1957년 9월, 정부가 국회에 180억 환 규모의 제11회 국채 발행 계획을 제출한 뒤, 며칠 후 또다시 예상 세수익이 153억 환에 이르는 외환특별세 법안을 제출한 것이 사건의 발단이었다.

시장에서는 두 법안 모두 정부의 세수입을 늘리는 것이 목적이므로 둘 중 하나만 통과될 것이라 예측했다. 외환특별세법만 국회를 통과하고 제11회 국채 발행은 되지 않을 것으로 예측한 사람들은 국채 물량이 감소해 가격이 상승할 것으로 예측하고 매수그룹을 형성해 국채를 사들였다.

반대로 외환특별세법은 국회를 통과하지 못하고 제11회 국채가 정상적으로 발행될 것으로 예측한 사람들은 국채 공급이 증가하여 가격이 하락할 것으로 판단하고 국채가격이 뛸 때마다 매도그룹에 가담해 적극 매도했다. 이러한 상황은 국채 발행을 앞두고 정부와 국회의 의견이 엇갈려 줄다리기 국면으로 접어들면서 더욱 치열하게 전개되었다.

증권회사는 매수측과 매도측으로 양분되어 치열한 각축전을 벌였다. 매수측 증권사는 미화, 제일, 대창, 내외, 신영 등으로 이들 5개 증권사를 흔히 매수 5인방이라 불렀다. 이에 맞선 매도 5인방은 천일, 태평, 상호, 대양, 한국 등이었다. 이들 증권회사는 고객의 일임을 받아 대신 주문을 내기도 했지만, 자기계산으로 매매하는 비중이 더 컸다.

1957년 12월에 국회에서 국채삭감안을 발표했다. 그러자 5월에 16환 하던 제10회 국채가격이 40환으로 급등했다. 주식이 6개월 만에 2.5배 올라도 대단한 상승률인데, 이자를 받는 채권이 단기에 그토록 급등한다는 것은 지금으로서는 상상도 할 수 없는 일이다.

그러나 상승세는 오래가지 못했다. 12월 말에 국채발행안이 국회를 통과하자 상황은 역전되었다. 국채가격은 1958년 증권시장이 개장하자마자 하락하기 시작해 1월 9일 24환까지 폭락했다. 9일 만에 50%나 가격이 하락하자 당황한 매수측은 하락세를 멈추려고 시세보다 높은 가격을 불러 돈의 힘으로 밀어붙이는 작전을 구사했다.

매수세력의 연합작전으로 국채가격은 다시 상승세로 전환해 15일에 38환까지 상승했다. 그러나 이러한 싸움이 가열될수록 거래는 폭증했고 매도측과 매수측 모두 청산자금과 매매증거금 납부로 심한 어려움을 겪었다.

1·16 국채 파동

위기감을 느낀 거래소는 17일 오전장을 중단하고 긴급이사회를 열어 16일 건옥(建玉, 청산거래제도 하에서 매매계약만 체결되어 있고 아직 결제되지 않은 상태의 약정증권의 수량)에 대해 약정대금의 50%에 해당하는 매매증거금을 납입하도록 조치했다. 그러나 5~6곳을 제외한 대부분의 증권회사가 추가증거금을 납부하지 못했다. 더 방치했다간 증시가 파국에 이를 것으로 판단한 정부는 1월 16일에 거래된 제10회 국채 매매분을 모두 무효화시켰다.

증권거래소는 한국은행과 금융단의 지원을 받아 결제불이행 사태를 수습한 뒤 2월 초에 다시 정상화되었으나, 매수세력을 주도했던 미

關係業者는嚴斷

1958년 1월 16일 거래된 제10회 국채 매매 분 무효화 소식을 전하는 신문기사

화, 제일, 내외, 대창 등 4개 증권회사에 대해서는 증권업 면허를 취소하고 거래소에도 그 책임을 물어 초대 이사장이 물러났으며 전체 임원이 경질되었다.

1·16 국채 파동은 거래소가 문을 연 지 2년도 안 돼 일어난 최초의 조직적인 담합행위로, 걸음마 단계에 있던 한국 증권시장에 큰 충격을 주었다. 무엇보다 투기적인 청산거래제도와 미숙한 시장관리제도 등이 문제점으로 노출된 사건이다. 그 여파로 많은 투자자들이 증시를 떠났으며 증권시장은 한동안 침체에 빠졌다. 증권회사들도 자금난이 가중되어 큰 어려움을 겪었음은 물론이다.

주식 투기의 시대,
연속되는 파동

1962년에 경제개발 5개년계획이 시행됨에 따라 60년대 중후반부터 우리 경제는 고도성장기로 접어들었다. 그 영향으로 증권시장도 50년대 채권 중심의 시장에서 주식 중심 시장으로 바뀌었다. 그러나 1960년대 주식시장은 투기와 파동이 반복된 시기였다. 대표적인 예로, 1962년에 대증주(대한증권거래소 주식)에 대한 투기가 극에 달하여 증시 사상 초유로 수도결제가 불이행되는 '5월 대증주 파동'이 발생했다. 투자 기준은 기업의 가치와는 아무런 상관이 없었다. 주가는 단순히 매수세력과 매도세력 간의 힘겨루기에 의해 폭등과 폭락을 반복했다. 투자자의 손익은 매수, 매도 중 어느 편에 서느냐에 따라 결정되었다. 증권 파동과 통화개혁으로 한 달간 증권시장이 문을 닫기도 했고, 반복되는 증권 파동으로 주식시장은 일반 대중에게 '증권투자=투기' 또는 '증권투자=패가망신'이라는 인식을 심어준 계기가 되었다.

한편, 정부 차원에서는 증시 발전의 기초를 마련할 여러 법안과 제도를 도입한 시기이기도 하다. 1962년에 자본시장에 관한 모법인 '증권거래법'이 제정된 데 이어 1968년에는 '자본시장 육성에 관한 법률'을 제정하여 증권시장에 관한 기본적인 틀을 마련하였다. 또한 투기를 조장하는 폐해를 막기 위해 '청산제도'를 폐지하고 현물거래만 허용하였다. 그 외에도 오늘날 펀드에 해당하는 '증권투자신탁업법'을 최초로 도입하는 등 투기 시장이 아닌 건전한 자본시장 육성을 위한 제도적 기틀을 마련하였다.

From 1961 to 1970

10장

증권시장의 호황을 부른 베트남 특수

베트남에서 2억 달러를 벌어들인 한진상사

1962년은 제1차 경제개발 5개년계획이 시행된 해이다. 그러나 국내 금융기관은 대출 여력이 부족하고, 취약한 증권시장 역시 직접적인 자금조달 창구가 되지 못해 경제개발에 필요한 재원은 차관[1] 등 외국 자본에 의존해야 했다. 이에 박정희 대통령은 '수출만이 우리가 살길이다'라며 강력한 수출주도 정책을 펴나갔다. 정부의 수출주도 정책에 힘입어 1차에 이은 제2차 경제개발 5개년계획 기간(1967~1971년)에

---

1 국제 간의 자금대차(資金貸借). 좁게는 정부 또는 공공기관과 외국 간에 행해지는 장기자금의 융통, 즉 정부와 정부 간의 대차를 의미한다.

1차 경제개발 5개년계획의 성과가 드러나면서 경제성장률[2] 목표치 7.0%를 초과하는 9.7%의 경제성장을 기록하였다. 특히 제조업 성장은 연평균 22%로 매우 높았다. 60년대 후반부터 시동이 걸린 경제성장은 연평균 10%를 웃도는 70년대 고도성장의 발판을 마련하였다. 그러나 경제기반이 원체 취약한 상태에서 경제개발을 시작했기 때문에 60년대까지는 절대 계수가 작고 물가상승률이 높아 국민들은 실질소득 증가를 피부로 느낄 수 없었다. 그 성과가 본격적으로 가시화되기 시작한 70년대에 접어들어서야 성장의 과실을 일부 누릴 수 있었다.

1960년대에 우리나라 산업은 경제개발 초기였기 때문에 10년 내내 국제수지 적자를 면치 못했다. 당시 우리나라 주력 수출품목은 가발이었다. 1970년 한 해에만 가발 수출이 1억 달러에 이를 정도였다. 가발산업과 함께 60년대 우리 경제에 활로를 제공한 또 하나의 모멘텀은 베트남 특수였다.

1960년대 중반부터 미국의 원조가 서서히 줄어들자 정부는 경제개

---

2   일정 기간(분기 또는 연간) 중 한 나라의 경제 규모, 즉 국민소득 규모가 얼마나 커졌는가를 파악하기 위한 지표. 이전에는 실질 국민총생산(real GNP)이나 실질 국민소득의 증가율로 경제성장률을 나타냈으나 최근 들어 경제 전체의 실질 국내총생산(real GDP)의 증가율을 주로 사용한다. 우리나라 역시 1995년부터 GDP를 중심 지표로 하여 경제성장률을 발표한다.
국내총생산(GDP: Gross Domestic Product)은 한 나라의 영역 내에서 가계, 기업, 정부 등 모든 경제주체가 일정 기간 동안 생산활동에 참여하여 창출한 부가가치 또는 최종생산물을 시장가격으로 평가한 합계로서, 여기에는 국내에 거주하는 비거주자(외국인)에게 지불되는 소득과 국내 거주자가 외국에 용역을 제공함으로써 수취한 소득이 포함된다.
반면 국민총생산(GNP: Gross National Product)은 한 나라 국민, 즉 국내에 거주하든 해외에 거주하든 거주지와 상관없이 모든 국민이 생산활동에 참여하여 창출한 최종생산물의 시장가격을 말한다. 지금은 국내에 거주하는 국민의 실질적인 복리를 측정하는 데에는 GDP가 더 적합하다는 판단 아래 GDP를 널리 사용하고 있다.

발에 필요한 자금조달 방법을 강구해야 했다. 그 일환으로, 1965년 한일수교를 맺고 무상 3억 달러, 재정차관 2억 달러, 민간차관 3억 달러 등 총 8억 달러의 차관을 받고 일제침략에 따른 피해보상 문제를 매듭지었다. 다른 하나는 베트남 파병이었다. 1965년 베트남 파병이 결정되고, 1966~1973년까지 연인원 31만 7천 명의 국군이 파병되었다. 이 중 4,900명이 사망하고, 부상자는 1만 1천 명에 이르렀다.

그러나 피의 대가로 얻는 경제적 이득도 있었다. 1966년 3월에 베트남 진출 1호 기업인 한진상사가 800만 달러 규모의 항만하역 및 운송계약을 체결하면서 '베트남 특수'가 시작되었다. 한진상사는 1970년 초 베트남에서 철수할 때까지 약 2억 달러를 벌어들였다. 이는 당시 우리나라 외환보유고를 넘는 막대한 규모의 금액이었다. 한진상사는 그 돈으로 대한항공을 인수해 오늘날 한진그룹의 기틀을 마련한다.

베트남 진출 1호 기업인 한진상사의 창업주 조중훈 사장의 베트남 시찰 모습. 당시 한진상사는 베트남에 진출해 우리나라 외환보유고를 넘는 2억 달러를 벌었다.

한진상사에 이어 현대건설, 대한통운, 경남기업, 대림산업 등도 속속 베트남에 진출했다. 1968년에는 베트남 파견 근로자 수가 1만 5천 명에 달했으며, 1966년부터 1971년까지 5년 동안 이들이 벌어들인 외화는 6억 달러에 이르렀다.

1960년대 후반, 베트남 특수로 경기가 급속히 호전되자 1967년부터 1971년까지 주가지수도 300% 상승하였다. 일본이 6·25전쟁을 발판으로 패전국을 재건했다면, 한국은 베트남전쟁을 계기로 경제를 일으켰다 해도 과언이 아닌 것이다.

11장

아날로그 방식의 증권매매, 격탁매매 & 포스트매매

함께 모여 집단으로 경쟁하는 방식 – 격탁매매

1970년대 이전까지 증권매매는 격탁매매[3] 방식으로 이루어졌다. 격탁매매(擊柝賣買)란 특정 장소에 모인 매도측과 매수측이 자유롭게 가격과 수량을 불러 서로 일치하면 매매가 이루어지는 방식이다. 매도자와 매수자가 제시한 가격과 수량이 일치되는 순간 거래소 직원이 딱따기를 쳐서 매매가 성사되었음을 알린다고 해서 딱따기 매매라고도 불렀다.

---

[3] 증권시장의 입회장에서 집단경쟁매매를 할 때 매도측과 매수측을 모아놓고 개개의 거래원이 자유로운 가격으로 매매거래에 참가하여 매도·매수의 가격 및 수량이 일치된 순간 격탁에 의해 그 가격을 약정가격으로 성립시키는 매매방법을 말한다. 보통 하루에 2∼4회에 걸쳐 일정 시간대에 집중하여 하나의 가격으로 결정되고 일시에 대량거래가 이루어진다는 점에서 오늘의 동시호가와 유사하다. 경쟁사의 매매주문을 확인하면서 호가를 낼 수 있는 장점이 있다.

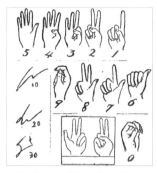

격탁매매에서 사용한 수신호 방법

격탁매매를 하던 시절, 시장대리인이 수신호로 사고팔 가격과 수량을 제시하고 있다.

따로따로 개별적으로 경쟁하는 방식
–포스트매매

1975년 1월 5일부터 포스트매매[4]가 시행되었다. 포스트매매란 각 증권사가 포스트(Post)에 제출한 호가표를 증권거래소 직원이 정리한 뒤 순차적으로 매매를 성사시키는 방식이다. 이때 포스트는 증권거래가 이루어지는 장소를 말한다.

주식시장 활황으로 거래량이 늘어났을 때는 호가표가 2미터 이상 쌓이기도 했고, 은행주가 거래될 때는 그날 제출한 호가표를 미처 정

---

4 증권거래소에 설치된 포스트(Post, 매매입회대)에 각 거래원별로 호가표를 제출하면 거래소 직원이 접수 순으로 호가집계표에 호가 내용을 정리하여 시가를 결정하는 방법으로, 일명 개별경쟁매매라고도 부른다. 시장이 개장해 있는 동안 언제든지 호가 주문을 제시할 수 있고 호가가 서로 맞으면 체결은 순차적·개별적으로 이루어진다. 다만 거래가 폭주할 때 체결이 지연되는 단점이 있다. 예전에는 거래소 직원의 수작업으로 매매체결이 이루어졌는데, 1990년부터 전산화가 되어 컴퓨터가 대신하고 있다.

포스트매매 광경

리하지 못해 다음 날 새벽이 되어서야 매매를 마치는 경우도 많았다.

포스트매매는 '사자'와 '팔자' 주문의 가격이 딱 맞아떨어지지는 않으나 가격결정을 신속하게 할 수 있어 상장종목 수가 많을수록 유리한 방법이다.

12장

대중주 투기,
5월 증권 파동을 일으키다

정부 관리 조직에서 주식회사로 개편된
대한증권거래소

1962년 1월 15일, 해방 후 최초의 '증권거래법'이 혁명정부에 의해 공
표되었다. 증권시장
이 투기 열기로 뜨겁
게 달아오른 4월 1일
부터 본격 시행된 증
권거래법에 의해 대
한증권거래소는 정
부가 관리하는 영단

1963년 5월 8일에 있었던 한국증권거래소 개소식 장면

제(營團制) 조직에서 '주식회사'로 개편되었다.

이로써 증권거래소 지분을 많이 소유하면 누구라도 대주주가 될 수 있었고, 증권시장의 제도와 관리를 좌지우지할 수 있었다. 이때부터 증권거래소 주도권을 가지기 위한 대한증권거래소 주식, 즉 대증주 투기가 본격적으로 시작되었다.

1962년 연초에 90전이던 대증주는 3월 말에 9환 20전까지 올라 3개월 만에 10배나 뛰었고 4월 말에는 60환으로 폭등했다. 3월 말에 비해 6.5배, 연초와 비교하면 4개월 동안 66배나 오른 것이다. 액면가 50전에 비하면 무려 120배나 뛴 셈이다.

거래량도 폭주해 월평균 거래대금이 20억 환에 불과했던 것이 4월에는 60배나 늘어 1,180억 환을 기록했다. 일단 사기만 하면 매일 주가가 급등하다 보니 시중 유동자금은 몽땅 증권회사가 밀집한 명동으로 몰렸다.

명동으로 몰린 단기 투기 자금은 거대한 투기 바람을 일으켰다. 매수자는 자금능력을 초과해서 주식을 매수하였고, 매도자는 공매도로 실제 주식보다 더 많은 주식을 팔았다. 그 결과 결제일에 청산을 하지 못하는 수도결제 불이행 사태가 빈번히 발생했다. 주식을 산 사람은 돈을 납부하지 못하고, 주식을 판 사람은 현물주식을 가져오지 못한 것이다. 과거에는 이런 일이 생기면 증권거래소가 우선 대행결제를 해주었으나 이때에는 워낙 거래 규모가 크다 보니 거래소도 대행해 줄 자금이 부족했다. 수도결제일에 결제가 되지 않으면 주식을 매매해 봐야 아무 소용이 없다. 시장이 파국으로 치달을 무렵, 우여곡절 끝에 증권거래소가 금융권의 긴급자금을 지원받아 간신히 위기를 넘겼다.

전체 거래량 중 70%가 대한증권거래소 주식

5월이 되자 사태는 더욱 심각해졌다. 60개 증권회사들이 매수세력과 매도세력으로 나뉘어 마지막 결판을 짓기 위해 싸움을 시작한 것이다. 통일증권과 일흥증권을 선두로 하는 매수세력과 태양증권을 선두로 하는 매도세력이 한 치의 물러섬도 없이 치열한 공방을 펼쳤다.

특히 5월 25일부터 31일까지 두 세력의 공방이 며칠씩 이어지면서 거래량이 급증했다. 5월에 이루어진 거래량은 65억 주, 거래대금은 2,510억 환이었는데 이는 과거 6년간의 총 거래대금 규모에 맞먹는 수준이었다.

당시 증권거래소 전체 거래량 중 70%가 대중주일 정도로 거래는 과열되었고, 막대한 규모의 거래대금이 5월 말일 결제일에 순조롭게 결제되리라 기대하는 것 자체가 무리였다.

잃어버린 10년, 5월 증권 파동

문제는 또 있었다. 증권회사가 거래소에 제출한 증거금 대부분이 당좌수표였는데, 그중에는 잔고가 없어서 은행에 가져가봤자 당장 부도가 날 것이 많았다. 증거금 없이 매매한 것이나 마찬가지였다.

5월 말일, 증권거래에서 있을 수 없는 최대 규모의 수도불이행 사태가 발생했다. 통화개혁을 앞두고 다급해진 정부는 증권시장 위기를 수습하기 위해 긴급자금 230억 환을 지원해 6월 4일에 수도결제가 정상적으로 이루어지도록 조치했다. 이때 들어간 지원금 규모가 1962년 5월 말일 총 통화량의 11%에 해당하니 증시 파동 규모가 얼마나 컸는지 짐작할 수 있다. 그리고 6월분 건옥[5]에 대해 장부가격의 3분의 2 선에서 강제청산하도록 했다.

이 사건은 증권시장은 믿을 수 없는 투기판이라는 인상을 국민들에게 강하게 심어주는 계기가 되었고, 이후 증권시장이 제 기능을 하기까지 10년 이상을 기다려야 했다.

파동 전후의 대증주 주가 동향(1962년)

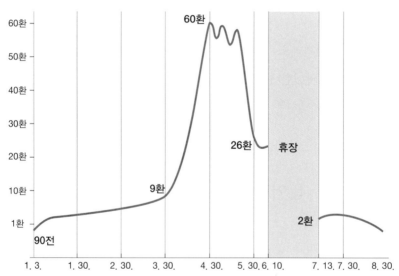

▶ 대증주 액면가는 50전(화폐개혁 이후 5전)임.
▶ 1962년 6월 1일은 수도결제 불이행으로 거래 중단됨.
▶ 1962년 6월 10일부터 7월 13일까지 통화개혁으로 장기휴장됨.
▶ 주가는 보통 거래가격 기준이며 6월 10일 이후는 통화개혁 이전 주가 단위를 사용함.

5   매매하기로 약속은 되어 있으나 결제는 되지 않은 증권.

13장

증권거래소, 장기간 문을 닫다

33일간 휴장과 통화개혁 그리고 73일의 장기휴장

1962년 6월 10일 통화개혁 조치가 발표되었다. 원화를 10분의 1로 절하하고 화폐 호칭은 '환'에서 '원'으로 변경했다. 다음 날인 6월 11일, 증권시장은 이 개혁에 적응하기 위해 33일 동안 휴장에 들어갔다. 의도했던 것은 아니지만, 통화개혁 조치가 5월 대증주 파동을 정비할 시간을 준 격이었다.

1962년 7월 13일,

장기휴장 후 1962년 7월 13일에 다시 개장한 증권거래소 주변 모습

증권시장이 긴 휴장을 끝내고 다시 문을 열었다. 그러나 주가는 연속 하락세였다. 액면가 50전에 28배 프리미엄을 붙여 발행한 대중주 주가 는 8월 들어 13전까지 하락했다.

주가가 하락하자 분노한 투자자들이 증권회사 객장에서 소란을 피 우고, 증권거래소에 난입해 난동을 부려 시장기능이 일시 마비되기도 했다. 대중주의 가격하락은 그 후에도 지속되어 1963년 1월에 13전, 2월에는 4.3전으로 폭락하였다(1962년 6월 통화개혁으로 대중주 액면가는 50전에서 5전으로 변경되었다). 1962년 4월의 6원에 비하면 1/100 이하로 하락한 셈이었다. 증권역사를 돌이켜보면 기록적인 버블은 필연적으 로 기록적인 하락을 초래한다.

1963년 2월 25일 대중주 주가는 자금조달이 필요했던 증권사의 대 량매도와 개인투자자의 투매로 급기야 1전 9리까지 하락했다. 투자자 들은 '투자자권익투쟁위원회'를 구성하고 거래소와 협회를 점거하고 항의시위를 전개했다. 그러자 거래소는 1963년 2월 27일에 "더 이상 시 장을 열 수 없다"라며 무기휴장을 선언하였다. 다시 증권시장이 열린 것은 1963년 5월 10일로 무려 73일간 증권시장이 문을 닫은 것이다.

1965년 정부가 대한증권거래소를 상장폐지하고 정부출자기관으로 변경(공영제 조직)한 뒤 기존 주식을 거래소에 강제로 예탁했다. 파동과 휴장으로 이어진 소요사태는 그제서야 잠잠해졌다. 공영제 증권거래 소는 1988년 지금의 회원조직으로 전환되기까지 25년간 유지되었다.

대중주 파동 이후에도 증권금융주식인 증금주, 한전주 등을 주요 거래대상 종목으로 하는 투기적인 거래는 끊이지 않았다.

14장

원에서 환으로,
다시 환에서 원으로 바뀌다!
2차 통화개혁

1962년 6월 10일에 통화개혁[6]이 단행되었다. 원화의 가치를 10분의 1로 절하하고(10환을 1원으로 교환 발행) 화폐 호칭을 '환'에서 지금의 '원'으로 바꾼 통화개혁 조치였다. 대한민국 정부 수립 이후 두 번째로 단행된 통화개혁이었다.

---

6   통화개혁은 새로운 통화체계를 채용하거나 화폐가치의 평가절상 및 평가절하, 통화단위의 변경 등 통화 제도의 대폭적인 개혁을 총칭하는 말로, 영어로는 리디노미네이션(redenomination)이라고 한다. 종전에는 디노미네이션(denomination)이라 불렀으나, 디노미네이션은 화폐, 채권, 주식 등의 액면금액을 의미하기 때문에 화폐단위 변경을 포함하는 통화개혁은 '리디노미네이션' 또는 '디노미네이션의 변경'이라고 해야 정확한 표현이다.

1차 통화개혁: 100원을 1환으로

일찍이 1950년에 조선은행권을 한국은행권으로 교환해 주는 통화개혁이 있었지만, 엄밀한 의미에서 이것은 통화교환이지 통화개혁이라고 보기 어렵다. 당시 공산군은 점령지역에서 인민권을 강제로 통용시키면서 미발행 조선은행권까지 남발했다. 이에 경제적 혼란이 가중되자 정부는 조선은행권을 한국은행권으로 교환해 주고 조선은행권 사용은 중단시켰다(조선은행권 '원' → 한국은행권 '원').

첫 번째 통화개혁은 6·25전쟁 직후인 1953년에 단행되었다. 전쟁 중 남발된 통화와 그에 따른 악성 인플레이션을 잡기 위해 '원'을 '환'으로 변경하고 100원을 1환으로 변경하는 긴급통화조치였다(1차 통화개혁: 100원 → 1환). 이 조치로 예금자와 현금을 보유한 사람들이 큰 타격을 받은 반면 귀금속이나 부동산을 보유한 사람들은 오히려 유리했다. 통화개혁 초기에는 물가가 잡히지 않았기 때문이다. 그러다 1956년부터 서서히 물가가 안정되어갔다.

2차 통화개혁: 10환을 1원으로

그로부터 약 10년 만인 1962년, 정변을 통해 정권을 장악한 군사정부는 물가를 안정시키고 지하자금을 산업자금으로 끌어내기 위해서 두 번째 통화개혁을 실시하기에 이른다. 앞에서도 말했듯이 원화의 가치를 10분의 1로 절하하고 화폐 호칭을 '환'에서 지금의 '원'으로 바꾼

통화개혁 조치였다(2차 통화개혁: 10환 →
1원). 이때도 통화개혁 직후 2년간은 물
가가 오히려 급등하는 현상을 보였으나
1965년부터 물가상승률이 10%대로 안
정되었다.

1962년 통화개혁 이전에 사용한 환(위)과
새롭게 바뀐 원(아래)

　6·10 통화개혁은 일시적으로 물가
가 상승하는 부작용이 있었지만 크게
보면 지하자금을 제도권으로 끌어내어 산업자금으로 물꼬를 돌리는
순기능도 있었다.

통화개혁 전후 물가상승률

연도	전년 대비 물가상승률(%)	연도	전년 대비 물가상승률(%)
1946	280.4	1957	23.1
1947	78.9	1958	−3.5
1948	58.4	1959	3.2
1949	24.9	1960	8.0
1950	167.5	1961	8.2
1951	390.5	1962	6.6
1952	86.6	1963	20.7
1953	52.5	1964	29.5
1954	37.1	1965	13.5
1955	68.3	1966	11.3
1956	23.0	1967	10.9

15장

공매도·공매수 전쟁을 벌인 증금주 파동

한양증권 vs 삼보·동양·중보증권 매매공방

1969년 11월부터 약 22개월간 증금주(증권금융주식)를 대상으로 한 또한 번의 커다란 파동이 일어났다. 매수세력은 한양그룹의 재력을 등에업은 한양증권이 이끌었고, 이에 맞선 매도세력의 선봉장은 삼보증권(현 KDB대우증권의 전신)의 강성진 사장이었다.

1969년 11월 들어 한양증권의 매수가 이어지면서 331원이던 증금주가 갑자기 급등하기 시작해 1970년 1월 764원으로 올랐다. 이에 삼보·동양·중보증권이 매도로 맞서 치열한 매매공방을 벌였다. 매수측이 수세에 몰리며 주가가 500원까지 떨어진 2월 초에는 투자자들이 거래소에 몰려가 난동을 부리기도 했다.

1970년부터는 종전의 매도세력이 매수세력으로, 매수세력이 매도세력으로 입장이 바뀐 채 또 다른 승부를 벌였다. 그 해 12월 증금주는 1천 원을 돌파하고, 이듬해에도 꾸준히 올라 1971년 1월 말 1,300원, 3월 말 1,519원으로 최고가 경신을 이어갔고, 7월 중순에는 2천 원까지 폭등했다. 거래도 폭증해 미결제 약정 수량[7]이 180만 주에 달했다. 이는 증권금융이 발행한 주식 총 100만 주를 훨씬 웃도는 수량이었으며, 80만 주가 공매도[8]와 공매수 물량이었다. 이것만 봐도 매수매도 양측이 얼마나 치열한 백병전을 벌였는지 짐작할 수 있다.

상승세가 꺾인 것은 그간 거래가 없던 금성증권이 증금주 투매[9]에 나서면서부터였다. 금성증권이 투매물량을 쏟아내기 시작하면서 증금주 주가는 1971년 7월 말 1,150원, 8월 말에는 760원으로 곤두박질쳤

---

7 장종료 이후에도 반대매매되거나 결제되지 않고 있는 특정 결제원의 선물계약 총수를 일컫는다. 각 계약에는 매도자와 매수자가 있기 때문에 매도 미결제 약정과 매수 미결제 약정의 수량이 일치하는데, 미결제 약정 수량은 매도와 매수 중 한쪽 편만 계산해서 발표한다.

8 해당 주식을 보유하지 않은 채 매도주문을 내는 기법으로 주로 초단기 매매차익을 노리는 데 사용된다. 주식을 비싸게 팔아놓고 싼 가격에 다시 사들여 시세차익을 얻는다.
  가령 A기업의 주가가 현재 1만 원이고 주가 하락이 예상된다고 가정하자. 이때 A주식을 갖고 있지 않더라도 일단 1만 원에 공매도 주문을 낸다. 주가가 9천 원으로 하락하면 그때 매수하고 결제를 해서 1천 원의 시세차익을 얻는다. 하지만 예상과 다르게 주가가 오르면 큰 손해를 볼 수 있고, 거래량이 급격히 줄어 주식을 살 수 없게 되면 수도불이행 사고로까지 이어질 수 있다.
  공매도는 주식을 보유하지 않고 매도주문을 내는 순수 공매도와 다른 기관으로부터 이자를 주고 일정 기간 주식을 빌린 후 매도하는 대차거래로 나누어진다. 60년대 증권 파동들은 전자, 즉 주식을 보유하지도 않고 매도주문을 낸 순수 공매도였다. 공매도는 증거금제도와 함께 투기를 조장하고 증시를 과열시키는 부작용이 커서 세계 각국이 저마다 제약을 하고 있다. 현재 우리나라는 기관에 한해 대차거래를 허용하고 있으나 순수 공매도는 금지하고 있다.

9 특정 종목 혹은 증권 전반에 걸쳐 더 큰 폭락으로 이어질 것 같은 공포심리로 인해 이루어지는 매도현상으로 공황매도라고도 한다. 대량거래와 급격한 가격 하락이 수반된다. 예상을 초월하는 사건들, 예를 들어 유가 급등(1973년), IMF 구제금융 시기(1997~1998년), 9·11테러(2001년), 세계 금융공황(2007년 10월~2008년 10월) 등이 투매를 일으키는 원인이 된다.

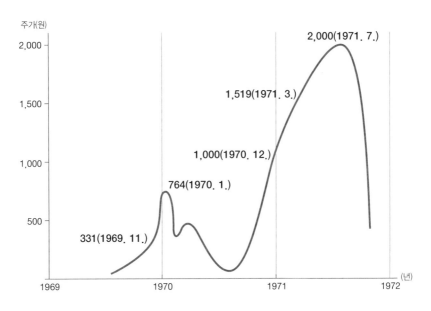

60년대 투기 시장의 대미를 장식한 증금주 주가 동향

다. 주가가 급락하자 역시 수도결제가 제때 이뤄지지 않았다. 이번에도 거래소가 중재에 나서 증권시장의 파국을 막았다.

이 사건을 계기로 정부는 1971년 6월에 청산거래제도를 폐지하고 공매도와 공매수를 금지했다. 또한 보통거래제도를 채택하여 수도결제일을 5일로 정하고 결제일에 매도자는 실물을, 매수자는 현금을 가져와 결제하도록 했다. 이후 1973년 2월에 3일 결제로 바꾼 뒤 오늘날까지 이어지고 있다.

16장

주식 분산 추진과
증권투자신탁업법 도입

1969년은 자본시장 육성의 해

60년대에 투기가 난무했던 가장 큰 이유는 거래소에 상장할 만큼 규모가 큰 기업이 많지 않았다는 데서 찾을 수 있다. 상장기업의 주식도 대주주와 관계인이 70% 이상을 소유하여 유동주식이 부족했다. 매매 대상 종목이 증권거래소주(대증주), 증권금융주(증금주), 한전주, 대한중석주(중석주) 같은 일부 종목에 집중되는 현상을 보였다.

이러한 문제점을 개선하고 증권시장이 산업자금 조달 창구가 되도록 하기 위해 정부는 1969년을 '자본시장 육성의 해'로 정하고 '자본시장 육성에 관한 법률'을 제정했다. 이보다 앞서 1968년 말에는 기업공개 등 발행시장을 육성하기 위해 한국투자공사(현 하나대투증권의 전신)를 설립하였다. 한국 최초의 펀드는 1968년 자본시장 육성에 관한 법률에 따라 설립된 한국투자공사가 1970년 5월 20일 수익증권 형태로 1억 원 규모로 발행한 '증권투자신탁'이다.

자본시장육성법은 건전한 자본시장을 육성하여 산업자금 조달을 원활히 하기 위한 것으로, 기업공개와 주식의 분산을 촉진하고, 국민이 기업에 참여하게 하고, 투자 여건을 조성하는 것이 핵심 내용이었다.

세부 실천방안은 ① 민간 주주들에게 일정 수준 이상의 배당을 보장하고, ② 상장 유가증권을 정부 및 공기업에 납부할 수 있게 하고, ③ 주식분산이 이루어지도록 정부와 산업은행이 보유하고 있던 주식을 일반에게 매각하며(1인당 매입한도의 제한을 두었다), ④ 발행주식의 10% 범위 내에서 종업원에게 신주인수권을 부여하고, ⑤ 상장기업으로부터 받는 이자나 배당에 대한 소득세를 면제한다는 것 등이었다.

이외에도 지금의 펀드와 같은 '증권투자신탁업법'을 1969년 8월에 처음으로 도입하였고, 오랫동안 고질적인 병폐로 지적되었던 '청산거래제도'를 1971년 6월에 폐지하였다.

정부의 이같은 노력에도 불구하고 1969년까지 상장기업 수는 42개에 불과했다. 기업공개를 하면 자기자본 조달로 금융비용을 절감하고, 자기자본을 충실하게 하여 재무구조를 개선하는 장점이 있었지만 대주주들의 관심은 부족했다. 또 대다수 기업인들이 기업을 공개하면 회사를 남에게 뺏긴다는 생각과 기업비밀이 노출된다는 생각을 가지고 있었다.

17장

수많은 투기로 기록된 1960년대 주식시장

건전한 투자 문화는 없고 투기만 난무했던 1960년대 증권시장

1960년대 증권시장은 건전한 투자 문화가 정착되지 못한 채 투기[10]가 난무했다. 특히 상대의 씨를 말리는 매수작전이나, 상대보다 세를 더 키워 물량이나 자금력으로 이기는 소위 '책동전'이라는 투기 방법이 성행했다. 오늘날처럼 기업의 가치나 성장성을 고려해 장기투자를 한

---

10 투기(投機, Speculation)는 상품이나 유가증권의 단기 시세변동에서 발생하는 차익(差益)의 획득을 목적으로 하는 거래행위를 말하는 반면에, 투자(投資, Investment)는 반대급부로서의 과실(果實, 이자)을 얻는 것을 주목적으로 하는 행위를 일컫는다. 투자는 생산활동을 통한 이익을 추구하지만 투기는 생산활동과 관계없는 이익을 추구한다는 점이 다르다. 투기 거래는 물품 그 자체의 매수·매도에 목적이 있는 것이 아니라, 오직 필연적 또는 우연하게 발생하는 시가의 변동을 예상하고 매매를 성립시켜 그 결과로서의 차익(또는 차손)을 얻는다.

다는 것은 꿈에도 생각할 수 없는 상황이었다.

　주식시장은 생리적으로 투기가 일어날 수밖에 없는 곳이다. 주가가 기업의 가치보다 아무리 높다 해도 내가 산 주식을 다른 사람이 더 높은 가격으로 사줄 것이란 생각이 들면 누구라도 주식을 사기 때문이다. 대증주, 증금주, 해동화재주 등의 파동도 이러한 투기 심리가 지나쳐서 생긴 것이다.

그 배경에는 투기를 부추긴 시대환경이 있었다

1960년대에 주식 투기가 가능했던 데에는 시대적 배경이 한몫을 한다. 그 하나하나를 살펴보면 다음과 같다.

　첫째, 투자 대상인 상장기업 수가 적었다.

　1970년 기준 상장기업 수는 48개에 불과했고, 시가총액도 979억 원으로 1천억 원을 넘지 못했다. 그나마도 주식분산이 제대로 되지 않아 유통되는 수가 극히 적었다. 따라서 투기꾼이 몇 천만 원만 동원해 주식을 매입하면 주가는 쉽게 급등했다.

연도	기업수	연도	기업수
1956	12	1967	24
1963	15	1968	34
1964	17	1969	42
1965	17	1970	48
1966	24	1971	50

둘째, 투기성이 강한 청산거래가 이루어지는 등 시장제도가 미흡했다.

청산거래는 실물결제를 하지 않고 증거금만 내면 반대매매 형식으로 중간에 매매차익을 취할 수 있어 오늘날의 선물거래처럼 투기성이 강하다. 그런데 당시 주식거래의 80% 이상이 청산거래였다. 게다가 공매도·공매수가 가능해 주가 등락을 심화시키는 원인이 되었다. 증권거래를 오늘날과 같이 전산으로 처리하지 않고 수작업으로 처리한 것도 원인으로 작용했다. 이렇듯 시장을 관리하는 법과 제도마저 미비하고 허술했기 때문에 비합리적인 투기가 판을 쳤다.

증시 파동 전후 청산거래 비중

연도	거래실적			주식 중 청산거래 비중 (%)
	주식	채권	주식 비중(%)	
1960	275	1,330	17.1	95.7
1961	438	911	32.5	87.1
1962	98,375	821	99.2	83.4

▶ 자료: 한국거래소 ▶ 금액 단위: 백만 원

셋째, 경제여건이 성숙하지 못했다.

경제성장률이 높았지만 그만큼 물가도 높아 실질경제성장률이 낮았다. 고금리·고물가 상황에서는 장기투자가 큰 매력이 없게 마련이다. 시중금리가 22~28%에 이르고, 사채금리는 40%를 넘는 상황에서 연 10% 전후의 배당 투자로는 투자자들의 관심을 끌기 어려웠다.

1960년대 경제지표

	1962	1963	1964	1965	1966	1967	1968	1969	1970
경제성장률(%)	3.5	9.1	8.3	7.4	13.4	8.3	13.3	15.9	8.9
물가상승률(%)	16.7	26.6	19.8	10.2	16.8	11.2	9.8	13.1	13.0
경상수지(억 달러)	−3.6	−4.7	−2.8	−2.9	−4.6	−1.9	−4.4	−5.5	−8.5

▶ 자료: 한국거래소 ▶ 경제성장률: 1965년 불변 기준 ▶ 물가상승률: 소비자물가상승률

넷째, 증권회사의 난립으로 경쟁이 과열되었다.

시장 규모에 비해 증권회사 수가 지나치게 많았다(약 60개). 그러다 보니 매매수수료 수입과 자기매매가 유일한 수익 창구인 증권회사가 앞장서서 투기 거래를 부추길 수밖에 없었다.

정치자금 100억의 음모,
대중주 파동

큰손 윤응상의 정치자금 100억 작전

1961년 8월 12일, 박정희 국가재건최고회의 의장이 2년 뒤에 정권을 민간에 이양하겠다는 성명을 발표했다.

그 직후 증시 큰손인 윤응상과 중앙정보부 정책연구실 행정관인 강성원 소령이 충무로의 한 다방에서 만났다.

윤응상은 해방 이후 줄곧 주가를 쥐락펴락할 만큼 영향력 있는 증권가 큰손이자 우리 증시 역사상 최초의 주가조작 전문가였다. 그는 일제강점기 때 일본중앙대학 법학과를 졸업하고, 동양통신사 전무, 한국비료주식회사 사장 등을 역임하였으며, 경제와 증권에 관한 지식이 해박하였다. 재력도 풍부해 현찰동원 능력도 뛰어났다.

강성원 소령이 윤응상을 만난 것은 증시 큰손이며 자본시장에 해박한 윤응상으로부터 자본시장 육성과 관련한 자료와 조언을 구하기 위함이었다. 한데 윤응상이 김종필 중앙정보부장의 정치참모인 강소령에게 대뜸 이런 제안을 했다.

"군정에서 민정으로 정권을 이양하려면 적어도 1백억 환 정도의 정치자금이 필요합니다. 돈 있는 사람들은 모두 부정축재 혐의로 묶여 있으니 누가 이 많은 돈을 내놓겠소. 내게 3개월 동안 7억 환을 융통해 주면 증권시장에서 1백억 환을 만들어주겠소."

그 당시 연간 주식거래대금이 40억 환 남짓이었으니, 7억 환이면 증권 시세를 마음대로 움직이고도 남을 엄청난 자금이었다.

그로부터 얼마 후 중앙정보부 관리관 실장인 정지원까지 합세해 세 사람은 4개월간 준비한 끝에 1962년 1월, 자본금 5억 환 규모의 통일증권(統一證券)을 설립하였다. 당시 증권회사의 평균 자본금이 2천만 환에서 3천만 환 사이였던 것을 감안하면 실로 파격적인 규모의 증권회사였다. 곧이어 일흥증권까지 설립한 세 사람은 모든 작전준비를 끝내고 실행에 옮길 시기만을 노리고 있었다. 윤응상은 사보이호텔 608호실에 작전본부를 차려놓고 주가조작의 총지휘를 맡았다. 그러면서 세인의 눈을 속이기 위해 매일 밤마다 요정을 드나들며 그곳에서 은밀히 작전모의를 했다.

1차 작전 성공과 한전주 매각으로 자금 마련

1962년 1월 7일, 윤응상은 대증주(대한증권거래소 주식)를 사기 위해 매수주문을 넣었다. 액면가 50전인 대증주의 연초 시세는 90전. 주문을 낸 1월 7일에는 1환 3전의 시세를 형성하고 있었다.

1환 3전에서 시작해 매일 가격을 올리며 계속 사들이자 목표로 한 매수 수량을 채웠을 때는 주가가 2환 선으로 올라 있었다. 윤응상은 이때를 놓치지 않고 그동안 매집했던 주식을 모두 팔아 상당한 수익을 올렸다. 동원 가능한 자금능력 안에서 사들인 주식을 가격이 올랐을 때 팔았으니 1차 투자는 성공이었다. 100억 환의 정치자금 확보라는 목표까지는 아직 거리가 멀었지만, 이를 계기로 윤응상은 강소령과 정지원 실장에게 실력을 인정받고 전폭적인 지원을 받기 시작했다.

본격적인 작전을 펼치려면 무엇보다 큰 자금이 필요했다. 윤응상은 강소령에게 농협이 보유 중인 한전주 12만 8천 주를 헐값에 불하받을 수 있도록 주선해 달라고 요청했다. 윤씨는 통일증권과 일흥증권을 이용해서 한전주 주가를 끌어올리고 있었기 때문에 불하받기만 하면 큰 수익을 낼 수 있다고 생각했다.

'대주주인 농협이 보유하고 있는 지분출회만 봉쇄하면 주가조작은 어려운 일이 아니야.'

결국 1962년 2월 초 농협 보유 한전주를 시세보다 싸게 윤씨 계열 증권회사로 넘겨받았고, 윤씨는 한전주를 최고가에 매각하여 큰 자금을 마련했다.

증권거래소 주도권 쟁탈을 위한 투기판

1962년 1월 15일에 공포된 해방 후 최초의 '증권거래법'은 거래소 조직을 정부가 관리하는 영단제가 아닌 '주식회사' 형태로 규정했다. 당시 증권거래소의 자본금은 6억 환이었는데, 주식회사로 개편되면서 1차로 4억 환, 이어서 40억 환의 증자를 실시했다. 40억 환 중 35억 환은 구주주에게 배정하고, 나머지 5억 환은 액면가 50전에 28배나 높은 프리미엄을 붙여 14환 50전에 공모했다. 당시 대중주 주가가 35환이었으니 공모배정을 받기만 하면 앉은자리에서 2.4배의 수익을 올릴 수있는 좋은 기회였다.

공모청약이 시작되자 각 증권회사와 은행의 청약 창구는 하루 종일 북새통을 이루었다. 이른 새벽부터 문 앞에서 줄을 서서 기다리던 사람들이 아침에 문을 열자마자 우르르 달려들어 아수라장이 되기도 했다.

구주에도 불이 붙었다. 1주당 3.5주씩을 액면가 50전에 받을 수 있는 유상권리가 붙어 있었기 때문에 팔려고 하는 사람은 없고 사려는 사람만 있었다. 증권회사들도 너도 나도 대중주를 매수하려고 덤볐다. 증권회사들이 이렇게 열을 낸 데는 신주 배정에 따른 수익도 수익이지만 거래소의 주도권을 장악하겠다는 목적도 있었다. 거래소 지분이 높을수록 증권시장 지배력이 높았기 때문에 증권회사마다 거래소 지분 확보를 위해 치열한 각축전을 벌였던 것이다.

4월의 대중주 각축전

1962년, 연초에 90전이던 대중주는 3개월 만에 10배가 뛰어 3월 말에 9환 20전으로 올랐고 4월 말에는 67배인 60환으로 폭등했다. 액면가 50전에 비하면 무려 120배가 오른 것이다. 거래도 폭주해 과거에는 월

평균 거래대금이 20억 환에 불과했으나 4월에는 60배에 달하는 1,180억 환이 거래되었다.

사기만 하면 매일 주가가 급등하다 보니 시중 유동자금은 몽땅 증권회사가 밀집한 명동으로 몰렸고, 돈을 번 투자자들은 이틀이 멀다 하고 기생집을 드나들며 밤낮없이 즐겼다. 그래도 돈이 남아돌았다. 매수세력은 매일 승리의 폭죽을 터트렸고, 주가 상승은 멈출 줄을 몰랐다.

증권회사 직원들도 수시로 특별보너스를 받았다. "퇴근 때가 되면 돈이 든 봉투를 여직원이 나눠줍니다. 자주 받다 보니 무슨 명목인지 묻지도 않아요." 증권시장에 돈이 얼마나 몰렸으면 "명동에 가면 개도 돈을 물고 다닌다"는 말이 나돌 정도였다.

1차 수도불이행 사태와 4월 증권 파동

당시 대증주를 매도한 사람은 공매도로 실제 주식보다 더 많은 주식을 팔았고, 매수자는 자금능력을 초과해 매수했다. 그 결과 결제일에 청산을 하지 못하는 수도불이행 사태가 발생했다.

주식을 가져와야 할 사람이 주식을 가져오지 못하고, 매수자는 매수대금을 가져오지 못했다. 결제일에 결제가 되지 않으면 주식을 매매해 봐야 소용이 없다. 시장이 파국으로 치닫기 직전, 우여곡절 끝에 증권거래소가 금융권의 긴급자금을 지원받아 간신히 위기를 넘겼다.

최후의 결전

4월의 증권 파동이 진정되는 듯하자, 다시 작전세력이 움직이기 시작했다. 5월 들어 윤응상이 주도하는 매수세력은 주가를 올리려고 매일 회합을 가졌고, 그가 직접 출자한 통일증권과 일흥증권이 선두에 서서 매수작전을 주도했다.

태양증권을 중심으로 한 매도세력도 결의를 다졌다. 5월 23일, 매도측 23개 증권회사가 종로의 한 식당에서 모임을 갖고 5월 25일부터 총공격을 개시하기로 결의했다. 이후 이 소식을 들은 매수세력 중 상당수가 입장을 바꿔 매도세력에 가담했다. 이 이상 매수를 강행하는 것은 무모한 짓이라고 판단한 것이다.

매도세력은 25일부터 31일까지 매일 매물을 집중적으로 내놓았다. 매도세력과 이를 방어하려는 매수세력 간에 치열한 공방이 벌어지면서 거래는 급증했다.

끝없이 올라갈 것만 같던 대증주 시세는 4월 말에 60환 고점을 찍고 하락으로 반전했고 5월 말에는 26환으로 급락했다. 힘겨루기에서 매수세력이 밀린 탓이었다. 1개월 만에 1/3토막으로 떨어진 주가는 매수세력에 치명적인 충격을 주었다. 대부분 투자금액의 10%인 소액증거금으로 주식을 과매수했기 때문에 투자 원금 전액을 날렸을 뿐 아니라 추가로 납부해야 할 금액이 원금의 몇 배가 되었다. 명동 뒷골목의 술집들마다 피눈물 흘리는 투자자의 한숨 소리가 가득했고, 감당할 수 없는 손실로 자살하는 사람도 있었다.

매수세력과 매도세력 간 힘겨루기 과정에서 거래가 폭발적으로 증가해 5월의 주식거래는 65억 주, 거래대금은 2,510억 환에 이르렀다. 과거 6년간의 총 거래량을 뛰어넘는 수준이었다. 당시 증권거래소 전체 거래량 중 70%가 대증주일 정도로 거래는 과열되었고, 그 여파로 5월 말에는 4월보다 더 큰 규모의 수도결제 불이행 사태가 발생했다.

증권시장은 투기판이라는 인상을 심어준 5월 증권 파동

1962년 5월은 주식투자자에게 너무나도 잔인한 달이었다. 5월 말일, 증권거래에서 있을 수 없는 최대 규모의 수도결제 불이행 사태가 발생했다. 통일, 일흥, 동명 등 3개 증권사가 주축인 매수측은 과매수로 자금이 턱없이 부족하여 수도결제를 이행하지 못하였다. 매도측 일부도 가져와야 할 주식이 모자랐다. 수도결제 불이행으로 증시가 마비되자 통화개혁을 코앞에 둔 정부로서는 다급했다. 정부는 한국은행으로부터 긴급자금 230억 환을 대출해 6월 4일 수도결제가 정상적으로 이루어지도록 조치했다. 그리고 6월 말 만기인 매매분에 대해서는 장부가격의 3분의 2 선에서 강제청산하도록 했다.

증권시장 역사상 최악의 사건으로 기록된 5월 증권 파동은 정부의 강제 개입으로 가까스로 수습되었지만, 지리한 책임공방 끝에 33일의 장기휴장이라는 최악의 사태로까지 이어졌다.

이 사건과 관련해 내각수반 송요찬, 재무부장관 천병규 그리고 당시 증권거래소 이사장이 책임을 지고 물러났다. 그러나 세간에 주가조작 배후인물로 소문이 난무했던 중앙정보부장 김종필은 비난만 들었을 뿐 아무런 책임을 지지 않았다.

투기를 조장한 혐의로 경희증권 등 2개 증권회사는 무기한 영업정지 처분을 받고 거래원 자격을 상실했으며, 4개 증권회사는 1개월 영업정지 처분을 받았다. 주가조작을 주도한 윤응상도 초기에는 돈을 벌었으나 파동이 끝날 쯤에는 큰 타격을 받았다고 한다.

그 후 윤응상은 주가조작 혐의로 군사재판을 받아 7년의 구형을 받았다. 그러나 법원의 판결은 달랐다. 혐의가 없다는 확정판결이 내려졌고 무죄로 사건이 종결되었다. 오늘의 증권거래법에 의하면 어림도 없는 재판이었던 셈이다. 무죄판결을 받은 윤응상은 1962년 5월 대증주 파동 이후에도 해동화재주 파동(1964년), 증금주 파동(1969년 11월 ~1971년 7월) 등에서도 큰손의 저력을 유감없이 발휘했다.

증권 파동이 있은 지 약 40년이 지난 2003년 2월, 증권 파동의 주역 중 한 사람이었던 강성원 씨는 한 방송사와의 인터뷰에서 당시 벌어들인 수익금을 공화당 창당자금으로 사용한 사실을 시인하고 잘못을 사과했다.

울고 웃는 건설주와
고공행진 공모주 청약

1970년대 증권시장의 특징은 경제개발 5개년계획에 필요한 재원 조달을 위해 정부가 적극적으로 증시를 육성했다는 점과 최초로 일반 국민이 주식시장에 참여했다는 점이다. 1960년대 중반부터 경제개발 5개년계획이 실질적 성과를 거두기 시작했고, 70년대에는 10%대의 고도 경제성장을 지속했다. 정부의 기업공개 유도 정책에 따라 공모주 청약 전성시대를 맞이했다. 그 결과 상장기업 수가 급증하였고 증권시장도 활황세를 보였다. 증권투자자 수가 최초로 100만 명을 돌파했지만 1970년대 중반에 발생한 건설주 파동으로 일반 투자자들은 주식투자로 이익과 손실을 동시에 경험하는 계기가 되었다.

1970년대 후반에는 해외건설 수주가 피크를 이루면서 중동 오일달러 유입으로 건설주가 시장의 최고 인기주로 각광을 받았다. 건설주에 대한 투기가 과열되어 지나치게 급등한 후 급락하는 과정을 밟았으며, 급기야 건설주 파동을 야기하기에 이르렀다. 70년대 투자자의 투자 기준은 기업에 관한 정보였는데 정확한 정보를 얻기 어려운 개인투자자들은 시장에 떠도는 루머에 의존하는 경우가 많았다.

한편으로 70년대는 자본시장을 육성하려는 정부의 강력한 의지가 표출된 기간으로 80년대 도약을 위한 발판을 준비하던 시대이기도 하다.

From 1971 to 1980

The History of Stocks in sight of Money

1971년에서 1980년까지

1975. 6. 11.
삼성전자 상장

1972. 12. 30.
기업공개촉진법 제정 –
공개 대상 기업 선정 및
공개 명령

1975. 1. 4.
포스트매매 실시,
격탁매매 폐지

1971 1972 1973 1974 1975

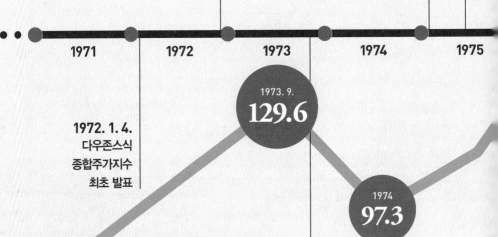

1973. 9.
129.6

1974
97.3

1972. 1. 4.
다우존스식
종합주가지수
최초 발표

1973. 10. 6.
제4차 중동전쟁(10월전쟁)
발발

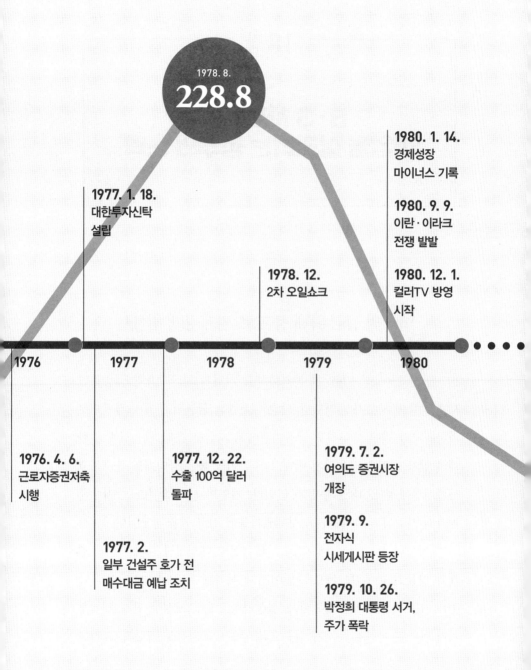

1978. 8.
228.8

1980. 1. 14.
경제성장
마이너스 기록

1980. 9. 9.
이란 · 이라크
전쟁 발발

1980. 12. 1.
컬러TV 방영
시작

1977. 1. 18.
대한투자신탁
설립

1978. 12.
2차 오일쇼크

1976   1977   1978   1979   1980

1976. 4. 6.
근로자증권저축
시행

1977. 12. 22.
수출 100억 달러
돌파

1979. 7. 2.
여의도 증권시장
개장

1977. 2.
일부 건설주 호가 전
매수대금 예납 조치

1979. 9.
전자식
시세게시판 등장

1979. 10. 26.
박정희 대통령 서거,
주가 폭락

○ 한국의 주가지수는 1963년 5월 19일에 처음 도입되어 1983년 1월 4일 시가총액식 주가지수(코스피지수)가
   발표되기 전까지 미국 다우존스식 수정 주가 평균 지수 방식을 따랐다.

18장

8·3 사채동결,
기업을 살리려는 정부의 노력

미국의 금본위제 붕괴로 세계경제 침체!

1970년대 들어 경제개발이 본격화하고 기업의 자금수요가 급증하면서 사금융의 시대가 개막됐다. 닉슨 대통령의 금본위제 폐지 결정으로 외자유치가 벽에 부딪히고 금융기관에서 자금을 조달하는 것에도 한계가 있자 기업은 금융권에 비해 2~3배 이상 높은 금리에도 불구하고 사채시장에 손을 내밀 수밖에 없었다. 기업의 사채 의존도는 갈수록 높아져 기업의 생사여탈권을 사채권자들이 쥐고 있을 정도였다.

거기에다 1969년에 15.9%를 기록했던 경제성장률은 세계경제 침체와 맞물려 이후 큰 폭으로 떨어지기 시작해 1970년 8.9%, 1971년 9.8%, 1972년 7.0%를 기록했다. 설상가상으로 고도성장 과정에서 경기가 과열된 여파로 물가가 치솟고 경상수지 적자폭도 커졌다. 요컨대

1970년대 초 한국경제는 성장률 하락, 물가상승, 경상수지 악화, 고금리라는 4중고에 시달리고 있었다.

위기에 처한 한국경제를 살리기 위한 조치, 8·3 사채동결

고리의 사채로 인한 부작용이 심화되자 정부는 '사채동결 조치'를 내렸다. 1972년 8월 3일 자정을 기해 대통령 긴급명령권을 발동해 기업의 사채를 동결하고 금리를 인하하는 초법적인 조치였다.

주요 내용은, 기업이 사용한 사채를 세무서에 신고하면 월리 1.35%, 3년 거치 5년 분할상환 조건의 새로운 채무관계로 조정한다는 것이었다. 당시 사채 이자가 월 4%를 넘었으니 파격적인 조치였다. 또한 기업이 신고한 사채를 사채권자가 신고하지 않으면 채권이 소멸되었다. 이때 신고된 사채 규모가 무려 3,450억 원에 달했다. 또한 정부는 금융기관의 1년 만기 정기예금의 수신금리를 16.8%에서 12%로, 대출금리는 19%에서 15.5%로 대폭 인하했고, 2천억 원의 특별금융채권을 발행해 기업의 단기 고리대출을 장기 저리대출로 전환해 주었다.

정부의 초법적인 조치로 개인 사채업자들은 큰 타격을 받았다. 특히 고리의 이자를 받을 수 있다는 말을 듣고 집을 담보로 잡히고 은행에서 융자를 받아 그 돈을 빌려준 영세 사채업자들은 은행의 원금상환 요구로 하루아침에 집을 날리는 경우도 있었다.

8·3 사채동결은 증시에 호재!

8·3 사채동결 조치로 제도권 금리는 5%, 사채금리는 10% 이상 끌어 내려졌고, 기업은 고리의 단기사채에서 벗어날 수 있었다. 큰 이익을 본 이들은 기업가들이었다. 이를 빗대어 당시 기업가들이 모이면 청와대를 향해 큰절을 하고 선배를 했다는 일화도 있다.

8·3 조치로 기업은 재무구조가 크게 개선되어 투자 여력이 생겼고, 마침 세계경제도 호전되어 우리 경제는 다시 고도성장이 가능해졌다. 1973년에는 GDP성장률이 16.5%로 높아지고 금리도 안정되면서 주가가 가파르게 올랐다. 은행금리가 떨어지면서 예금이자와 주식투자 기대수익률 간의 격차가 커져 주식투자에 대한 기대감이 높아졌다.

주가가 상승하고 거래량이 증가하자 지지부진했던 기업공개도 활발해졌다. 기업공개를 촉진하기 위해 상장기업에 세제 혜택을 주는 내용이 담긴 '기업공개촉진법'이 발표되자 주가 상승은 더욱 탄력을 받았다. 8·3 조치가 있었던 1972년에는 연초 대비 무려 127%나 주가가 폭등했다. 그러나 주가 상승은 1년 만에 다시 하락세로 반전되었다. 제1차 오일쇼크로 경제가 다시 침체에 빠져들었기 때문이다.

기업의 자금난 해소를 위해 지하자금을 제도권으로!

사채동결 조치는 기업의 숨통을 일시적으로 틔워 주었지만 한편으로는 사금융을 위축시켜 기업의 자금난을 극심하게 만들었다. 이에 정부는 지하자금을 제도권으로 끌어들여 산업자금화할 목적으로 '단기금융업법', '상호신용금고법', '신용협동조합법' 등을 제정하고 비은행권 금융회사 설립을 허용했다.

투자금융회사, 상호신용금고, 신용협동조합 등이 이때 생겨났다. 투자금융회사는 직접 채권을 발행하거나 회사채를 인수한 뒤 은행보다 높은 금리로 판매하는 등 사채시장의 자금을 끌어모으며 급성장했다. 그보다 조금 늦은 1976년에는 국제 단기자금 주선과 지급보증 등의 업무를 취급하는 종금사가 생겨났다.

투자금융회사와 종금사처럼 단기자금만을 취급하는 금융기관은 외국에는 없는 한국만의 특수한 형태였다. 20년 이상 기업에 급전을 빌려주는 단기자금 조달 창구이자 사채업자들의 단기자금 이용 창구로 중추적인 역할을 수행해 오다 1997년 IMF 외환위기의 주범으로 몰려 퇴출되었다.

한편 사설무진회사(私設無盡會社) 또는 서민금고 등의 이름으로 불리며 서민금융업을 하던 곳들은 상호신용금고로 재편됐다. 그리고 조합원을 구성원으로 하는 민간저축기관, 즉 신용협동조합과 마을금고도 8·3 조치 때 제도금융권으로 편입되었다.

이후 상호신용금고는 상호저축은행, 신용협동조합은 신협, 마을금고는 새마을금고로 각각 발전했고, 이를 통칭하여 오늘날 제2금융권이라 부르고 있다.

19장

주식시장을 강타한
1·2차 오일쇼크

스태그플레이션에 빠진 대한민국, 주가 폭락

8·3 사채동결 조치로 경기가 회복되고 물가가 안정되어 증권시장으로 자금이 유입되었다. 1969년 3선 개헌에 이어 1972년 10월 유신헌법을 공포하면서, 사회는 혼란에 빠졌지만 경제만은 건실했기 때문에 증권시장은 상승세를 탔다.

그러나 주가 상승은 오래가지 못했다. 제1차 오일쇼크로 1973년 7월부터 다시 하락으로 돌아섰다. 1973년 10월 제4차 중동전쟁이 발발하자 아랍제국이 석유를 무기화하는 전략을 들고 나와 2.81달러(두바이유, 연평균 기준) 선이던 원유가격이 불과 넉 달 사이에 4배 가까이 급등해 11달러(1974년 1월)로 뛰었다. 세계 각국은 뛰는 물가를 잡기 위해 금리를 대폭 올렸고, 그 결과 경제성장은 후퇴했다. 이는 세계경제

뿐만 아니라 우리 경제에도 엄청난 충격을 주었다.

한국경제는 성장률이 둔화되는 가운데 물가가 급등하는 전형적인 스태그플레이션에 빠졌다. 1974년에 소비자물가상승률은 26.4%를 기록했고, 도매물가상승률은 무려 44.6%로 치솟았다. 경제성장률은 1973년 12.3%에서 1974년 7.7%로 하락했다.

물가상승률이 경제성장률보다 높은 상태에서는 주가가 하락할 수밖에 없다. 1973년 129포인트까지 상승했던 주가지수는 1974년 중반에 97포인트로 추락해 25%나 후퇴했다.

연이어 제2차 오일쇼크가 터졌다. 1978년 OPEC(석유수출국기구)이 자원민족주의를 내걸고 원유가격을 14.5% 인상한 데 이어, 같은 해 12월 이란에 혁명이 일어나면서 이란이 석유수출을 전면 중단함에 따라 유가는 1년간 215% 급등했다. 세계 각국은 오르는 물가를 잡기 위해 금리를 올렸고, 경제침체 속에 물가가 오르는 스태그플레이션에 빠졌다. 그리고 이는 주가 폭락으로 이어졌다.

3차 오일쇼크는 오는가?

2007년 원자재 투기 바람이 일어 유가가 폭등했다. 1년 6개월 동안 서부텍사스유(WTI) 가격이 배럴당 61달러에서 145달러로 뛰어 단기에 2.4배 이상 급등하였다. 1·2차 오일쇼크 때와 근접한 상황이 된 것이다.

원자재 투기를 세계적으로 선도하는 골드만삭스는 머지않아 유가가 200달러까지 상승할 것이라고 전망했고, 일부 전문가도 세계경제가 1·2차 오일쇼크와 같은 스태그플레이션을 겪을 것이라 예측했다.

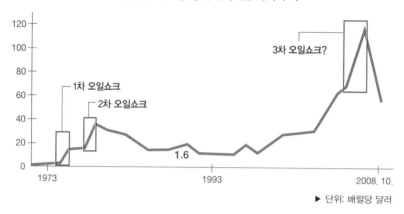

2007년 유가 폭등의 원인은 경제성장률이 높은 중국을 비롯한 이머징마켓 국가에서 석유 소비가 증가한 데 있다. 더불어 미국의 달러 가치 하락과 투기 세력이 가세한 영향도 있다. 그러나 1970년대 1·2차 오일쇼크에 비해 증시에 주는 충격은 상대적으로 적었다. 70년대에 비해 에너지 효율이 높아졌고, 물가가 4~6% 선에 머물러 있었으며, 스태그플레이션(경기침체 속 물가상승)의 강도도 상대적으로 약했기 때문이다.

참고로 2011년 2월 한국은행의 발표에 따르면, 국제유가가 10% 오르면 한국의 물가는 0.12% 상승하고, 경제성장률(GDP)은 0.21% 낮아진다고 한다.

스태그플레이션으로 인한 주가 하락은 베트남에서 현실화되었다.

구분	1차 오일쇼크		2차 오일쇼크	
	1973년	1974~75년	1979년	1980년
유가(배럴당 달러)	3.1	10.7		
GDP성장률(%)	12.0	6.6	6.8	-1.5
물가상승률(%)	3.2	24.8	18.3	28.7
무역수지(억 달러)	-10.2	-22.9	52.8	47.9

1·2차 오일쇼크 당시 유가와 물가상승률 추이

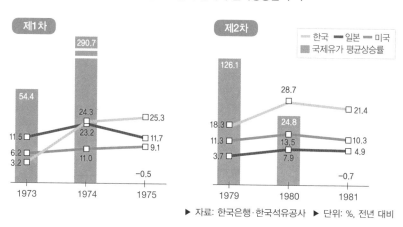

▶ 자료: 한국은행·한국석유공사 ▶ 단위: %, 전년 대비

2007년 하반기부터 2008년 상반기 사이 베트남은 경제성장률이 8% 인 데 비해 물가는 26%까지 상승해 주가가 무려 60% 이상 하락했다.

천만다행으로 유가는 2008년 7월 서부텍사스유 기준으로 147달러 를 찍고 하락세로 돌아섰고, 10월 말에는 65달러 이하로 급락했다. 이 유는 미국발 금융위기가 발생해 경제가 침체하고 석유 소비가 줄었기 때문이다.

1, 2차 오일쇼크가 유가폭등으로 발생한 경제충격이었다면 2020년에는 원유가격이 초유의 마이너스 가격까지 하락하여 경제에 충격을 주었다. 코로나 팬데믹 발생으로 경제가 일시적으로 마비되어 연초 배럴당 60달러를 상회하는 수준에서 형성되던 유가가 4월 20일에는 배럴당 −37.63달러까지 떨어지는 극히 예외적인 사태가 발생하기도 했다. 하지만 경제가 점진적으로 안정되고 2020년 12월에 코로나 백신이 출시되면서 국제 원유가격은 배럴당 40~50달러 선으로 형성되고 2021년에는 50달러 이상을 예상하고 있다. 그러나 전기자동차 출현과 미국의 바이든 대통령을 비롯하여 세계 각국이 친환경정책을 펴서 예전과 같은 유가파동은 예상하기 어렵게 되었다.

20장

공모주 청약으로 몰려든 개미투자자들

1972년 8·3 사채동결 이후 증시가 활황을 보이자 기업공개도 활기를 띠어갔다. 일찍이 1968년 12월에 정부가 나서서 '한국투자공사(현 하나대투증권의 전신)'를 설립해 기업공개 업무를 맡게 하였으나 대주주들이 기업공개를 꺼려 공개 실적이 미미했다.

정부는 다시 한번 기업공개를 독려하고 나섰다. 1972년 12월에 '기업공개촉진법'을 제정하고 행정력을 동원하여 강압적으로 기업공개를 밀어붙이기 시작한 것이다. 정부가 직접 공개 대상 기업을 지정하고, 공개를 명령하는 한편 이를 거부하는 기업에게는 세제상·금융상 제재를 가했다. 그 결과 1972년에 66개이던 상장기업이 해마다 급증하여 1978년에는 356개로 늘어났다. 6년간 무려 290개 회사가 신규로 상장한 것이다. 특히 건설업종이 시장의 주도주로 부상하자 건설주가 다투어 신규로 상장되었다. 그 와중에도 우량 대형 건설사인 현대건설만은 예외로 공개를 계속 늦추어 1984년에야 기업을 공개했다.

1970년대 상장기업 증감 추이

연도	1970	1971	1972	1973	1974	1975	1976	1977	1978	1979	1980
상장 기업수	48	50	66	104	128	189	274	323	356	355	352
증감	–	2	16	38	24	61	85	49	33	−1	−3

1970년대 초반까지만 해도 1962년 대증주 파동의 영향으로 '증권 투자=패가망신'이라는 인식이 대중의 뇌리에 새겨져 있어 일부 소수만이 증시에 참여하고 있었다. 그러나 1970년대 중반부터 일반인들의 인식이 달라지기 시작한다. 공모주 청약으로 재미를 보았다는 소문이 장안에 퍼지면서 본격적으로 공모주 청약 열풍이 불기 시작한 것이다.

공개기업의 주가는 상장되자마자 공모가보다 최소 1.5배에서 많게는 2~3배 높게 형성되었다. 공모주 청약만 하면 누구나 쉽게 돈을 벌 수 있었던 것이다. 더욱이 정부에서 공모주 청약을 유도하기 위해 주간사(主幹事)인 증권사에게 6개월 동안 공모가 이상으로 주가를 유지할 의무를 부여했기 때문에 최소한 공모주 청약으로 손해를 볼 위험은 없었다.

공모주 청약이 '저위험 고수익'이라는 소문이 퍼지면서 청약 경쟁률은 평균 20~30배에 이르렀다. 회사원, 공무원, 가정주부 할 것 없이 앞다퉈 몰려들었고 심지어 구두닦이까지 증권사 청약 창구로 향했다. 1년 내내 공모주 청약만 해서 돈을 버는 '청약꾼'이라는 신종 직업도 등장했다.

신주 청약에는 1인당 배정한도(처음에 50주)가 정해져 있었다. 큰손들은 더 많은 신주를 배정받기 위해 청약브로커를 고용해서 증권사 근처 여관에 투숙시킨 후 이른 새벽부터 줄을 서서 청약표를 받아오게 하여 청약을 싹쓸이하기도 했다. 일부 사채업자들은 청약표를 받자마자 그 자리에서 프리미엄을 붙여 팔았다.

일반 대중이 공모주 청약에 참여함에 따라 증권투자 인구가 급증해 60년대 말에 10만 명 선에 불과하던 증권투자자 수가 70년대 후반 들어 100만 명을 돌파하는 기록을 세운다. 공모주 청약 열기가 흔히 개미라 불리는 소액투자자가 증시에 참여하는 계기가 되었던 것이다.

21장

중동 특수, 건설주의 호황기를 만들다

삼환기업, 중동 진출의 물꼬를 트다

유가 급등으로 심각한 스태그플레이션에 처한 우리 경제에 1975년부터 '중동 특수'라는 뜻밖의 호재가 찾아온다. 1차 오일쇼크로 원유판매 수입이 증가하자 사우디, 이란, 이라크 등의 중동국가들이 경제개발을 위한 기간산업 건설에 적극 나서기 시작했던 것이다.

1973년 삼환기업이 사우디아라비아 고속도로 공사를 수주하며 최초로 중동 진출의 물꼬를 튼 뒤, 1975년부터 한국 건설업체의 중동 건설 수주가 급증했다. 1978년에는 중동 계약고가 79억 달러에 이르러 전체 해외건설 수주의 98%를 차지했다.

중동 특수는 1차 오일쇼크로 침체되어 있던 우리 경제에 활력을 불어넣었고 추락하던 증시를 상승장으로 되돌려놓았다. 1975년 1월

4일 100으로 다시 출발한 종합주가지수는 1976년 146.8, 1977년 178.2, 1978년 207.2로 4년간 연평균 20%씩 상승해 증시 사상 처음으로 대호황을 맞았다.

1973년 최초로 중동에 진출한 삼환기업의 중동 1호 공사인 사우디아라비아의 카이바–알 울라 고속도로 공사현장

건설주 폭등을 꺾은 사상 초유의 조치 – '전일 종가보다 높은 호가주문은 사절'

1970년대 증시의 가장 큰 특징은 '건설주'가 시장을 주도했다는 점이다. 특히 증시가 뜨겁게 달아올랐던 1975년 하반기부터 1978년 상반기 사이에 건설주에 대한 편중매매가 극심했다. 건설업종 지수의 연도별 상승률은 1975년 256%, 1976년 130%, 1977년 135%, 1978년 6월 말 기준 97%로 해마다 급등했다(건설업종 지수는 1975년 1월 초 7.64로 시작해 1978년 6월 24일 최고점인 409.91가 되어 3년 6개월 동안 무려 53.7배나 폭등했다). 그러나 건설주 외 다른 업종의 상승률은 저조했다. 1976년부터 1977년까지 2년 동안 진기전자 –12.7%, 화섬 –17%, 화학 –10%, 금융 –0.7%로 하락했다.

중동 진출의 첫발을 내딛은 삼환기업의 주가는 1974년 11월 3,860원에서 1978년 6월 5만 6천 원까지 올랐고 건설주가 대호황이던 1978년

6월에는 8만 2,950원을 기록했다. 단순 주가 기준으로 계산해도 3년 6개월 동안 저점 대비 21배, 4차례에 걸친 유상증자를 감안할 경우 무려 88배 이상 상승한 셈이다. 동아건설도 1975년 초에 7,400원이던 주가가 1978년 6월 7만 4,880원으로 올라 유무상증자를 감안할 경우 무려 25배 상승하였다.

건설주가 급등하자 건설회사들은 앞다투어 유무상증자를 실시했다. 정진건설의 경우 1978년 한 해 동안 268% 증자를 실시하여 연초 11억 원이던 자본금을 연말 기준 40억 원으로 끌어올렸고, 라이프주택은 2년간 자본금을 2억 원에서 100억 원으로 늘려 무려 50배의 신주를 발행하였다.

건설주가 이렇게 큰 폭으로 상승한 배경에는 기업실적의 호전이 자리하고 있었다. 대표적으로 동아건설의 순이익은 1974년 19억 원에서 1975년 25억 원, 1976년 38억 원, 1977년 63억 원 그리고 1978년에는 100억 원으로 자본금의 2~3배에 달하는 이익을 냈다. 대림산업은 1977년 말 순이익이 242억 원에 이르러 자본금보다 무려 5배나 많았고, 삼환기업도 83억 원의 순이익을 냈다.

이렇듯 제조업에서는 상상하기 어려운 규모의 순익을 건설사에서 내고 있었기에 초기 투자자들은 건설주에 열광했다. 그러나 1977~1978년 시장은 기업의 실적과 무관하게 투기가 투기를 부르는 광적인 투기 바람에 휩싸이게 되었다.

정부는 건설주가 지나치게 폭등하자 과열을 진정시키기에 바빴다. 주가 과열의 원인을 수요에 비해 공급이 부족한 것이라 판단한 정부는 유상증자를 권유하고 건설주 공개를 서두르도록 독려했다. 일부 건설주에 대해서는 호가주문을 내기 전에 매수대금 100%를 사전에 납부하도록 규제했고 신용융자도 제한했다.

급등한 종목에 대해서는 하루 상승폭을 축소했지만 그럴수록 매수세력은 주식을 사지 못해 안달했고 상한가 잔량은 늘어만 갔다. 아침 동시호가에 상한가로 1만 주 주문을 넣어도 100주를 배정받기 어려웠다. 그만큼 상한가 매수잔량이 많았다. 시장에서 주식을 사지 못한 투자자들은 장외로까지 진출해 일주일 또는 10일 상한가를 전제로 한 가격에 주식을 거래했다.

증권회사 사장단 회의에서 건설주의 경우엔 전일 종가보다 높은 주문은 받지 않기로 결의했지만 잘 지켜지지 않았다. 급기야 정부는 1978년 7월 마지막 결단으로 자본잠식이 되어 관리종목에 편입된 부실 건설주 몇 개를 골라 '전일 종가보다 높은 호가의 매수주문은 받지 않는다'라는 증시 사상 유례가 없는 조치를 취했고, 그 후 건설주는 급격한 하락으로 무너졌다.

1970년대 후반 증시 대호황의 배경

1970년대 후반 증시 대호황의 배경을 정리하면 다음과 같다.

첫째, 중동 특수와 수출 호조 그리고 제4차 경제개발 5개년계획으로 시중에 많은 돈이 풀렸다. 한국 최초로 수출 100억 달러를 달성했고 1978년 한 해에만 중동에서 들어온 돈이 11억 달러에 이르렀다. 해외에서 유입되는 통화로 인해 1977년에는 통화공급 증가율이 무려

40.7%에 달하였다.

둘째, 정부의 강력한 부동산 투기 억제 정책으로 갈 곳을 잃고 헤매던 시중 부동자금이 대거 증시로 유입되었다. 공모주 청약으로 재미를 본 투자자들이 건설주 투기에 가세했고, 건설주에 투자하여 돈을 벌었다는 소문이 퍼지면서 일반인들이 대거 투기에 가담하게 되었다.

셋째, 경제성장률이 높아졌다. 경제성장률은 1974년 8.7%, 1975년 8.3%이다가 1976년 15.5%, 1977년에는 10.3%로 높아졌다. 반면, 1974년부터 1975년까지 26~28%이던 소비자물가상승률은 1976년부터 1978년 사이에 9~10%로 낮아졌다. 물가를 감안한 실질경제성장률이 높아진 것은 가처분소득이 늘어났다는 뜻이다.

22장

건설주의 몰락,
제1의 건설주 파동

급등하던 건설주, 어느 날 갑자기 하락세로 돌아서다

1978년 7월 말경 건설주는 약속이나 한 듯 갑자기 하락으로 돌아섰다. 부풀 대로 부푼 풍선이 터지듯 비정상적으로 오른 주가는 떨어질 때도 비정상적으로 떨어졌다. 주식을 사지 못해 안달하던 투자자들이 1978년 7월에는 주식을 팔지 못해 발을 동동 굴렀다. 매일 하한가로 주문을 내보지만 하한가 잔량만 쌓일 뿐 사는 사람이 없었다. 투자자들이 건설주에 거품이 지나치다는 것을 깨달았을 때는 이미 매도시점을 놓친 상태였다.

9만 원까지 올랐던 대림산업 주가는 3만 원으로 떨어져 3분의 1 토막이 났고, 동아건설도 7만 5천 원에서 1만 원대로 추락했다. 우량 건설주가 이 정도니 부실 건설주는 더 말할 나위 없었다. 대부분의 부실

건설주는 10분의 1 토막이 나거나 부도가 나 증시에서 퇴출되었다.

1979년 3월 정진건설이 부도를 낸 데 이어 건설산업, 석락산업, 대창건설, 세명건설, 초석건설, 삼호주택, 한양주택, 남광토건 등 한때 증시를 풍미했던 건설주들이 부도를 내거나 부도로 인해 거래소에서 퇴출되었다. 아무것도 모른 채 오로지 건설주라는 이유만으로 주식을 매수했던 일반 투자자들은 엄청난 손실을 입었다.

건설주 파동, 누가 돈을 벌었나?

그러나 돈을 잃은 사람이 있으면 반대로 돈을 번 사람도 있는 법이다. 건설주 파동으로 돈을 번 사람은 누구일까?

첫째, 기업의 대주주이다. 대주주들은 기업공개 전에 수차례에 걸친 대규모 유무상증자를 반복해 소위 물타기를 한 후 높은 가격에 일반 청약자에게 넘겼다. 또한 기업공개 후 주가 버블이 심할 때 보유주식을 줄이는 방법 등으로 엄청난 거금을 일시에 손에 쥐었다.

둘째, 부정한 수단으로 공모주를 배정받은 정관계 실세와 큰손들이다. 일반 서민들은 어렵게 기본수량인 50주만 배정받았지만 정권의 실세들은 뇌물로, 큰손들은 부정한 방법으로 많은 양의 공모주를 받았고 이들은 장기보유하지 않고 고점에 매도하여 이익을 챙겼다.

손실을 본 투자자들의 비명이 증권시장에 진동했다. 1970년대에 처음으로 일반 대중이 증시에 참여한 만큼 그 충격은 더욱 컸다. 규제책을 폈던 정부는 1978년 8월 이후부터 거꾸로 증시부양책을 썼다.

증권거래세 세율을 0.5%에서 0.2%로 낮추고, 개인별 신용한도를 2천만 원에서 5천만 원으로 증액하는 등의 부양정책을 폈지만 한 번 하락세로 돌아선 대세를 되돌릴 수는 없었다. 대세는 때가 되어야 돌아서지, 한두 번의 인위적인 부양책만으로는 결코 돌아설 수 없음을 확인한 계기였다.

23장

참담한 폭락,
건설주 파동의 3가지 원인

첫째, 지나친 주가 상승으로 버블이 심했다

투기란 '주가가 이미 기업의 내재가치를 초과하여 버블(거품)이 심한데도 불구하고 계속 상승할 것이라는 기대감으로 매매차익을 얻기 위해 주식을 사는 것'이라 볼 수 있다.

기업의 내재가치를 판단하는 기준, 즉 주가수익비율(PER)[1]과 주가순자산비율(PBR)[2] 등이 당시에는 투자를 결정할 때 중요한 요소가 아니었다. 공개 전에 물타기 증자로 부실기업이 공개되는 경우도 많았

---

1   현재 주가를 1주당 순이익으로 나눈 값으로, 지금 주가가 주당 순이익의 몇 배로 거래되고 있는가를 알아보는 지표다. PER가 낮을수록 주식이 저평가돼 있다고 볼 수 있다.

2   주가를 1주당 자산가치(순자산)로 나눈 값으로, 주가가 주당 순자산의 몇 배인가를 나타내는 지표이다. PBR 수치가 낮으면 주가가 저평가돼 있다고 판단한다.

다. 초창기 중동 진출 기업인 삼환, 대림, 동아, 대우 등의 주가가 상승할 때까지는 '영업이익 증가=주가 상승'이라는 논리가 존재했지만 1977년부터는 완전히 투기장으로 변질되었다.

건설주이면 자본잠식 기업이나 적자기업이라도 일단 매수한 뒤 다른 사람에게 더 높은 가격에 팔고 재빨리 빠져나오면 된다는 생각뿐이었다.

투기장에서는 언제나 투자자들이 생각하는 것보다 오를 때 더 많이 오르고 떨어질 때 더 많이 떨어지는 것이 주가의 변함없는 속성이다. 오를 때는 탐욕이, 떨어질 때는 공포라는 인간의 투기 심리가 작용하기 때문이다.

둘째, 지나친 물량공급으로 수급이 무너졌다

증권시장은 수요와 공급에 따라 가격이 결정되는 곳인데, 과도한 기업공개와 유무상증자로 수급균형이 무너졌다. 1975년에서 1978년 사이에 기업공개와 유상증자로 조달한 금액이 8,100억 원에 달해 1976년도 시가총액인 9,100억 원과 거의 맞먹는 규모였고, 같은 기간 동안 231개 기업이 공개되었다.

이처럼 공급이 증가한 이유는 정부가 과열된 증시를 진정시키려고 무분별하게 주식 공급을 늘렸기 때문이다. 중동 오일머니가 대량으로 공급된 데다 방만한 금융정책이 더해져 늘어난 시중 부동자금이 증시로 유입되어 주가 버블을 일으키고, 일부는 부동산에 유입되어 집값이

1년에 2배 오르는 인플레이션을 초래했다. 이에 정부는 1978년부터 강력한 금융긴축을 실시하였다. 그러자 이번엔 자금조달이 어려워진 기업의 대주주들이 보유주식을 대거 시장에 매각하였다. 결국 주식 공급 과잉은 주가가 하락할 때 부메랑이 되어 증시침체를 가속화시킨다는 사실을 다시 한번 확인하였다.

셋째, 2차 오일쇼크로 기업실적이 둔화되었다

1978년 이란혁명 이후 산유국들이 석유수출을 다시 무기화하면서 1978년 8월부터 1979년 11월까지 유가가 215%나 급등해 2차 오일쇼크가 발생했다. 그로 인해 1차 오일쇼크 때처럼 금리가 상승하고 경기는 침체되었다. 우리나라 경제도 오일쇼크에서 벗어나지 못하고 경제성장은 뒷걸음질을 쳤다.

1978년 8월에 228포인트까지 상승한 종합주가지수는 1980년이 되자 130포인트대로 하락했고, 주가 버블이 특히 심했던 건설주는 직격탄을 맞았다. 주가가 폭락하자 정부는 증시를 부양하기 위해 건설주에 대한 규제를 풀고 공모주 청약 방법을 바꾸고(청약예금제도 폐지) 증권거래세율을 인하하는 등의 조치를 취했지만 주가 하락은 멈추지 않았다. 1979년 초석건설 부도를 시작으로 건설사들의 부도 행렬이 이어졌다. 다행히 우량 건설업체는 장기수주 덕분에 1979년까지 이익증가세가 이어졌지만 부실 건설사는 불황을 견디지 못하고 무너지고 말았다.

10·26 사태와 5·18 민주화운동 등으로 국내정치도 혼란스러웠다.

1980년에는 경제성장률이 −6.2%로 마이너스 성장을 했고, 소비자물가가 28.7%까지 치솟았다. 회사채 수익률도 30%에 이르렀다. 건설주 상승세가 꺾인 1978년 8월부터 2년 반 동안 증시는 침체에서 벗어나지 못했다.

1970년대 증시 규모와 종합주가지수

연도	상장회사 수	주주 수(만 명)	종합주가지수
1970	48	7.6	−
1971	50	8.2	−
1972	66	10.3	80.2
1973	104	20.0	10.2
1974	128	20.0	105.0
1975	189	29.0	139.4
1976	274	56.8	146.8
1977	323	39.5	177.2
1978	356	96.3	207.2
1979	355	87.2	161.1
1980	352	75.3	106.87

> 이야기로 보는
> 주식투자
> 역사

공모주 청약 전성시대,
단타도 100% 이상 수익

공모주 청약이 돈이 된다더라

평범한 회사원 김영진은 공모주 청약으로 돈 버는 재미를 알게 되었다. 공모주가 상장이 되면 100% 이상 오르는 것은 기본이고 200% 이상 오르는 종목도 많아서 공모주를 배정받기만 하면 돈을 벌 수 있었다.

상장이 된 뒤에 주가가 하락하더라도 주간사가 6개월 동안 공모가 이상으로 주가를 유지해 주는 '시장조성의무'가 있기 때문에 최소한 손해를 볼 염려는 없었다. 공모주 투자

신주청약을 위해 증권사 창구에 몰린 투자자들(1973. 12.)

에서 '손해를 보지 않는다'는 것은 땅 짚고 헤엄치기와 같았다. 공모주 청약이 돈이 된다는 소문이 퍼지자 전국에 붐이 일었다. 김영진도 신문에 공모주 청약 공고가 나오면 빠짐없이 청약했다. 그리고 청약할 때마다 수익을 실현하였으니 주식투자 재미가 쏠쏠했다.

김영진은 1975년에 공개된 한국나이론, 한국폴리에스터, 태원물산, 동양제과 청약에 응모해 단기간에 평균 100% 이상 수익을 내고 팔았다.

청약 열기가 높아지자 정부는 1인당 배정 주식을 50주로 제한했다. 주식을 한 주라도 더 받으려면 머릿수가 많은 것이 유리했다. 김영진은 더 많은 주식을 배정받기 위해 부인과 대학에 다니는 자녀 두 명도 청약에 동원했다.

큰손과 정관계 실력자에게 뇌물로 바쳐진 청약표

이처럼 공모주 청약이 붐을 이루게 된 데는 정부가 1972년 말에 제정한 '기업공개촉진법'의 영향이 컸다. 이 법은 기업공개가 부진하자 정부가 고안해 낸 고육지책으로, 기준에 맞는 기업을 공개 대상으로 지정한 뒤 강제적으로 공개를 명령했다. 거부하는 기업은 세제상의 불이익과 금융지원 제한조치를 취했다. 그러자 1972년에는 7개에 불과하던 공개 대상 기업이 1973년에 47개, 1978년에 356개사로 늘어났다.

공모주 청약으로 단기에 2~3배 수익이 나자 비리가 끊이지 않았다. 거액투자자 중에는 여러 명의 청약꾼을 고용해 청약표를 받아오게 하는 방식으로 공모주를 싹쓸이하는 경우도 많았다. 청약 영수증을 받은 사람 중에는 즉석에서 프리미엄을 붙여 전매하기도 했고, 공모주 중 상당한 물량은 큰손과 정관계 실력자에게 뇌물로 바치기 위해 증권사 직원이 뒤로 빼돌리기도 했다.

정보에 따라 투자하다

공모주 청약으로 증권투자에 재미를 붙인 김영진은 1976년 들어 아예 직장을 그만두고 그동안 벌어놓은 돈과 퇴직금 일부로 본격적인 증권투자에 나섰다. 친구와 가족들이 말렸지만 그는 매사에 경직된 국영기업체에서 근무하는 것보다 증권투자를 하는 것이 시대흐름에 맞고 본인 성격에도 잘 어울린다고 생각했다.

사표를 제출한 뒤 그는 투자를 하며 알게 된 증권회사 지점장의 권유로 명동 증권빌딩에 있는 D증권회사 구석방으로 매일 출근했다.

1976년부터 증권시장은 중동의 검은 모래바람으로 술렁였다. 이 바람은 건설주가 주도했는데, 특정 건설사가 중동에서 수주를 했다는 루머만 돌아도 사실 여부와 상관없이 주가는 며칠씩 상한가를 쳤고 수백만 주씩 연일 상한가 잔량이 쌓였다.

대표적으로 삼환기업과 경남기업 주가가 큰 폭으로 상승했다. 김영진은 경남기업을 집중 매매했다. 1976년 1월 8일 경남기업 주식을 8,900원에 매수하자 곧바로 8,420원까지 하락했다. 매도하지 않고 기다렸더니 며칠 지나지 않아 바로 9,200원으로 올랐다. 바로 매도하여 이익을 실현한 뒤 이틀 뒤인 1월 31일에 9천 원에 매수하고 다시 2월 14일에 1만 2천 원에 매도하는 식으로 계속 단기매매를 했다. 이런 식으로 경남기업 주식을 주로 매매한다고 해서 명동의 증권투자자들은 그를 '경남아저씨'라 부르기도 했다.

김영진은 경남기업 매매를 통해 어느 정도 목돈을 만들었고 증권투자에도 자신이 생겼다. 정보만 있으면 얼마든지 쉽게 수익을 낼 수 있을 것 같았다. 그는 혼자서 정보를 얻는 것은 한계가 있다고 판단하여 몇 사람을 모아 정보와 투자를 공유하는 '투자클럽'을 만들었다.

신문기자 1명, 증권사 직원 1명, 중견 건설회사 임원 1명을 끌어들여 10억 원의 자금을 조성한 뒤 각자 정보수집과 정보전달 등의 역할을 분담했다. 공통의무는 정확한 정보를 수집하는 것이었는데, 특히 중동에 진출하는 기업 정보가 가장 값지고 으뜸가는 정보였다. 해외에 진출하는 건설회사에 관한 정보를 제공하는 사람에게는 그 대가로 돈이나 주식을 나눠주기로 했다.

투자 성공을 안겨준 동아건설

1976년 8월, 클럽 멤버 중 한 명이 반가운 정보를 가지고 왔다. 동아건설이 큰 폭의 유무상증자를 검토 중이라는 정보였다. 건설주가 급등하는 시장에서 대규모 증자는 큰 호재임이 분명했다.

정보력을 총동원해 동아건설 임원으로부터 '확정되지는 않았지만 조만간 증자를 해야 할 상황'이라는 사실도 확인했다. 그래프를 보니 동아건설 주가는 1975년 1만 원에서 출발해 1차 상승 이후 1976년 2월부터 5개월 동안 3만 원대에서 횡보하고 있었다. 당시 건설주 주가 동향에 비추어볼 때 3배 수준에 머물고 있는 것은 정보가 아직 주가에 반영되지 않았다는 증거였다.

클럽 멤버들은 뛰는 가슴으로 동아건설 주식을 사들이기 시작했다. 8월 중순부터 3만 원에서 3만 5천 원 사이에 집중 매입했다. 물량을 어느 정도 확보한 9월쯤 증자 소문이 증권시장에 나돌았고 주가는 급등세로 돌변했다.

동아건설은 무상증자 50%를 발표했고 권리부 주가가 4만 9,800원으로 뛰었으나 주식을 팔시 않고 증자를 받았다. 주가 급등은 9월 29일 권리락 시세 2만 5천 원을 시작으로 본격화됐다.

10월이 되자 주식을 구할 수 없었다. 매물이 사라진 것이다. 아침 동시호가에 상한가로 1만 주 매수주문을 넣으면 100~500주 정도만 체결되고 동시호가 시간 이후에는 백만 주 이상 상한가 잔량만 쌓이고 거래가 아예 끊겼다. 1~2주 연속 상한가를 친 뒤 2~3일 소폭 조정하는 상승추세가 이어졌다.

급기야 증권거래소가 단기급등을 이유로 동아건설을 감리종목으로 지정했지만 하루 최대 상승폭을 3%로 축소하는 조치가 오히려 투자자의 마음을 조급하게 만들었고, 더 많은 상한가 잔량이 쌓이는 요인이 되었다. 주식 매수대금을 100% 미리 입금해야만 매수주문을 낼 수 있게 하고 신용거래 대상 종목에서 제외시켰지만 동아건설 주가의 상승세는 꺾일 줄 몰랐다.

증권시장에서 주식을 살 수 없게 된 투자자들은 일주일이나 10일 상한가 가격을 기준으로 장외에서 거래하기도 했다. 김영진은 밤이 지겨웠다. 날이 빨리 지나가야 상한가를 치는 횟수가 많아질 것이기 때문이다.

김영진은 동아건설 주식을 6만 원대에 전량 매도했다. 무상주 50%

와 신용매수분을 감안하면 500%에 가까운 수익이었다. 동아건설은 그 후에도 지속적으로 상승해 1978년 6월 19일 장중가격이 8만 원까지 올랐고, 이날 장외에서 거래된 가격은 10만 원이었다.

1975년 저점인 7,400원에 매수한 투자자가 유무상증자를 모두 받은 뒤 1978년 고점인 7만 5천 원에 매도했다면 대략 25배의 투자 수익을 실현하게 되는 것이다. 그러나 최저점에 매수한 뒤 최고점에 매도하는 것은 사실상 불가능하고, 대부분의 투자자는 단기매매를 하였다.

꺾일 줄 모르고 상승세를 타던 동아건설 주가는 1978년 7월부터 하락세로 돌아선 뒤 1978년 말에 15,000원, 1979년에는 8,600원으로 수직 급락했다.

정보로 일어선 자, 정보로 망한다

김영진은 주식투자로 번 돈으로 정릉에 대지 100평, 건평 60평짜리 양옥과 상가주택을 샀다. 회사를 그만두고 전업투자자로 나서길 잘했다는 생각에 몹시 흡족했다. 그러나 증권투자에 있어 자만은 화를 초래하는 첫걸음이라는 사실을 몰랐다. 그에게 실패를 가져다준 결정적인 종목은 건설산업이었다.

1978년 3월 멤버 중 한 명이 '건설산업이 사우디에서 대규모 수주를 딸 것'이라는 정보를 가지고 왔다. 건실산업 주가를 확인해 보니 이미 해외수주설과 증자설로 상승세를 타고 있어 물량 확보가 용이하지 않았다.

일주일 동안 아침 동시호가에 상한가 주문을 넣었으나 체결되지 않다가 6일째 되는 날 주당 1만 6천 원에 체결되었다. 주가가 올라 2만 6천 원이 되자 장외에서 3만 원을 줄 테니 주식을 넘기라는 요구가 들어왔지만 거절했다.

그러나 며칠 후 건설산업 주가에 결정적인 변화가 일어났다. 100% 유상증자설이 돌았는데 막상 발표된 내용은 50% 유상증자에 그치자 실망한 투자자들이 한꺼번에 매도주문을 내어 주가가 하한가로 돌아선 것이다. 떨어지는 주가를 잡으려고 두 번째 하한가 날부터 신용계좌 여러 개를 동원해 힘닿는 데까지 사들였지만 하락세를 역전시키기엔 부족했다. '악재는 몰려다니는 법'이라는 말 그대로 시장에 떠돌던 사우디 공사 수주설도 전혀 근거가 없는 것으로 밝혀졌다.

산이 깊으면 골도 깊듯이 급하게 오른 만큼 떨어질 때는 매도할 기회도 주지 않았다. 6일 연속으로 아침 일찍부터 하한가 매도주문을 냈지만 사는 사람이 없었다. 기다리던 반등도 끝내 찾아오지 않았고 보름 만에 차명계좌 9개를 포함한 모든 계좌가 담보부족 상태로 떨어졌다. 주가 하락은 건설산업만의 문제가 아니었다. 모든 건설주들이 7월이 되자 하락세로 돌변했다.

건설산업 매매 결과는 참담했다. 김영진은 보유주식이 모두 반대매매당하고도 채무가 남아 정릉 집과 상가주택까지 처분해야 했다. 1977년 6월 30일 상장된 건설산업은 1980년 9월에 부도를 낸 뒤 상장 4년 만인 1981년 6월 23일에 거래소에서 퇴출되었다.

김영진의 건설주 투자는 일장춘몽으로 끝이 났다. 김영진은 그동안 정보에만 의존해 매매한 자신이 부끄러웠다. 그는 다시는 정보에만 의존하지 않기로 결심하고 기술적 분석에 관한 공부를 시작했다.

한국의 종합주가지수
코스피(KOSPI)의 등장

1980년대 증시의 특징은 일반 대중이 본격적으로 주식시장에 참여했다는 점이다. 1980년대 우리 경제는 3저(저금리·저환율·저유가)를 배경으로 경제성장률이 높았다. 그 결과 80년대 후반에 증시 역사상 가장 긴 대세상승기를 맞이하여, 1985년 100포인트대에 머물던 코스피지수가 1989년에 처음으로 1,000포인트에 도달하였다. 또한 국민주 보급, 우리사주조합 활성화, 공모주 열기 등으로 2천만 명에 이르는 개미군단이 형성돼 주식투자가 재테크 수단으로 등장하면서 주식 대중화 시대가 꽃을 피웠다. 그러나 88올림픽이 끝난 후 경기가 과열에서 하강으로 전환되고, 과도한 주식 공급물량으로 인해 1989년부터 주식시장은 대세하락기를 맞이하게 된다.

이 시기 투자 대상을 고르는 기준은 개별종목보다 업종 중심이었는데 금융·건설·무역 등의 트로이카 업종이 시장을 주도하였다. 또한 대세상승 초기에는 블루칩이, 후반기에는 금융주, 특히 증권주의 상승폭이 두드러졌다. 주식을 사고파는 매매기준은 주로 기술적 분석 기법에 의존하였다.

From 1981 to 1990

The History of Stocks in sight of Money

1981년에서 1990년까지

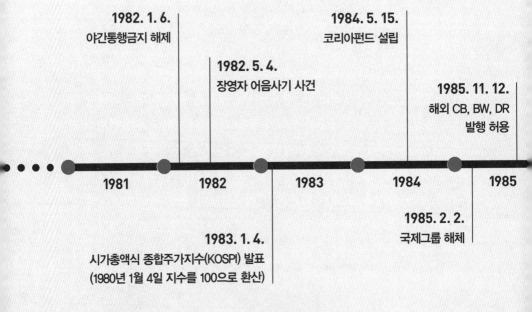

1982. 1. 6.
야간통행금지 해제

1982. 5. 4.
장영자 어음사기 사건

1984. 5. 15.
코리아펀드 설립

1985. 11. 12.
해외 CB, BW, DR
발행 허용

1981　　1982　　1983　　1984　　1985

1983. 1. 4.
시가총액식 종합주가지수(KOSPI) 발표
(1980년 1월 4일 지수를 100으로 환산)

1985. 2. 2.
국제그룹 해체

1981. 1.
93.14

1985. 10.
138

1986. 1. 21.
현대차 포니 미국 첫 수출

1986. 12. 1.
액면가 5천 원으로 병합 개시

1989. 4. 1.
1,015.15

1990. 5. 4.
증안기금 발족 발표

1990. 10. 10.
깡통계좌 강제정리

1988.
가계 금융자산
100조 원 돌파

1987

1986

1988. 6.
682

1988. 9.
661

1988 **1989**

1990

1987. 3. 12.
코리아유로펀드 설립

1990. 9.
602

986. 7.
273

1986. 10.
240

1988. 3. 3.
매매체결 전산 가동

1988. 4. 11.
국민주 1호 포철주 공모

1988. 6. 29.
6·29선언(직선제 개헌)

1988. 9. 17.
88서울올림픽 개최

1989. 4. 1.
종합주가지수
1,000포인트 돌파

1989. 5. 27.
국민주 2호 한전주 공모

1989. 12. 12.
12·12 증시부양책

1987. 10. 19.
뉴욕증시 대폭락
(블랙먼데이)

24장

한국증시를 대표하는 지수, 코스피와 코스닥의 등장

미국의 다우존스 방식을 따른 초창기 한국종합주가지수

1956년 3월 3일에 문을 연 대한증권거래소는 초기에는 채권이 주로 거래되어 이렇다 할 증권투자 지표가 없었다. 그러던 중 1962년부터 주식시장이 중심이 되면서 주가지수의 필요성이 생겼고, 1963년 5월 19일부터 우리나라 최초의 주가지수인 '수정 주가 평균 지수(Adjusted Stock Price Index)'를 발표하기 시작했다.

1972년부터는 당해 연도 1월 4일 지수를 100으로 하여 시장1부 종목 중 35종목을 구성종목으로 하는 한국종합주가지수를 발표했는데 산출방식은 단순 주가 평균 방식으로 계산하는 미국의 다우존스 방식과 같았다.

시가총액식 한국종합주가지수, 코스피

코스피로 불리는 한국종합주가지수(KOSPI, Korea Composite Stock Price Index)는 1980년 1월 4일을 기준시점으로 하여 이날의 시가총액을 100포인트로 해서 산출해 1983년 1월 4일부터 발표했다. '시가총액식' 주가지수는 1923년 미국의 S&P(Standard and Poor's)가 처음 발표한 이후 가장 많은 국가에서 채택하고 있는 방식이다. 이는 기준시점의 시가총액과 비교시점의 시가총액을 비교하여 산출하는 방식으로, 여기에서 시가총액은 개별종목별로 그 종목의 주가에 발행주식수를 곱한 개별주식 시가총액을 모두 합산해서 계산한다.

> **코스피지수 = (비교시점의 시가총액 ÷ 기준시점의 시가총액) × 기준지수**
>
> ▶ 기준지수 = 100(코스피지수는 1980년 1월 4일 지수를 100으로 함)

지수 산정에 포함되는 종목은 유가증권시장에 상장되어 있는 모든 종목이며 우선주만 제외된다. 종목별로 보면, 개별종목의 시가총액(개별종목의 발행주식수 × 주가 = 개별종목의 시가총액)이 클수록 지수에 미치는 영향도 커진다. 이는 삼성전자, POSCO, KB금융지주, SKT, 현대자동차, 현대중공업, 한전 등 발행주식수도 많고 주가도 높아 시가총액이 큰 종목의 주가 등락이 여타 종목보다 지수에 미치는 영향이 큰 것을 생각하면 쉽게 알 수 있다.

코스피는 한국뿐 아니라 외국에도 한국증시를 알리는 가장 대표적인 지수로, 언론매체에서 지수를 이야기할 때 말하는 것도 코스피지수이다.

1980년 1월 초에 100포인트로 출발한 코스피지수는 1989년 3월 31일에 1천 포인트를 돌파한 후 IMF 외환위기 때는 277포인트까지 하락하는 등 16년간 박스권에 갇혀 있었다. 그러나 2005년 6월 23일 다시 1천 포인트를 돌파한 뒤 2007년 11월 1일에 장중 최고 2,085.45포인트까지 올라 2천 포인트 시대의 문을 열었다.

코스피 34년 주가 동향

코스피 월봉 그래프(1980. 1.~2014. 11. 29.)

코스닥지수

코스닥지수는 1996년 7월 1일 코스닥시장이 출발하면서 코스닥에 등록된 모든 종목을 시가총액 방식으로 산출한 지수이다. 원래는 코스피와 동일하게 100을 기준으로 시작했으나 벤처붐이 사라지면서 지수가 폭락해 시장의 미세한 변화를 보여주기 어렵게 되자 2004년 1월부터 기준지수를 1천 포인트로 상향해서 산출하고 있다(2004년 이전 지수에도 소급 적용하였다).

코스닥지수는 2000년 3월 10일에 최고점인 2,925.50포인트를 찍은 후, 미국발 금융공황이 불어닥친 2008년 10월에 최저점인 245포인트를 기록했다가 2014년 9월 580포인트를 돌파하였다.

코스닥 18년 주가 동향

코스닥 월봉 그래프(1997. 1.~2014. 11. 29.)

코스피200

한국을 대표하는 주식 200개 종목의 시가총액을 지수화한 것이다. 유가증권시장에 상장된 종목 중 시장대표성·업종대표성·유동성 등을 감안해 선정한 200개 종목의 시가총액을 지수화한 것으로, 1990년 1월 3일의 시가총액을 100으로 하여 1994년 6월부터 산출 발표하고 있다. 한국거래소는 최근 1년 동안의 일평균 시가총액과 유동성을 감안하여 매년 6월에 구성종목을 변경한다. 코스피200은 주가지수선물과 주가지수옵션 등 파생상품의 기초지수이기도 하지만, 펀드와 ETF 등의 수익률을 비교할 때 기준이 되는 지수이기도 하다.

KRX100과 KRX300

KRX100은 유가증권시장과 코스닥시장을 통틀어 상위 100개 종목으로 구성되며 2001년 1월 2일 기준 100개 종목의 시가총액을 1천으로 보고 출발하였고, KRX300은 2010년 1월 4일 기준 상위 300개 종목의 시가총액을 1천으로 보고 출발한 지수이다.

그 외 지수

2003년 1월 3일에 시가총액 1천으로 출발한 코스피50과 코스피100,

100으로 출발한 산업별 지수 등이 있다.

전산화로 크게 바뀐 증권시장 모습

한편, 증권시장에 전산이 도입되면서부터 증권시장 모습이 크게 바뀌었다.

첫째, 전자시세판이 점차 사라지고 있다. 전자시세판은 1979년 9월 대신증권 영업부에 설치된 이후 전 증권회사로 확대 설치되었다. 전자시세판이 가동되기 전에는 증권협회 방송요원이 거래소시장에서 결정되는 시세를 유선방송을 통해 안내했고, 각 증권회사 영업점에서는 시세게시원이 이를 듣고 분필로 칠판에 써나가는 게시방식을 취했다. 협회 직원의 빠른 목소리를 알아듣고 신기에 가까운 빠른 손놀림으로 시시각각 급변하는 시세를 적어나가는 시세게시원을 보고 있노라면 절로 탄성이 나올 정도였다. 현재는 개인용 컴퓨터가 일반화되어 전자시세판이 점차 사라져 가는 추세이다.

유선방송으로 전하는 시세를 칠판에 기록하던 80년대 초 객장 모습

전자시세판과 컴퓨터 모니터가 설치된 90년대 초 객장 모습

둘째, 매매시스템이 전산화되었다. 전산화 이전에는 거래소 직원의 수작업으로 매매체결을 처리했다. 주문과 체결 확인은 수차례에 걸친 전화 통화로 이루어졌고 그만큼 착오도 많아 분쟁이 끊이지 않았다.

1997년 9월부터 홈트레이딩 시스템 시작

증권사 직원들 책상 위에 개인용 컴퓨터가 놓인 것은 1987년부터였다. 1989년 7월부터 매매시스템이 전산화되면서 주문·체결·확인 등 전 과정의 속도도 빨라졌고 착오에 따른 분쟁도 사라졌다. 주문입력과 매매체결 확인도 종전에는 전담자가 따로 있었으나 이때부터 개인용 PC를 통해 직원 개개인이 했다. 1989년에는 영업점에 여러 대의 PC가 놓이기 시작하여 고객들도 직접 시세를 조회하고 각종 그래프도 확인했다.

완전한 전산화가 이루어진 것은 1997년 9월 1일 홈트레이딩 시스템[1]이 도입되면서부터였다. HTS(Home Trading System)의 도입으로 고객은 컴퓨터만 있으면 어디에서든 본인이 직접 매매를 할 수 있게 되었다. 그 영향으로 2000년대에는 거래의 70~80%가 온라인으로 이루

---

1   개인투자자가 온라인으로 주식거래를 할 수 있는 시스템을 말한다. HTS의 효시는 1980년대 말과 90년대 초반 9인치 화면 모니터나 TV를 전용선에 연결해 단순히 주식시세 조회만 할 수 있었던 '가정용 투자 정보 시스템'이다. 초기에는 시세를 보여주고 주문을 하는 기능밖에 없었지만, 이제는 각종 지표 분석부터 매매시점 판단 상담까지 한다. 특히 각 종목의 등락에 따른 매매조건을 입력해 놓으면 자동으로 매매를 진행하는 시스템 트레이딩 기능이 중점적으로 개발되고 있다.

어지고, 증권회사 직원을 통한 오프라인 거래는 20~30%에 불과한 것으로 집계됐다. 온라인 거래수수료는 오프라인 거래수수료의 1/5이기 때문에 증권사의 주 수입원인 위탁수수료 수입이 크게 감소하게 되었다. 이후 스마트폰이 보급됨에 따라 2010년부터 모바일 트레이딩 시스템, 즉 MTS(Mobile Trading System)가 도입되어 휴대폰을 이용하여 이동 중에도 매매를 할 수 있는 시대가 열렸다.

25장

큰손 장영자와
제2의 건설주 파동

박정희 대통령 서거와 경제여건의 악화

1978년 2차 오일쇼크 이후 우리나라 경제는 침체되기 시작한다. 불황은 1980년에 가장 깊어 GDP성장률 −6%라는 최악의 상태를 기록했고, 어려움은 1985년까지 지속되었다. 1980년대 초기는 세계 각국이 인플레이션을 잡기 위해 고금리정책을 지속하던 때라 우리나라도 10%대 중반에 있던 회사채 금리가 1980년에 무려 30%까지 올라갔다.

사회적으로는 박정희 대통령이 시해되는 10·26 사태(1979년)와 5·18 광주항쟁(1980년)으로 온 나라가 혼란스러웠으며 그에 따라 경제활동도 위축되었다. 한마디로 1980년대 초반 우리 경제는 성장이 둔화되고 국제수지가 악화되었으며 물가까지 높아 삼중고에 시달리고 있었다.

증권시장도 침체의 늪에서 벗어나지 못했다. 특히 1977~1978년에 버블이 심했던 건설주의 주가 하락이 극심했고 상당수 건설사들이 부도를 내고 증권시장에서 퇴출되었다.

증시침체는 1980~1981년에 최악의 상황으로 치닫는다. 당시 건설주는 1978년 고점 대비 10분의 1 이하로 하락했고, 은행주와 증권주를 비롯한 금융주는 대부분 액면가를 밑돌았다. 거래도 활발하지 못해 한 달 약정이 5억 원을 넘는 증권회사 영업점이 드물었다.

객장에 상주하는 고객들은 증권거래가 끝나는 3시 이후에 투자상담실에 모여 바둑을 두면서 지루한 시장을 참고 기다렸다. 그러나 1982년 초가 되자 초토화된 건설주에 갑자기 생기가 돌기 시작했다.

장영자, 건설주 매수로 큰손이 되다!

큰손 하면 제일 먼저 떠오르는 이름이 장영자다. 그녀는 국회의원과 안기부 차장을 지낸 이철희 씨의 부인으로 자금난에 빠진 기업들에 접근해 고위층과의 긴밀한 관계를 과시한 후 사채를 빌려주고 대여액의 2배, 최고 9배에 달하는 어음을 받아 사채시장에서 할인하는 방법으로 총 7,111억 원의 어음을 유통시켰다. 이 사건으로 은행장 2명과 공영토건, 일신제강 등의 기업인 등 모두 32명이 구속되었다.

당시 장영자는 약 2천억 원을 증권에 투자해 일약 증권가의 큰손으로 등장했다. 그녀는 주로 건설주를 매수했는데, 1978년 건설주 파동 당시 8만 원이던 동아건설과 대림산업의 주가가 액면가인 5천 원 근처까지 하락한 상태였다. 장영자는 이들 회사의 주가가 움직이기 시작하면 과거 높았던 주가를 기억하는 개인투자자들이 따라올 것으로 판단했다.

큰손 장영자가 거금을 동원해 동아건설과 대림산업 주식을 매수하기 시작하자 예상대로 주가가 상승하기 시작했다. 1981년 초 각 9,100원, 7,900원 하던 대림산업과 동아건설의 주가는 7개월 만에 3배가 넘는 2만 8천 원과 2만 6천 원으로 뛰어올랐다.

장영자의 주식매수로 1978년 8월 이후 오랜 침체에 빠져 있던 증권시장은 건설주 중심으로 제2의 건설주 폭등장이 나타났다. 1981년 1월 94포인트이던 건설업종지수는 7월에 최고 321포인트까지 오르면서 6개월 만에 3.4배나 급등했다. 그러나 이 책동전은 결국 실패로 끝났고, 곧이어 장영자 파동이 터졌다. 장 씨는 건설주가 단기간에 급등락하는 바람에 오히려 370억 원의 투자 손실을 입었다고 법정에서 진술했다.

장영자의 개입으로 급등한 건설업종 주가 동향

건설업종 주봉 그래프(1980. 8.~1982. 7.)

26장

최초 테마주,
북예멘 유전개발 관련주
(선경, 유공, 삼환, 현대)

자원개발주 4인방의 활약

1981년 장영자 때문에 위세를 떨치던 건설주가 1982년부터 폭락하기 시작하자 증권시장은 다시 침체에 빠졌다. 국내외 건설업 경기가 계속해서 악화되고 있는데 과거의 고점에 비해 낙폭이 크다는 단순한 이유만으로 인위적으로 끌어올린 주가는 근본적으로 한계가 있었다.

그러던 중 1984년 7월 삼환기업이 북예멘 정유공장 건설에 참여한다는 정보가 퍼지면서 자원개발 테마주가 회오리바람과 같이 등장했다. 자원개발 관련주란 해외에서 유전이나 가스선 개발 등에 참여하는 기업체를 이르는 것으로, 대략 10개사가 있었으나 그중에서도 선경, 유공, 삼환기업, 현대종합상사를 4인방이라 불렀다. 이들 4인방은 북예멘 유전개발에 관련된 기업으로 주가 움직임도 동일한 패턴을 밟았다. 그러다 보니 선경 주가가 급등해서 사기 어려우면 대신 유공이나 삼환기업의 주식을 매수하면 되었다.

자원개발주 4인방의 주가 동향

회사명	저점 (1984. 7. 16.)	고점 (1985. 1. 11.)	상승(배)
선경(현 SK네트웍스)	2,470원	7,560원	3.0
유공(현 SK이노베이션)	8,100원	19,950원	2.5
현대종합상사	5,600원	13,000원	2.3
삼환기업	7,300원	16,000원	2.2

유공 지분 50%를 가지고 있던 선경의 주가는 1984년 7월 2,470원에서 1985년 1월 7,560원까지 치솟으며 6개월 만에 3배 상승했다.

자원개발주 4인방 중 대표종목인 선경의 주가 동향

선경(현 SK네트웍스) 주봉 그래프(1984. 1.~1985. 12.)

건설주와 자원개발주라는 양면성을 가지고 있던 삼환기업의 주가
도 4인방과 똑같이 움직였다.

건설주와 자원개발 관련주라는 양면성을 가진 삼환기업의 주가 동향

삼환기업 주봉 그래프(1984. 1.~1985. 12.)

4인방 이외에 자원개발 관련주로는 삼성물산, 럭키금성상사, 대우,
정우개발 등이 있었고, 대부분 대형 우량주 또는 저가의 무역 건설주
라는 특징이 있었다.

증시에 영향을 주는 큰 이슈가 떠올랐을 때 그와 관련된 동일한 재
료를 가지고 움직이는 종목군을 흔히 테마주라 부른다. 테마주는 주식
시장 내에서 그 시대의 산업, 경제상황 및 사회적 트렌드 등과 어우러
져 나타났다 사라지곤 하는데, 투자자들은 이런 리듬감에 편승해 발빠
르게 대응하면서 단기에 높은 수익률을 거두기도 한다.

자원개발 테마주는 한국 주식시장에서 최초로 등장한 테마주라고

볼 수 있으며, 오늘날까지 유가가 급등할 때마다 증시의 주도주로 등장했다가 유가가 안정되면 사라지기를 반복하고 있다.

27장

코스피지수
최초 1,000포인트 달성
(1989년 4월)

3년 6개월, 가장 긴 상승국면을 맞은 한국증시

1985년 9월은 우리나라 증권시장에 새로운 획을 그은 시기다. 저금리·저환율(원화가치 하락)·저유가라는 3저를 배경으로 국제수지가 큰 폭으로 흑자를 내기 시작하자 증권시장도 폭발적인 활황장세를 거듭해 1989년 3월까지 3년 6개월 동안 증시 사상 가장 긴 상승국면을 만끽하게 되었다.

1985년 초 139포인트로 시작한 종합주가지수(코스피지수)가 1989년 4월 1일 증시 사상 최초로 1,007포인트에 도달하며 4년 3개월 동안 7.2배 상승하는 기록을 세웠다.

주가 상승에 따라 증권시장 규모도 폭발적으로 확대되었다. 1985년 말 기준으로 342개이던 상장기업 수가 1990년 말에는 669개사로

2배나 증가했고, 시가총액도 1985년 말 6조 5,700억 원에서 1989년 말 95조 4,770억 원이 되어 4년 동안 14.5배나 늘었다.

증시 사상 처음으로 한국 종합주가지수 1천 포인트 달성 (1989년 4월 1일)

증권시장이 활황을 보이자 직장인들이 제일 먼저 주식투자에 나서기 시작했다. 그 뒤를 이어 1986년 중반 이후에는 직장인 외의 일반인도 증시로 몰려들어 주식붐이 일었다.

1985년 말 77만 명에 불과하던 주식인구가 1989년 말에는 우리나라 전체 인구의 45%에 해당하는 1,900만 명이 되었다. 전국민의 45%가 주식인구라는 말은 미성년자와 노약자를 제외한 거의 모든 국민이 주식투자를 하고 있다는 뜻이었다. 본격적인 주식투자의 대중화 시대가 열린 것이다.

대세상승의 3가지 배경
-유가 하락, 금리 하락, 원화가치 하락

이러한 대세상승이 시작된 요인은 세계적인 3저를 배경으로 경상수지[2]

---

2   국제간의 거래에서 자본거래를 제외한 경상적 거래에 관한 수지. 자본수지, 종합수지와 함께 국제수지를 구성하며 다음과 같이 분류된다. ① 상품수지: 수출과 수입의 차액. ② 서비스수지: 해외여행, 유학·연수, 운수서비스 등과 같은 서비스거래의 수입과 지출의 차액. ③ 소득수지: 임금, 배당금, 이자처럼 투자의 결

가 흑자로 전환되었기 때문이었다.

첫째, 국제유가가 하락했다. 2차 오일쇼크 이후 세계 각국이 경기 침체로 에너지를 절약하자 석유소비가 감소했고 그 결과 국제유가가 하락했다. 배럴당 35달러 하던 유가가 8달러로 하락한 것이다. 국제유가의 하락은 100% 원유수입에 의존하는 우리 경제에 부담을 줄여주고 동시에 물가안정에 크게 기여했다.

둘째, 금리가 하락했다. 국제금리 하락은 외채부담이 많은 국내기업의 부담을 경감시켜 주었고, 그 결과 최고 30%까지 올라갔던 국내금리도 12%대로 하락했다. 금리가 하락하자 채권에 투자되어 있던 자금이 주식으로 대거 이동했다.

셋째, 일본 엔화에 비해 원화가치가 하락했다. 1985년 9월 22일 쌍둥이 적자를 줄이기 위해 미국은 G5 경제선진국(미국, 영국, 프랑스, 서독, 일본)과 함께 일본의 엔화가치를 높이는 플라자합의를 발표했다. 플라자합의 결과 1달러당 235엔 하던 엔화가치가 1995년에 80엔까지 급등해 대략 3배 상승했고 상대적으로 한국의 원화가치는 하락하였다. 그 결과 한국제품의 수출경쟁력이 상대적으로 높아졌다.

이 같은 3저 덕택으로 건국 이래 계속해서 적자만 내던 경상수지가 처음으로 흑자로 돌아섰고, 흑자 규모도 1986년 47억 달러, 1988년 100억 달러, 1989년 145억 달러로 상당히 컸다. 사회적으로도 88올림픽 개최가 증시 상승 분위기에 일조를 했다.

과로 발생한 수입과 지급의 차액. ④ 경상이전수지: 송금, 기부금, 정부의 무상원조 등 대가 없이 주고받은 거래의 차액.

3저에 힘입어 우리나라 경제는 1986년부터 3년간 연간 GNP성장률이 12.5%를 웃도는 고도성장을 거듭했고, 국제수지가 흑자로 전환되었음에도 물가가 안정되면서 1989년 실질 GNP 규모가 1985년에 비해 2배, 1980년에 비해서는 4배에 이르는 놀라운 규모의 고도성장을 이루어냈다.

삼성전자 해외전환사채 발행으로 해외자금 유입 시작!

증권시장 대세상승에는 자본시장의 개방으로 해외자금이 한국증시로 유입된 것도 크게 보탬이 되었다. 1985년 가을, 삼성전자가 국내 최초로 해외전환사채(CB)[3] 발행에 성공해 해외자금 조달의 문을 활짝 열었다.

1984년 5월에는 대우증권과 미국측 파트너인 스쿠더 스티븐 앤 클라크(Scudder Steven & Clark) 사가 합작으로 6천만 달러 규모의 코리아펀드를 설립해 뉴욕증권거래소에 상장했다. 이어 1987년에는 3천만 달러 상당의 코리아유로펀드, 1990년에는 코리아아세아펀드가 차례로 설립되었다. 또한 외국인 전용 수익증권도 지속적으로 추가 설정되어 해외 자금이 국내증시로 들어오는 발판이 마련되었다.

---

3   일정 기간이 지나면 사채권자의 청구에 의해 미리 결정된 조건에 따라 해당 회사의 주식으로 전환이 가능한 사채로, 해외에서 발행되었기 때문에 해외전환사채라고 한다. 우리 증시에서 외국인의 주식투자를 허용하되 일종의 유예기간을 두어 주식 소유를 뒤로 미루기 위한 목적으로 발행되었다.

외국인 전용펀드가 설립되자 외국인들이 매수한 종목을 투신, 은행, 증권, 보험회사 같은 기관투자가들이 추종하여 매수하는 경향이 나타나기도 했다. 외국인 전용펀드 자금은 업종보다 개별종목을 중시해 투자했는데, 그 기준은 대체로 다음과 같았다.

- 한국을 대표하는 시가총액 상위의 대형주
- 업종별 시장점유율이 높은 종목
- 언제든 매매가 가능한 유동성이 높은 종목
- 주가수익비율(PER), 주가순자산비율(PBR), 성장성 등이 다른 종목에 비해 우위에 있는 종목

28장

실적장세를 이끈
현대자동차, 삼성전자

대세상승기의 두 가지 양상
─ 실적장세, 유동성장세

1985년 9월부터 1989년 3월에 이르는 80년대 대세상승기는 크게 전반기와 후반기로 나뉜다. 1985년 9월부터 1986년 9월에 이르는 전반기는 기업실적이 주가에 반영되는 실적장세[4]이고, 1986년 9월부터 1989년 3월에 이르는 후반기는 기업실적과 관계없이 증시로 몰려든 풍부한 자금으로 주가가 상승한 유동성장세[5]이다.

---

4   기업의 실적이 좋아지고 경기가 살아나면서 주가가 오르는 장세. 흑자로 전환하는 기업이 많아지는 단계
     이다. 초반에는 섬유, 제지, 화학, 철강 등 소재산업이 상승을 주도하다가 후반에는 기계, 전기, 자동차 등
     설비투자 관련 가공산업이 강세를 보인다.

5   증시에 대규모 자금이 유입돼 돈의 힘으로 주가를 밀어올리는 장세. 금리가 큰 폭으로 떨어져 다른 투자

기업실적 호전으로 주가가 상승한 실적장세

먼저, 전반기는 3저로 기업실적이 호전되던 시기이다. 현대차의 경우 자동차의 본고장인 미국에 최초로 포니 승용차를 수출하며 1985년 1,356원이던 주당순이익이 1986년에 1,669원으로 23% 증가했고, 1987년에는 2,211원으로 전년 대비 32%나 증가했다.

이를 반영한 주가도 1985년 6월 5,400원에서 1년 만에 5.6배나 올라 3만 400원으로 상승했다.

실적을 반영한 현대차 주가 동향

현대차 월봉 그래프(1982. 7.~1990. 12.)

처를 찾지 못한 자금이 주식시장으로 몰리거나 일시적인 투자환경의 호전으로 시중 부동자금이 증시로 몰릴 때 발생한다.

현대차의 주당순이익(EPS) 변화에 따른 주가 변화

구분	1985년	1986년	1987년	1988년
주당순이익(EPS)	1,356원	1,669원	2,211원	1,396원
전년대비 증감률		23%	32%	-37%
주가(최저/최고)	5,400원 20,100원	17,200원 31,700원	18,700원 28,400원	20,700원 32,000원

삼성전자도 1985년 1,960원이던 주당순이익(EPS)이 1986년에 34%나 증가했고 주가도 1년 6개월 만에 4.8배 상승했다.

실적을 반영한 삼성전자 주가 동향

삼성전자 월봉 그래프(1982. 6.~1990. 12.)

현대차와 삼성전자 이외에 삼성전기, 삼성전관과 같은 부품주도 실적 호전으로 주가가 상승해 전반기에는 실적장세임을 보여주었다.

시중 부동자금 유입으로 주가가 상승한 유동성장세

80년대 대세상승 후반기인 1986년 9월부터 1989년 3월까지는 시중 부동자금이 대거 증시로 유입되면서 전형적인 유동성장세로 바뀌었다. 부동자금이 늘었다는 것은 그만큼 소득이 늘었다는 뜻이다.

1980년에 21조 원 수준에 불과하던 개인 금융자산 규모가 1988년에는 118조 원에 달했다.

국민소득이 높아지자 재산증식에 대한 관심도 높아져 주식투자 인구가 급증했다. 1985년에 77만 명에 불과하던 주식투자 인구가 4년 만에 약 25배(1989년 1,900만 명)가 증가했으니 주식투자 열기가 얼마나 높았는지 짐작할 수 있다. 공모주 청약과 국민주 보급도 주식투자 열기를 높이는 데 한몫했다.

29장

할부식 증권저축, 전기전자주의 상승을 이끌다

주가를 선도한 전자 5인방 - 삼성전자, 삼성전관, 삼영전자, 삼성전기, 오리온전기

1985년 말부터 1987년 초까지 전기전자업종 중에 우량주이면서 주가를 선도했던 다섯 종목을 '전자 5인방'이라 불렀다. 삼성전자, 삼성전관(현 삼성SDI), 삼영전자, 삼성전기, 오리온전기가 여기에 해당한다. 이들 회사는 비슷한 시기에 등락을 함께했고 대부분 4배 이상 상승했다.

전자주와 전자부품주의 상승은 증권회사 상품주식(증권회사가 자기자금과 자기계산으로 매입하는 주식)이 주도했다. 지금도 마찬가지이지만 증권회사 매매방법에는 고객의 주문을 받아 처리하는 위탁매매와 자기계산으로 하는 상품매매가 있다.

증권회사가 자기매매로 주식에 투자한다고 모두 돈을 버는 것은

아니지만 1982~1985년에 전자주와 전자부품주를 주도한 동서증권을
비롯한 몇 개 증권회사는 상품주식으로 이익을 많이 내 업계의 부러움
을 샀다.

이 시기에는 상당수의 직장인이 전기전자주를 할부식(또는 거치식)
증권저축 형식으로 매입해 재산증식 수단으로 활용했다. 할부식 증권
저축이란 증권회사로부터 융자를 받아 1천만 원 한도에서 주식을 매
입한 뒤 융자금을 1~3년에 걸쳐 매월 분할상환하는 방식의 상품이다.
일종의 외상거래로 공격적 투자성향을 보이는 직장인들이 주로 활용
하였는데, 투자자들 중에는 할부로 주식을 매입한 후 주가가 오르면
바로 매도하고 증권저축을 해약하는 사람들도 있었다. 이들은 당시에
인기가 집중된 전기전자업종에 초점을 맞춰 주식을 매수했기 때문에
대부분 상당한 수익을 얻을 수 있었다.

전자 5인방의 주가 등락 변화

회사명	코드번호	저가	저점시기	고가	고점시기	상승률
삼성전자	005930	7,900원	1985. 10.	38,300원	1987. 4.	4.8배
삼영전자	005680	15,000원	1985. 11.	68,800원	1988. 1.	4.6배
삼성전관 (현 삼성SDI)	006400	14,350원	1985. 11.	67,200원	1987. 4.	4.8배
삼성전기	009150	14,900원	1985. 11.	60,600원	1987. 3.~4.	4.1배
오리온전기 (2002. 4. 상폐)	–	10,500원	1985. 10.	40,900원	1987. 1.	3.9배

전자 5인방 중 대표주인 삼성전관 주가 동향

삼성전관(현 삼성SDI) 주봉 그래프(1985. 6.~1987. 5.)

근로자증권저축으로 목돈을 만든 근로자들

근로자증권저축이 처음 시작된 것은 1976년 4월이다. 그 후 근로자주식저축, 장기증권저축 등의 이름으로 1992년, 1996년 그리고 2001~2002년에 각각 시행되었다. 증권시장이 침체에 빠질 때마다 증시 부양을 목적으로 한시적으로 판매되었는데, 근로자에게는 세금 혜택이 주어졌다. 1980년 1월에 시행된 근로자증권저축의 경우 월급여 100만 원 이하인 근로자가 연봉의 30% 범위 내에서 1981년 말까지 가입할 경우 저축액의 10%를 소득세액에서 공제해 주고 배당소득세도 면제해 주었기 때문에 큰 인기를 얻었다. 소득공제가 아닌 세액공제였기 때문에 근로자증권저축에 가입한다는 것은 곧 10% 이상 수익을 내고 주식투자를 시작하는 셈이었다.

근로자증권저축 이외에 일반 증권저축도 인기를 끌었는데, 주식을 공모할 때 증권저축 가입자에게는 배정 비율을 높여주었기 때문이다. 1993년 8월 12일 금융실명제가 실시되기 전까지는 공모주를 더 많이 배정받기 위해 친척 또는 친구의 이름을 빌려 차명으로 다수의 통장을 개설하는 사람들도 있었다. 이들은 대체로 대형 우량주를 선호하여 목돈을 마련한 사례가 많았다.

2001~2002년에도 근로자주식저축이 시행되었는데 2004~2007년 증시 대세상승기에 큰 수익을 실현하였다. 그러나 값이 싸다는 이유로 부실 저가주에 투자한 사람들은 대세상승기였음에도 불구하고 손해를 보았다.

30장

3년간 75배 수익을 올린 대신증권

1980년대 대세상승 주도주
– 금융주, 건설주, 무역주

1980년대 대세상승 후반기에 증시를 주도한 종목은 일명 '트로이카'라 불린 금융주, 건설주, 무역주이다. 시중 부동자금이 증시로 몰리면서 거래량이 증가해 순이익이 큰 폭으로 급증한 증권주가 맨 먼저 상승하였다.

1985년 이후 4년간 증권사 당기순이익은 연평균 150.2%씩 증가했다. 증권주 상승의 열기는 은행, 단자, 보험주로 옮겨갔고, 이어서 건설주, 무역주로 확대되었다.

이들 업종은 나름대로 그럴듯한 재료[6]를 가지고 있었다. 증권주는 자본자유화, 은행·단자·보험주는 금융자율화라는 재료가 긍정적으로 작용했다. 무역주는 공산권과의 교역 확대, 건설주는 1987년 대선과 88올림픽을 앞두고 노태우 후보가 내건 200만 호 주택건설 공약이 호재로 작용했다.

그러나 이러한 재료들이 기업실적과 비례하는 것은 아니었다. 트로이카 종목이 증시 상승을 주도하게 된 데는 증권에 대한 전문지식이 부족한 일반 대중도 금융주, 건설주, 무역주만큼은 종목을 고르기가 쉬웠다는 점이 작용했다. 트로이카 종목은 해당 업종이 오르면 그 업종 내 모든 종목이 다같이 오르고 하락할 때도 마찬가지였기 때문에 업종만 정하면 종목 선정은 그리 중요하지 않았던 것이다.

금융주 주가 상승 두드러져!

트로이카 종목 안에서도 금융주의 주가 상승이 가장 두드러졌다. 증권, 은행, 보험, 단자 등 금융업종의 시가총액 비중은 1985년 말 15%에서 1986년 19%, 1987년 31%, 그리고 1988년에는 무려 40%에 달했다.

금융주 중에서는 증권주가 가장 인기가 좋아 증권업종지수의 상승

---

6 시세에 영향을 미치는 여러 요인을 재료라고 한다. 주가의 상승 요인이 되는 재료를 호재라고 하고, 주가의 하락 요인이 되는 재료를 악재라고 한다.

이 두드러졌다. 증권업종지수는 1986년부터 1989년 3월까지 3년 3개월간 33배 상승했다.

증권주의 선두주자는 동서증권이었다. 국제그룹이 붕괴된 후 제일은행이 관리하던 동서증권을 극동건설이 인수한다는 소문이 돌면서 제일 먼저 상한가[7] 행진에 나섰다. 당시 동서증권은 인수부문 1위, 위탁매매 2위, 순이익 1위로 증권사 중에서 대표적인 우량주로 꼽히고 있었다.

주가가 급등하자 동서증권은 3년 동안 6차례의 증자를 실시하여 309억 원이던 자본금을 1,341억 원으로 4.3배나 늘렸다. 1986년 3월까

제일 인기가 높았던 증권주인 대우증권의 주가 동향

대우증권 월봉 그래프(1983~1990)

---

7   증권시장에서는 주가의 급변으로 인한 시장 혼란을 막기 위해 각 종목별 하루의 등락폭 제한을 하고 있다. 현재 가격폭 제한은 15%를 기준으로 하는데, 전일 종가 기준으로 15% 상한선까지 주가가 오르면 상한가, 15% 하한선까지 주가가 하락하면 하한가라고 한다. 정부는 2015년 6월 15일부터 상한가 폭을 30%로 확대하였다.

지 4천 원 미만이던 주가가 1989년 1월에는 5만 4천 원까지 상승했고 유무상증자를 감안한 주가 상승률은 3년간 32배에 이르렀다.

대우증권도 1986년 2월 2,800원이던 주가가 1988년 12월 5만 4,900원까지 올라 약 20배 상승했다.

1986년 5월 유상증자 30%(액면발행), 1986년 9월 유상증자 50%(액면발행), 1988년 1월 유상증자 50%(시가발행), 1988년 6월 유상증자 50%(시가발행), 1988년 9월 유상증자 20%(시가발행), 1990년 1월 무상증자 28%를 감안할 경우 저점 대비 줄잡아 60배 이상 상승한 셈이다.

증권주 중에서 유무상증자를 감안한 주가 상승률 1위는 대신증권으로, 3년간 약 75배 상승했다(같은 기간 유무상증자를 제외한 단순 주가 상승은 약 18배에 이른다).

1980년대 후반 급등한 대신증권 주가 동향

대신증권 월봉 그래프(1983~1990)

증권주 상승률은 1970년대 건설주 상승률을 능가했다. 그러나 이와 같은 주가 상승률은 이론적인 계산에 불과할 뿐, 이익을 본 투자자는 많지 않았다. 당시 대부분의 투자자들은 수익이 발생하면 2~3일 만에 매도하는 '단기 차익매매'를 주로 했고, 중장기 투자자는 드물었다.

증시 열기가 한창 뜨거웠던 1987년 7월에 실시한 투자자 설문조사에 따르면, 주식을 매수한 뒤 6개월 이상 보유하는 비중은 12%에 불과했다.

대부분의 일반 투자자들에게는 60배니 70배니 하는 수익률이 숫자 놀음에 불과했던 것이다.

31장

포스코와 한전,
국민주 보급의 두 얼굴

국민주 1호, 포스코

정부는 1987년 12월 1일 국민주 보급 계획을 발표했다. 공기업 주식을 매각해 대다수 국민들에게 우량 기업의 주식을 널리 보급하겠다는 목적이었다.

국민주 보급 목적은 크게 다음 세 가지로 요약할 수 있다. 첫째, 경제성장 과정에서 축적된 이익을 국민에게 돌려주고, 향후 기대되는 경영성과도 국민의 각 계층이 골고루 누리게 한다. 둘째, 중하위층 국민들의 재산 형성을 돕는다. 셋째, 주식인구의 획기적인 증대를 통해 자본시장을 확충한다.

국민주 보급 1호는 포스코(POSCO, 당시 명칭은 포항제철)였다. 1988년 4월에 3,128만 주를 공모하였는데, 액면가 5천 원인 주식을 일반 청약인에게는 1만 5천 원에, 저소득층에게는 할인해서 1만 500원에 공모하였다. 당시 한국감정원에서는 공모가가 높게 책정되었다고 지적했지만 투신사들이 상장 후 예상가격을 3만 원 이상으로 내다보았기 때문에 은행 창구는 청약하려는 사람들로 북새통을 이루었다. 시장이 과열되어 있던 때인지라 누구나 청약을 받기만 하면 몇 배로 돈을 벌 수 있을 것이라는 꿈에 부풀어 있었다. 일반 청약인 257만 5천 명은 1만 5천 원에 7주를 배정받고(7주 × 15,000원 = 1인당 청약금액 105,000원), 할인 청약자 26만 5천 명은 1만 500원에 7주를 배정받았다(7주 × 10,500원 = 1인당 청약금액 73,500원).

포스코에 청약한 사람들은 얼마나 수익이 났을까?

1988년 6월 10일 상장 당시 포스코 주가는 4만 3천 원으로 올랐고 1만 5천 원에 청약한 일반 청약자들은 대부분 2배 이상 수익을 냈다. 금액으로는 10만 5천 원의 투자금액이 30만 1천 원이 된 셈이었다. 그러나 상장 직후 매물이 쏟아지면서 주가는 하락으로 돌아섰다.

　할인가격인 1만 500원에 청약한 저소득층의 경우 의무보유기간 3년을 기다려야만 했다. 의무보유기간이 풀리자 과반수 이상이 1991년 6월 주가인 1만 6천 원 선에 매도하여 기대에 미치지 못하는 수익을 거두었다. 3년이라는 긴 시간을 기다렸지만 상장 이후 바로 매도한 이들에 비해 오히려 손해였다.

극소수이긴 하지만 장기보유한 사람은
어떻게 되었을까?

할인가격인 1만 500원에 청약한 사람이 3년 후에 거둬들인 수익은 대략 50%에 불과했지만, 이후 포스코 주가는 계속 상승했다. 11년 후인 1999년 9월에는 18만 3,500원(17.5배 수익), 20년 후인 2007년 10월에는 76만 5천원까지 주가가 올랐다. 초기 투자금 7만 3,500원이 배당금과 유무상증자 혜택을 포함하지 않고도 535만 5천 원으로 불어났으니 51배나 되는 엄청난 수익이다.

국민주 1호 포스코의 상장 후 주가 동향

포스코 월봉 그래프(1988. 4.~2014. 11. 29.)

국민주 2호, 한전

국민주 보급 2호는 1989년 5월에 공모한 한전주였다. 한전은 1억 2,775만 주를 공모하였는데 액면가 5천 원의 주식을 일반 청약인은 1만 3천 원, 저소득층은 할인가인 9,100원으로 공모가가 정해졌다. 청약자가 무려 660만 명에 이를 정도로 많았지만 매각 주식수가 워낙 많아 일반 청약자는 6주, 저소득층 청약자는 38.2주를 배정받았다.

한전주도 포스코와 마찬가지로 1989년 8월 10일 상장 초기 일반 청약자들 중 발 빠른 사람들은 2만 5천 원 전후 금액으로 보유주식을 처분하여 2배 가까운 수익을 거두었다. 그러나 상장 이후 쏟아져나온

국민주 2호 한전의 상장 후 주가 동향

한전 월봉 그래프(1989. 5.~2014. 11. 29.)

매물로 주가는 하락을 면치 못했다. 더욱이 3년 의무보유기간이 끝나는 시기인 1991년 6월에는 1만 1천 원 이하로 하락하여 다수의 일반 청약자들은 오히려 손해를 보았다. 장기투자자의 투자수익률도 포스코만 못했다. 일반 청약자의 경우 3년 보유한 사람은 2배, 10년 보유자는 5.2배, 20년 보유자는 3.7배 수익에 머물렀다(유무상증자 및 배당을 제외한 단순 주가 기준임).

국민주 보급의 실패

포스코와 한전 두 종목의 공모주 청약은 전국에 국민주 바람을 일으켰다. 그러나 대부분 단기투자에 그쳤기 때문에 국민 다수에게 장기투자를 유도하고 재산 형성에 도움을 주겠다는 정부의 의도는 빗나가고 말았다. 또한 증권에 대한 기본적인 지식조차 없던 일반 국민 다수를 투기성이 높은 시장에 끌어들이는 계기가 되어 멋모르고 주식투자에 나선 국민들에게 경제적 고통을 가중시키는 결과만 낳았다.

국민주 보급이 소기의 목적 달성에 실패하자 정부는 정부 보유주식을 팔 때 직원 및 저소득층에게 매각주식의 98%를 배정하고 일반 청약자에게 2%만 배정한다는 국민주제도를 폐지하였다. 이에 따라 1994년 4월 외환은행은 장내 매각으로 상장되었고, 8월에는 일반 경쟁입찰 방식으로 국민은행이 상장되었다.

32장

황금알을 낳는 우리사주 주식

호황기 증권회사, 이익이 너무 많이 나서 고민!

1980년대 초만 해도 적자에 허덕이던 증권회사들이 1986년부터 2~3배의 이익증가율을 보이자 증권회사와 증권사 직원들의 인기도 덩달아 상한가로 치솟았다. 여의도 증권거래소 뒤쪽에 증권협회를 비롯해 대우·동서·대신 등의 증권회사 사옥이 빌딩숲을 이루며 증권타운을 형성하기 시작한 것도 이즈음이다.

한국의 월가라 불리는 여의도 증권타운

한신증권(동원증권을 거

처 현 한국투자증권)을 인수한 동원산업과 동서증권(1953~1998년)을 인수한 극동건설은 노다지를 잡았다고 좋아했다.

1980년에 증권회사에서도 환매조건부채권(RP)[8]을 매매할 수 있게 된 데 이어 1983년에는 CP[9]와 CD[10] 중개 및 매매, 회사채 지급보증 업무까지 취급하게 되면서 증권회사는 그야말로 황금알을 낳는 업종이 되었기 때문이다.

당시 증권회사들은 이익이 너무 많이 나서 고민이었다. 이익이 급증하자 세금을 더 내는 대신 직원의 사기를 높인다는 명목으로 다양한 복리후생비를 지급했다.

연간 400%인 정기보너스 외에 창립기념일 기념, 약정고 1천억 원 돌파 기념, 체력단련비, 어린이날 기념, 어버이날 기념, 명절 보너스 등 온갖 명칭을 붙여 보너스를 지급했고 연간 보너스가 1,000%를 넘을 때도 있었다.

증권회사 직원들은 회사에서뿐 아니라 사회에서도 최고의 대우를

---

8 금융기관이 일정 기간 후에 소정의 이자를 붙여 되사는 조건으로 발행하는 채권으로, 채권 투자의 약점인 환금성을 보완하기 위한 금융상품이다.

9 기업어음(CP, Commercial Paper). 기업체가 자금조달을 목적으로 발행하는 어음을 말한다. 상거래에 수반하여 발행되고 유통되는 진성어음과 달리 단기자금을 조달할 목적으로 신용상태가 양호한 기업이 발행하는 약속어음이다. 기업과 어음상품 투자자 사이의 자금 수급관계에 의해 금리가 자율적으로 결정된다. 우리나라에서는 1981년부터 취급하고 있다.

10 양도성예금증서(CD, Certificate of Deposit). 일종의 정기예금증서로 양도가 가능하여 유동성이 매우 높은 상품이다. 흔히 CD라고 불리며 1960년대 초 미국의 시티뱅크에 의해 처음으로 도입되었다. CD는 양도가 가능하지만 중도해지가 불가능하다. 따라서 일반예금과는 달리 지급준비금이 부과되지 않고 이자율도 비교적 높으며, 유통시장에서 언제든지 팔 수 있어 현금화도 용이하다는 장점을 갖고 있다. 최저 발행금액은 1천만 원, 만기는 30~270일이며 은행이 발행해 안정성이 뛰어난 단기금융상품이다.

받았다. 주식을 모르면 모임에서 대화에 낄 수 없었고, 증권에 대해 말한마디 못하면 바보 취급을 받기 일쑤였다. 투자자들은 증권회사 직원을 만나지 못해 안달했고, 어떤 고객은 자기 돈을 들여 영업직원 책상에 전용 전화기를 설치해 놓기도 했다.

증권회사 신입사원 채용경쟁률은 100단위를 넘었고 우수한 성적의 대학 졸업자들도 증권업계로 대거 몰렸다. 그중에는 석·박사 학위 소지자는 물론 사법시험 합격자도 있었다. 은행이나 보험사, 일류 대기업 종사자들까지 경력직 지원을 희망할 정도였다.

1986~1987년 자동차 보급이 일반화되기 시작한 때엔 증권회사 직원들이 제일 먼저 자동차를 샀고, 신랑감으로 의사·변호사보다 증권사 직원의 인기가 더 높았다.

이처럼 증권사 직원의 인기가 높았던 이유는 황금알을 낳는 우리사주 때문이기도 했다. 증권회사 직원 중 책임자급은 우리사주 주식 평가 금액이 대략 1억 원 이상 되었고, 입사한 지 2~3년 만에 20년 봉급생활자의 퇴직금보다 더 많은 우리사주 주식을 받기도 했다.

황금알을 낳는 우리사주 주식

우리사주조합은 정부가 1974년 7월 '종업원지주제도 확대실시 방안'을 발표하면서 시작되었다. 최초로 우리사주조합이 결성된 기업은 일신산업과 중앙투자금융으로, 한국투자공사와 지주관리예탁계약을 체결한 것이 효시였다. 우리사주조합을 결성한 조합과 기업에게는 세제

혜택과 금융상의 지원이 주어졌다. 1987년에는 기업공개와 유상증자 때 우리사주조합에 대한 우선 배정 비율이 종전 10%에서 20%로 확대되어 지금까지 시행되고 있다.

우리사주제도는 증권시장과 국가경제의 성장, 침체에 따라 의무예탁기간을 수시로 조정해 왔는데 그 기간 때문에 종업원들의 득실이 크게 엇갈리는 경우가 있었다. 즉, 기간이 너무 길 경우 주가가 올랐을 때 팔지 못해 아쉬워했고, 반대로 기간이 짧을 때는 대세상승 초기에 주식을 팔아 목돈을 만질 기회를 잃어버리기도 했다. 일례로 현대중공업의 경우 2003년에 2만 원 선이던 주가가 2007년 55만 원까지 지속적으로 상승하였는데 우리사주 주식이 10만 원으로 올라서자 상당수의 종업원들이 우리사주 주식을 처분했다고 한다.

우리사주 의무예탁기간 변경 상황

- 1988년 6월 의무예탁기간 연장: 1년 → 퇴직 시, 특별인출 3년 경과
- 1993년 7월 의무예탁기간 단축: 퇴직 시 → 7년, 특별인출 2년 경과
- 1999년 8월부터 의무예탁기간 단축: 7년 → 1년

33장

지방으로 퍼진
투자 열기

지방 투자자, 전체 증권계좌 수의 1/2을 차지하다

1988년부터 1989년 사이에는 서울보다 지방의 증권 열기가 더욱 고조되었다. 지방 증권사 창구는 투자자들로 장사진을 이뤘고, 장종료[11] 후에도 투자 상담을 받기 위해 줄을 서서 기다리는 사람이 많았다. 주위에서 주식으로 돈을 벌었다는 소문을 듣고 일부 농민들은 소 판 돈을 들고 왔고, 가게문을 닫고 아예 증권회사 객장으로 출근하는 상인들도

---

11 주식의 정규 매매시간은 공휴일을 제외하고 월요일부터 금요일까지 오전 9시~오후 3시 30분까지이다. 휴식시간이 없고 오전장, 오후장 구분도 없다. 또한 정규시간 이외에도 매매가 가능하다. 오전 8시 30분부터 8시 40분까지는 전일종가 기준으로, 오후 3시 40분부터 4시까지는 당일 종가 가격으로 주문을 낼 수 있고 상대가 있으면 거래가 이루어진다. 또한 오후 4시부터 6시까지는 10분 단위로 단일매매가 이루어지는데, 이때는 정규시장 종가 기준으로 ±10% 범위에서 주문과 체결이 가능하다. 시간 외 주문은 정규시간에 제시한 호가는 무효가 되므로 새롭게 주문을 내야 한다.

있었다.

투자자들로 만원을 이룬 객장 풍경은 아수라장을 방불케 했다. 단 말기를 먼저 차지하려고 다투는 모습, 주문을 먼저 내려고 새치기하는 모습, 왜 아직 주문이 들어가지 않았냐고 따지는 모습은 예사였고, 심 지어 아이가 없어졌다는 객장방송이 흘러나오는 등 발 디딜 틈 없는 객장의 모습은 시끌벅적한 시골장터와 다를 바 없었다.

증권 열기는 마산, 창원, 울산, 포항 같은 근로자가 많은 공단지역 도 뜨거웠지만 전주, 이리, 순천, 군산 등 농어촌 지역을 중심으로 하는 중소도시도 예외는 아니었다.

증권감독원이 점포설치자율화 조치를 취한 후 증권회사들은 앞다 투어 지방 중소도시에 점포를 설치했고 그 결과 아무리 작은 소도시 라도 증권사 영업점이 우후죽순으로 생겨났다. 그 영향으로 1986년 에 23%에 불과하던 지방 투자자의 비중이 3년 후인 1990년에는 무려 50%로 급증하는 등 지방의 증권투자 열기가 뜨겁게 달구어졌다. 그러 나 지방 투자자들은 서울과 같은 대도시 투자자에 비해 경험이 부족 했으므로 투자 원칙도 허술한 편이었다. 대세상승에 편승해 짧은 기간 에 수익을 내자 마치 자신이 대단한 실력을 갖춘 양 착각하는 투자자

지방의 증권계좌 수 급증 현황

지역	1986년	1990년	증감(배)
서울	261(77.1%)	2,139(50.5%)	10.6
지방	77(22.9%)	2,097(49.5%)	39.6
계	388(100.0%)	4,236(100.0%)	16.7

▶ 자료: 대한증권협회   ▶ 단위: 천 좌

도 많았다. 객장에서는 경력 2~3년 된 투자자들이 단말기를 능숙하게 두들기며 투자 성공담을 늘어놓는 광경을 쉽게 목격할 수 있었다. 그러나 1980년대 후반, 증시가 하락하자 뒤늦게 시장에 뛰어든 대부분의 지방 투자자는 막대한 투자 손실을 입었다.

34장

주가 대폭락의
3가지 원인

투자 손실로 밤잠 이루지 못한 서민들

1985년부터 시작된 대세상승장은 1989년 4월 1일 1,007포인트를 찍고 나서 하락세로 전환했다. 대세가 일단 하락으로 전환하자 수차례에 걸친 정부의 증시부양책에도 불구하고 반등다운 반등을 하지 못했고, 급기야 1992년 8월에는 최저점인 456포인트까지 떨어졌다. 투자 손실로 밤에 잠을 이루지 못하는 것은 투자자나 증권사 직원이나 마찬가지였다.

1970년대까지 주식투자는 소수의 사람들이 하는 것으로 여겨졌지만, 1980년대에는 대부분의 가구가 주식을 보유할 정도로 대중화되었다. 주가 하락은 전국민의 고통으로 이어졌다. 서민의 재산형성을 돕기 위해 보급한 국민주는 청약가 이하로 하락해 한순간에 '궁민주(窮

民株)'로 전락했고, 시세차익의 보증수표 같았던 우리사주 주식은 현대판 '노비문서'로 둔갑했다. 회사융자로 매입한 우리사주 주가가 급락해 융자금을 상환할 수 없게 된 직원들이 융자금에 발목이 잡혀 개인적인 사정이 생겨도 회사를 그만둘 수조차 없었기 때문이었다.

특히 상투12 잡고 뒤늦게 증권시장에 뛰어들어 낭패를 본 농민과 지방 서민의 한숨 소리가 전국 곳곳에서 새어나왔다.

3년 만에 반토막 난 코스피지수, 하락 원인 3가지

1989년 4월 15일 장중 고점 1,015.75를 찍은 코스피지수는 1990년 9월 21일에 559.98로 떨어져 45% 폭락한 데 이어 1992년 8월 21일에도 456.59를 기록해 55%나 폭락했다. 이러한 주가 대폭락의 원인은 경기 퇴조, 주가 버블, 수급 균형 붕괴 등 크게 세 가지로 볼 수 있다.

1. 거품의 소멸

첫째, 주가 버블이 심했다. 주식투자에서 주가가 단기에 지나치게 급등하는 것보다 더 큰 악재는 없다. 우리 속담에 '산이 높으면 계곡이 깊다'라는 말이 있고, 서양 속담에도 '나무가 아무리 자라도 하늘에 닿지 않는다'라는 말이 있다. 증시 역사를 돌이켜볼 때 지나친 버블은 예

---

12 주가 변동의 폭이 상하로 크게 벌어질 때 가장 고가권의 주가 수준을 상투라고 하고, 상투에서 주식을 산 경우를 흔히 상투 잡았다고 한다. 반대로 최저 주가를 바닥 또는 바닥권이라고 하고, 하락을 지속하던 주가가 하락을 멈추고 상승으로 전환하였을 때 주가는 바닥을 쳤다고 한다.

외 없이 오래가지 못하고 폭락으로 이어졌다.

1985년 초 139포인트이던 코스피지수가 1989년 4월 1일 종가 기준으로 1,007포인트가 되어 4년 동안 무려 7.2배나 올랐다. 1988년 말 거래소시장의 PER(주가수익비율)는 26배로, 같은 시기 선진국이 11~15배 수준인 점을 감안하면 지나치게 높은 편이다.

미국 S&P의 경우, 1985년 이후 20년간 평균 PER가 15.5였다. PER가 높다는 것은 주가 거품이 심하다는 뜻으로, 당시 일본도 PER가 58배 수준으로 높아 1990년 최고 3만 9천 엔을 기록했던 니케이지수가 4분의 1 수준인 1만 엔까지 떨어졌다(니케이225지수는 2009년 7천 엔까지 하락한 후 2015년 2만 엔을 돌파했다).

특히 기업의 가치와 무관하게 거래가 많았던 금융, 건설, 무역 업종은 주로 투기적인 거래였다. 증권과 은행 업종의 평균 PER는 50배였지만 금융, 건설, 무역 업종 중에는 100배가 넘는 기업이 수두룩했다.

2. 경상수지 적자 시대로 전환

둘째, 3저가 퇴조하고 경상수지가 적자로 전환되었다. 1986년부터 3년간 GDP성장률이 평균 12.5%를 기록하는 등 경이로운 성장을 지속했으나 88올림픽이 끝난 이후 1989년부터 3저가 퇴조하면서 GDP성장률도 한 자릿수로 내려왔다. 경상수지도 1989년에 흑자폭이 크게 감소하는 모습을 보이더니 1990년에는 20억 달러 적자를 내고 말았다. 이를 시작으로 경상수지 적자 시대로 전환되었다. 세계경제가 불황으로 접어들고 국내경기도 나빠지고 있음에도 불구하고 임금인상과 부동산가격의 상승으로 물가는 더욱 올라가기만 했다.

3. 주식 과잉공급으로 수급 균형 붕괴

셋째, 공급물량이 많아져 수급 균형이 무너졌다. 유상증자와 기업 공개로 인한 주식 공급물량은 1986년 1조, 1987년 2조, 1988년 7조였으나, 1989년에는 14조 원에 이르러 너무 과다하게 공급되었다. 1988년 말 시가총액이 64조 원인 점을 감안하면 얼마나 많은 물량이 증시에 공급되었는지 짐작할 수 있다.

기업을 공개하기 전에 대폭적인 유무상증자를 실시하여 소위 '물타기' 증자도 기승을 부렸다. 금감원 자료에 따르면 1989년 1~8월까지 8개월 동안 공모주 청약을 실시한 77개사 중 73개사가 공개 전에 평균 115%의 유무상증자를 실시하여 자본금을 뻥튀기한 것으로 나타났다.

또한 당시 금융주 주가가 급등하자 금융기관들이 앞다투어 증자를 실시했다. 특히 증권회사는 해마다 1~2차례 유무상증자를 반복했고, 의결권이 없는 우선주 발행을 남발했다. 무의결권 우선주는 유독 1988~1989년에 급증하였는데 1989년 기준으로 유상증자 총액의 36%를 차지하였다. 이후 주가가 하락할 때면 대주주들이 고객들보다 먼저 우선주를 팔아치워 주가 하락을 부채질했다.

80년대 후반부터 유상증자 시 시가발행제도가 정착됨에 따라 시가발행에 의한 유상증자가 확대되면서 액면가 대비 평균 할증률이 1986년 11%, 1988년 124.9%였고 1989년에는 340%를 넘어섰다. 이는 액면가 5천 원인 경우 유상증자 발행가액은 평균 2만 2천 원이라는 의미이다.

과도한 유무상증자 물량은 주가 하락 시기에 매도물량으로 바뀌게 된다. 따라서 주가 폭락은 정부의 수급조절 실패에 따른 인재(人災)라고 볼 수도 있다.

1988년 10월경 증권업계는 '대세상승[13]이 끝났다'라는 대세종결론과 '대세상승이 계속된다'는 대세지속론으로 양분되어 시끄러웠다. 이 무렵 대우증권 심근섭 상무가 "증권시장의 대세상승은 이제 끝났다. 경기사이클을 볼 때 정점이 지나가고 있기 때문이다. 향후 2~3년간 경기는 장기침체로 빠져들 것이며 주가도 하락할 것이다"라는 글을 게재했다.

이와 같은 비관적 전망은 여전히 상승 지속에 기대를 걸고 있던 대다수 투자자들에게 찬물을 끼얹는 격이었고, 낙관론자들의 신랄한 도전을 받았다. 그러나 심 상무의 예언은 4개월의 시차가 있었을 뿐 정확하였음이 훗날 증명되었다.

---

13 주가는 장기적으로 경제사이클과 그 맥을 같이한다. 한국증시 역사를 보면 38년간(1975~2013년) 일곱 번의 대세상승과 여섯 번의 대세하락이 있었다. 5~10년 간격으로 상승과 하락의 큰 사이클을 반복하였는데, 대세상승기의 평균 상승률이 262%이고 대세하락기의 평균 하락률은 59%였다. 따라서 대세를 파악하는 것이 곧 투자수익을 결정하는 데 중요한 요소임을 알 수 있다.

35장

주가 대폭락을 잡으려는 정부의 노력

정부의 1차 증시 부양책 – 12·12 증시안정화 조치

주가가 연일 하락하며 코스피지수가 850 선을 하회하자 투자자들의 불만이 높아갔다. 인천 H증권 지점에는 화염병이 날아들었고, 서울 명동과 증권사 지점이 밀집된 지방 소도시에서는 투자자들이 집단으로 몰려와 전자시세판을 끄고 '소액투자자 장례식'을 거행하는 등 항의시위가 벌어졌다. 정부의 잘못된 정책 탓에 손실을 본 것이라 여긴 투자자들이 한목소리로 '정권퇴진'을 외치자 1989년 12월 12일 노태우 정부는 강도 높은 증시부양책을 발표했다.

이규성 당시 재무장관은 '한국은행의 발권력을 써서라도 주식매입자금을 무제한 특별융자해 줄 테니 투신사가 앞장서서 주식을 매입하라'고 지시했다. 그 외에도 기관투자가의 범위를 확대하고, 주식 주문금액의 40%를 현금으로 내야 했던 것을 대용증권으로 대신하는 조치도 함께 취했다.

12·12 증시안정화 조치로 한국·대한·국민투신 등 3대 투신이 주식을 적극 매입한 결과 13일부터 3일간 지수가 무려 90포인트나 급등했다.

그러나 12·12 조치는 '증시 대세를 정부가 인위적으로 바꿀 수 없다'는 것을 확인해 준 사례에 불과했다. 무엇보다 정부가 발표한 '무제한 자금 대출'과 '무제한 주식매입' 모두가 현실적으로 불가능한 것이었다.

12·12 조치로도 증시 대세를 역류시킬 수 없음을 눈치챈 일부 대주주와 외국인들은 '정부가 주식을 매수해 줄 때가 가장 팔기 좋은 때'라고 판단하고 오히려 보유물량을 줄여나갔다.

무리하게 주식을 매입했던 3대 투신은 오랫동안 부실의 늪에서 헤어나지 못하고 결국 증권회사에 흡수·합병되었다. 특히 현금 대신 대용증권을 이용할 수 있게 한 것은 투자자의 손실을 키운 최악의 조치였다.

2차 증시 부양책 – 증시안정기금

12·12 조치 이후에도 정부는 실명제 실시를 무기한 연기하고 부동산 투기 방지책을 발표하는 등 증시부양을 위한 여러 조치를 취했으나 주가 하락은 멈추지 않았다. 그러자 1990년 5월 8일 정부는 '증시안정기

금 설립'을 발표했다. 32개 증권사와 은행, 상장기업 등 636개사가 4조 8,600억 원을 출자해 설립한 '증안기금'은 1996년 4월 9일 해산 결의될 때까지 증권시장 안정에 크게 기여했다.

약 6년간 증안기금이 투자한 종목들 중에 SK텔레콤 3,491%, 삼성전자 2,542%, 신세계 885% 등의 대박 종목이 속출했다. 이는 증권시장이 침체되어 있을 때 우량 대형주에 장기투자하면 높은 수익을 거둘 수 있음을 실증적으로 증명해 보인 사례였다.

36장

깡통계좌 일괄정리 조치 후 주가 폭등

신용으로 매수한 주식이 오히려 주가 하락을 부채질하다

앞선 내용을 다시 한번 살펴보면 1989년 4월에 1,000포인트를 돌파한 주가가 1990년 9월에는 그 절반인 500포인대로 추락하였다. 정부 당국이 12·12 조치를 발표하고 주식 수요를 확충한다는 명목으로 신용 융자를 확대해 주고 현금 대신 보유주식을 대용으로 활용할 수 있도록 하는 등 적극적인 부양책을 썼지만 주가 하락세를 막지는 못했다.

일반 투자자들은 주가가 빠질 대로 빠졌으니 이제는 올라갈 것이라는 기대감으로 신용투자에 매달렸다. 그러나 신용융자라는 가수요에 기댄 주가 상승은 일시적일 뿐 계속될 수는 없었다.

신용으로 매수한 주식은 3개월 또는 5개월의 신용만기가 돌아오면 매도 압력으로 작용해 오히려 주가를 하락시키는 요인만 되었다. 주가 하락은 다시 신용융자 담보비율의 부족을 초래해 반대매매를 불러왔고, 반대매매는 주가 하락을 더욱 부채질하는 악순환으로 이어졌다.

신용융자 담보비율은 최저 130%로, 주식의 평가금액이 대출금의 130% 이상 유지되어야 한다. 만약 주가가 하락해 담보유지비율이 130%를 밑돌게 되면 고객은 그로부터 3일 이내에 부족한 금액을 입금해야 하는데, 입금을 못하면 증권회사는 융자주식의 일부 또는 전부를 반대매매해 대여자금을 회수한다.

지금은 전산화되어 자동으로 반대주문을 내지만, 당시엔 고객에게 우편으로 부족금액을 입금하지 않으면 반대매매에 들어간다는 내용의 통지문을 보냈다. 종목에 따라서는 주가가 급락해 고객에게 통지문이 도달하기 전에 담보유지비율이 100%에 미달하는 경우도 생겼다.

투자자 최 씨는 1천만 원의 현금이 있었다. 그는 융자한도인 1,500만 원을 융자받아 총 2,500만 원어치의 주식을 매입했다. 그런데 매입한 종목의 주가가 55% 하락하여 주식평가 총액이 1,125만 원에 불과하였다(2,500만 원 × 45% = 1,125만 원). 보유주식을 모두 처분해도 계좌 잔고가 융자금인 1,500만 원에서 375만 원이 부족했다. 하는 수 없이 최씨는 원금 이외에 추가로 375만 원을 입금해 대여금을 상환해야만 했다. 한마디로 깡통계좌[14]가 된 것이다.

---

14 신용거래를 이용하면 주가가 상승할 경우 적은 투자금으로 큰 이익을 올릴 수 있지만, 주가가 하락하면 투자한 원금까지도 모두 날릴 수 있다. 예를 들어 신용으로 주식을 구입하였는데 투자한 회사가 파산하게 되면 주가가 폭락하여 투자금액 대부분을 날리게 마련이다. 게다가 주가 하락 여부와는 상관없이 원금과 이자를 증권회사에 상환해야 하므로 빚만 남게 되는데, 이러한 계좌를 '깡통계좌'(담보부족 계좌)라고 한

투자자는 어떻게든 반대매매를 늦춰 주가가 회복될 때 팔아 손해를 최소화하려고 하지만 반대매매를 늦춘 것이 득이 되는 경우보다 오히려 독이 된 경우가 많았다. 어떤 고객은 담보부족이 발생하면 종적을 감추고 연락을 끊어버리는 경우까지 있었다.

투자자를 두 번 울린 깡통계좌 일괄정리 조치

1990년 9월 17일 기준으로 전체 증권사에 마이너스 잔고인 깡통계좌 수가 1만 6천 개나 되고 부족금액도 2천억 원에 이르러 심각한 사회문제가 되었다.

이에 증권당국은 10월 10일을 기해 전국적으로 깡통계좌를 일시에 반대매매하기로 결정했다. 미수금과 미상환 융자금 관련 악성매물을 정리하지 않고서는 주가 상승이 어렵다고 판단한 것이었다.

10월 10일 아침 동시호가에 강제로 매도주문을 내고 팔리지 않은 물량은 증시안정기금에서 받아주었다.

그러나 깡통계좌 일괄정리는 투자자를 두 번 울린 조치였다. 전체 깡통계좌 물량이 동시에 쏟아져나온 바람에 대부분의 종목이 하한가로 팔렸고, 깡통계좌 매물이 모두 소화되고 나자 이번에는 반대로 매물 공백상태가 발생해 깡통계좌 정리 이후 5~7일 동안 주가가 큰 폭

다. 주가 하락 시 투자한 원금은 물론 증권회사에 빚까지 지는 깡통계좌가 급증하는 이유는 바로 이러한 신용거래를 과도하게 이용하였기 때문이다.

깡통계좌 정리 후 1개월 만에 70% 상승한 우리투자증권 주가 동향

■ 우리투자증권 - 봉차트

←최고:26,041 (1989/12/15일)

20,300원(1990. 11. 3.)

11,900원(1990. 10. 10. 깡통계좌 정리)

우리투자증권 주봉 그래프(1989. 9.~1991. 8.)

으로 상승했다.

깡통계좌 일괄정리는 반대매매를 당한 투자자들의 가슴에 한을 남긴 사건이라 할 수 있다.

37장

1980년대의 투자는
개별종목보다 업종 중심이다

종목보다 어떤 업종에 투자할 것인가에 관심

1980년대에는 주가가 업종별로 그룹을 지어 등락을 함께했다. 따라서 어떤 업종에 투자할 것인가가 주된 관심사일 뿐 구체적인 종목은 그리 중요하지 않았다. 특정 업종이 움직이면 그 업종에 속하는 모든 종목이 등락을 같이했고 등락비율도 유사했기 때문이다.

당시 투자자들 사이에서는 2·4·6·8장이라는 말이 유행했다. 시중은행 2만 원, 지방은행 4만 원, 투자금융 6만 원, 증권회사 8만 원, 보험회사 10만 원까지 주가가 올라간다는 뜻으로, 실제로 해당 업종에 속한 종목들 대부분이 그 가격대까지 상승했다.

투자자들이 "어떤 주식이 좋습니까?"라고 물으면 증권회사 직원들은 구체적인 종목을 이야기하는 것이 아니라 "증권주가 좋습니다" 또는 "건설주를 매수하시지요"처럼 업종만 이야기했고, 개별종목은 증권사 직원이 알아서 사주는 경우가 많았다. 그만큼 같은 업종 내 개별종목 상호간의 영업실적이나 재무상태는 묻지도 따지지도 않는 경우가 많았다. 개별기업에 관한 분석자료는 증권사 직원들만 볼 수 있었고 일반 투자자들은 자료를 접하는 것도 쉽지 않았던 환경도 이 같은 분위기에 한몫했다.

1980년대 증시 규모와 종합주가지수

연도	상장회사 수 (개)	주식인구 (만 명)	기업자금조달 (조 원)	종합주가지수 (포인트)
1981	345	69.6	0.31	131.37
1982	334	68.2	0.28	127.31
1983	328	70.9	0.46	121.21
1984	336	72.4	0.48	142.46
1985	342	77.2	0.34	163.37
1986	355	141.0	1.02	272.61
1987	389	310.2	1.93	525.11
1988	502	854.1	9.00	907.20
1989	626	1,901.4	14.66	909.72
1990	669		2.88	696.11

▶ 종합주가지수(KOSPI)는 연말 지수를 기준으로 함.
▶ 기업자금조달은 유상증자 + 기업공개임.

기술적 투자의 등장

주식이 오르고 내리고를 반복하고 투자자들의 경험적 지식이 어느 정도 쌓이자 매매 타이밍을 기술적으로 분석하는 사람들이 등장하기 시작했다. 투자자 김영진은 증권 공부를 시작했다. 건설주가 시장을 주도하던 1970년대에 정보에만 의존해 참담하게 실패한 경험을 통해 공부를 하지 않고는 주식투자에 승산이 없음을 뼈저리게 느낀 것이다.

김영진은 증권 관련 책을 3권 이상 읽으며 추세선,[15] 이동평균선,[16] P&F차트,[17] 거래량주가 상관곡선,[18] 이격률,[19] 투자심리선[20] 등을 터득

[15] 주가는 어느 기간 동안 일정한 방향으로 움직이려는 속성이 있으므로 추세의 방향을 아는 것은 주가 예측에 매우 중요하다. 추세는 일정한 범위 내에서 정점과 바닥을 형성하며 파도처럼 움직이는데 이 두 점을 연결한 것이 추세선이다. 추세선에는 하락추세선, 상승추세선, 횡보추세선이 있다.

[16] 주가, 거래량, 거래대금 등을 지나간 평균 수치로 계산해 도표화한 것. 5일/20일/60일/120일/200일 이동평균선이 있다. 매일 변하는 시세에서는 파악할 수 없는 비교적 장기적인 변동추세를 파악할 수 있기 때문에 추세선과 더불어 투자 판단 지표로 가장 널리 활용되고 있다.

[17] 오직 주가 흐름만을 중시하고 거래량, 시간 개념, 사소한 주가 변화는 무시하여 주가 흐름의 주된 추세를 파악하는 지표. 추세분석 및 패턴분석과 목표치 계산도 용이하여 장기적인 지표로 활용도가 높다.

[18] 주가와 거래량을 각각 y축과 x축에 나타내고 20일 이동평균선에 의한 매일매일의 교차점을 선으로 이은 것으로 시계 반대 방향으로 움직여 역시계곡선이라고도 한다. 이 곡선은 '거래량은 주가에 선행한다'는 사실에 근거를 두고 주가가 상승(하락)하면 거래량이 증가(감소)하고 거래량이 감소하면 주가도 하락한다고 본다.

[19] 이동평균선은 구심력을 가지고 있다는 이론에 근거하여 만들어진 지표이다. 주가는 이동평균선보다 높아 괴리도가 커지면 다시 이동평균선으로 하향하고, 낮으면 다시 이동평균선으로 상향하려는 특성을 지닌다. 이러한 주가와 이동평균선 간의 괴리도를 측정하여 지표화한 것이 이격도인데, 당일의 주가를 당일의 이동평균 주가로 나눈 백분율로 정의된다.

[20] 투자심리선은 최근 10일 동안 종가가 전일 대비 상승한 일수와 하락한 일수를 계산해 10일 중 상승일수가 며칠이었는가에 대한 비율로 나타낸다. 최근 10일간 상승일수가 6일이면 60%가 된다. 일반적으로 투자심리선의 지수가 80% 이상이면 투자환경이 매우 밝고 매입세력이 지나치게 왕성한 과열상태로 판단해 매도시점이 되며, 반대로 20% 이하일 때는 침체상태로 판단해 매입시점이 된다. 그러나 투자심리선은 단순히 10일 중 상승일수만 판단하는 것이므로 매매시점 포착보다는 시장의 과열, 침체 여부를 판단할 때 활용하는 것이 좋다.

하고 나니 주가를 보는 눈이 밝아지고 매수시점과 매도시점이 한눈에 들어오는 듯했다. 주식연구소에서 발간하는 정기간행물《주식투자지표》[21]도 빠트리지 않고 사서 읽으며 차트 분석의 기본기를 다져나갔다.

차트 분석, 치명적인 실수는 줄이고
투자수익률은 높인다

1985년 9월부터 1986년 3월까지 현대자동차가 상승추세를 보였다. 김영진은 이동평균선이 정배열되어 있는 동안에는 계속해서 현대자동차를 매매했다. 그동안에도 20일 이격률이 120 이상 되면 팔았다가 90 근처로 내려오면 다시 매수하는 기술적 매매를 반복했다. 그 결과 정보에 의존해 매매할 때보다 치명적인 실수는 줄고 투자수익률은 높아졌다.

이후에는 금융주를 주로 매매했는데, 금융주는 거래가 많아 차트 분석의 활용도가 높았기 때문이다. 김영진은 매일 아침 증권회사 영업점에 출근해 단말기를 이용해 차트 분석을 한 뒤 주식을 매매하였다. 차트 분석을 기초로 하여 투자를 한 뒤부터 투자 성과가 좋아 70년대 건설주 투기로 입은 손실을 만회할 수 있었다. 당시 상당수의 투자자들도 차트를 보았지만 분석 수준이 낮았기 때문에 상대적으로 수준이 높은 김영진 씨가 유리하였다.

---

21 1976년 김춘성 대표가 설립한 주식연구소에서 정기적으로 발간한 한국 최초의 차트 분석 전문 책이다. 1981년부터 1990년 중반까지 주간, 월간, 연간으로 발간되었으며 봉차트와 함께 유무상증자 내용과 간단한 기업 재무내용이 게재되었다.

증권시장을 쥐락펴락한
대표적인 큰손들

큰손은 죽지 않는다. 다만 사라질 뿐이다!

증권시장에서 큰손이란 주식을 가장 많이 보유한 사람이라기보다 개
인투자자 중에서 거금을 투입해 주식투자를 전문으로 하는 사람을 말
한다. 큰손의 자금 규모는 시대에 따라 조금씩 다르지만 대개 수십억
에서부터 수천억 원에 이르러 주가에 미치는 영향이 상당하다.

큰손의 역사는 증권시장 역사와 거의 맞먹는다. 건국 이후 최초의
큰손은 윤응상 씨다. 그는 1958년 국채 파동을 시작으로 1962년 대증
주 파동, 1971년 증금주 책동전 등 파동이 있을 때마다 큰손의 위력을
발휘했다. 이후 1977~1978년에 건설주를 중심으로 한 폭발적인 증시
를 거치면서 주식시장에 큰손들이 속속 등장하기 시작하는데 그들은
막강한 자금력으로 주가를 주무르기도 하고 증시를 좌지우지하기도

했다.

그러나 1980년대 후반 주식투자 인구가 급격히 증가하고 기관투자가의 비중이 높아지면서 상대적으로 큰손의 영향력은 감소하기 시작한다. 특히 1992년 1월부터 외국인의 직접투자가 허용되고, 1993년 금융실명제가 실시된 이후로 큰손은 1960~1980년대만큼 큰 위력을 발휘하지 못하고 있다.

지금부터 소개할 큰손은 주로 1970년대 초부터 1990년대 초 사이 증시에 이름을 날린 사람들이다. 물론, 이들 말고도 아직까지 모습을 드러내지 않은 큰손도 많고 1997~1998년의 IMF 외환위기 때 기회를 잡은 새로운 큰손도 많다.

대표적인 큰손, 광화문 곰

S증권 박 차장은 전화를 받고 광화문에 있는 고 회장(본명 고성일) 사무실로 갔다. 고 회장은 박 차장을 보자마자 밀가루 포대를 내밀며 계좌와 맞는 도장을 찾아보라고 했다. 포대 속에는 엄청난 양의 목도장이 3분의 1 정도 차 있었다. 1984년 말 고 회장은 1,300개의 가·차명 계좌를 가지고 있었다. 그러다 보니 현금 출금이나 주식 입출고를 할 때마다 계좌에 맞는 도장을 찾아내는 것이 일이 되다시피 했다. 도장마다 견출지가 붙어 있었지만 박 차장은 계좌명과 맞는 도장을 30분이나 걸려서야 겨우 찾아낼 수 있었다.

땅부자였던 고 회장은 1980년 12월 테헤란로에 있는 9천 평의 땅을 평당 75만 원에 토지개발공사에 넘겨주고 받은 돈 43억 원으로 건설주를 몽땅 매수했다가 1982년 장영자 파동으로 엄청난 손실을 입기도 했다.

고 회장은 1970~1980년대에 한국 최고의 큰손으로 이름을 날렸다. 그를 둘러싼 이야기가 많은데, 그중에서도 어느 날 증권회사 객장에 나와 시세판에 게시돼 있는 건설주를 맨 위에서부터 맨 아래까지 10만 주씩 매수하라고 지시한 일화가 가장 유명하다. 이 일로 그는 '광화문 곰'이라는 별명을 얻었다고 한다.

그는 1985년 기준으로 주식시장에서 건설주를 가장 많이 가진 개인투자자로 이름을 날렸는데, 당시 시가로 무려 200억 원이 넘었다고 한다. 고회장이 건설주를 사면 증권시장에 소문이 퍼져 건설업종이 상승했고 그가 매수를 끝내면 건설주가 떨어질 정도로 그의 영향력은 매우 컸다.

건설주 다음으로 많이 보유한 종목은 유공(현 SK이노베이션)으로, 120만 주를 당시 시가로 100억 원 이상 보유했다. 유공주는 그가 수익을 올린 대표적인 종목이다.

주식에 올인해 성공한 백 할머니

백 할머니(본명 백희엽)는 부동산을 하지 않고 주식에만 투자해 크게 성공한 사람 중 한 명이다. 주로 자본금이 큰 대형주와 우량주에만 투자했는데, 당시 우리나라 간판기업이던 삼성전자, 선경, 럭키, 한양화학 등에 투자했다. 그리고 1978년 건설경기 호황이 끝난 뒤에는 건설주에는 절대 손을 대지 않았기 때문에 수익을 지킬 수 있었다.

백 할머니는 손해를 보고 주식을 팔기보단 몇 년이고 오를 때까지 가지고 있었다. 박정희 대통령 시해 사건이 일어난 1979년 10·26 사태 때 주가가 6일간 급락하자 백 할머니는 3일째 되는 날부터 매수를 했고 큰 수익을 내고 팔았다.

1970년대에는 국공채를 매수했다. 액면가 1만 원짜리를 3천 원에서 4천 원에 사두면 5년 후 원금과 이자로 1만 7천 원이 들어왔다. 백 할머니가 주식시장에 본격적으로 뛰어든 것은 1974년부터이다. 백 할머니는 시장을 판단하는 주관이 분명했고 배짱도 좋았다. 국내외 신문과 잡지를 빼놓지 않고 보며 연구도 철저히 했다. 본인의 기준이 분명해 증권사 사람들 말도 듣지만 전적으로 신뢰하지는 않았다. 그리고 시장이 나쁘다고 아우성칠 때 과감히 사두어 큰 수익을 얻었다.

백 할머니는 증권회사 객장에 자주 얼굴을 비쳤지만 장기투자를 원칙으로 했기에 매매는 자주 하지 않았다. 대신 한 번 움직이면 최소 단위가 수십억 원으로, 대형점포 한 달 약정은 거뜬히 해결될 정도였다. 백 할머니가 거래하는 증권회사 지점은 백 할머니가 고객이라는 사실만으로도 지점 홍보가 될 정도였다.

증권시장의 인텔리 헨리정

큰손 중에 학력이 가장 높은 사람으로 헨리정이 있다. 그는 해방 후 중국 북경대학과 미국 조지워싱턴대학에 유학한 지식인 투자자였다. 백발에 몸집이 큰 그는 경제지식과 기업을 보는 안목은 물론, 말솜씨 또한 일품이었다.

헨리정은 1974년부터 건설주 바람을 타고 돈을 벌었다. 헨리정도 백 할머니처럼 오래 가지고 있을 주식을 골랐다. 그는 잘 아는 기업인을 만나 그 기업의 주력상품이 잘 팔리는지 확인한 뒤 투자 여부를 결정해 종목을 선정했다. 그가 투자를 해서 수익을 낸 종목은 유공이고, 손실을 본 종목은 흥아해운과 대한선주 등의 해운주였다.

제약주의 성장성을 미리 내다본 조 사장

조 사장은 80년대 큰손으로 제약주를 사 모은 것으로 유명했다. 1980년 초반까지만 해도 제약주는 투자자들의 관심 밖이었다. 주가도 매우 낮은 수준으로, 유한양행이 액면가를 겨우 넘는 7천 원에서 8천 원 선이었고 다른 제약주들도 액면가 5천 원 선에 머무르고 있었다.

그는 제약주가 장래 성장성이 높다고 판단하고 중외제약, 종근당, 유한양행, 유유산업(현재 유유) 등을 액면가 전후 가격으로 사모았는데 나중에 주가가 올라 부자가 되었다.

조 사장은 자식과 손자 명의로 제약주를 사 모아 재산을 증식했고 증여를 통해 멋지게 절세를 한 선례를 남기고 세상을 떠났다.

270개 종목에 투자한 황 사장

큰손 중 색다른 투자자인 황 사장은 가장 많은 종목에 투자한 것으로 유명하다. 그는 당시 상장종목 338개 중 270개 종목을 보유하고 있었다. 황 사장은 주주총회에서 말 잘하는 투자자로 소문이 나서 주총꾼으로 불렸다. 고령에도 불구하고 주총에 빠짐없이 참석하여 재무제표 상의 매출액과 영업이익, 순이익 등 10여 가지 항목의 10억 단위 숫자를 줄줄이 외우며 따지고 들어 주총 사회를 보는 사장을 쩔쩔매게 만들곤 했다.

황 사장은 자유당 시절 서울시경 수사과장을 거쳐 4·19 때 강릉경찰서장을 지낸 경찰관리 출신이다. 그는 퇴직한 뒤 생활수단으로 주식시장에 뛰어들었다고 한다.

처음에는 주식 투기에 말려들었다가 1960년대 말부터 안정적인 자산주에 눈을 떠 70~80년대 큰손의 대열에 들어섰다. 한 번 주식을 사면 오랫동안 가지고 있었고 한국유리, 삼양사 등에서 배당과 무상증자로 짭짤한 수익을 거두었다.

채권 투자로 거부가 된 사람들

큰손 하면 주식을 연상하겠지만 진짜 거부가 몰리는 곳은 채권시장이다. 특히 1950년대 중반부터 1970년대 말 사이에는 채권만으로도 재산을 수백 배 불리는 게 가능했다. 특히 1960년에서 1970년대 사이에 채권에 눈을 뜬 사람들은 부동산보다 높은 수익을 거두었다. 특히 국공채에 돈을 벌 수 있는 기회가 많았다.

정부는 전화 가입이나 아파트 청약을 할 때 강제로 국공채를 매수하도록 했는데, 일반 서민들은 으레 버리는 돈으로 알고 매입하자마자 길거리 채권아줌마나 라이터가게에서 현금으로 바꿨다.

보통 액면가 1만 원짜리가 1천 원에서 2천 원에 거래되었고, 심지어 시골에서는 논과 밭을 강제 수용당하고 받은 징발보상 채권을 엿가락과 바꿔먹는 농민도 있었다. 채권에 대해 잘 알지 못한 서민들은 얼마나 할인해서 팔아야 할지 계산할 줄도 몰라 채권수집상이 주는 대로 받았다. 이 시기에 채권을 수집한 명동 사채업자와 채권수집상들은 채권 재벌이 되었다.

채권계의 큰손, 배 사장은 1978년부터 지하철 채권을 사들여 큰 재미를 보았다. 10년 만기로 상환되는 액면가 1만 원짜리 채권을 단돈 19원에서 35원에 매수했다. 이렇게 가마니로 사들인 채권을 1985년부터 상환받았는데, 재산이 무려 500배나 늘었다.

또 다른 큰손인 채권수집상 라이터 박은 채권으로 수백 억을 벌었다고 소문난 사람이다. '라이터 박'이라는 별명은 명동 입구에서 라이터돌을 팔며 채권을 수집했기 때문에 붙여진 것이었다.

최근의 큰손은 어떤 사람인가?

최근의 큰손은 투자 규모나 투자 방법에 있어 IMF 외환위기 이전과는 많이 달라졌고 그 수도 많아졌다. 이들의 공통점은 전망이 있는 기업에 5년 또는 10년 이상 장기투자해 기업의 성장과 함께 거부가 되었다는 점이다. 이들은 차트에 의한 기술적 분석보다 기업의 가치나 성장성에 더 많은 관심을 가진다. 최근의 큰손들의 유형은 다음 4가지로 나눌 수 있다.

첫째, IMF 외환위기 때 우량주에 과감하게 장기투자해 큰손의 반열에 오른 경우이다. 1998년 IMF 외환위기 시절, 국민은행 주가가 4천 원

대일 때 과감하게 10억 원을 투자한 J 여사는 20배 이상 상승했을 때도 팔지 않고 지금까지도 보유해 큰손이 되었다.

둘째, 벤처기업 광풍이 몰아쳤을 때 많은 일반 투자자들이 손실을 봤지만 성공한 소수의 대주주는 큰손이 되었다. 가수 출신 이수만 씨는 엔터테인먼트 회사 SM를 설립하여 굴지의 부자가 되는 신화를 이루었다.

셋째, 배우나 가수와 같은 연예인, 골프나 야구, 축구 등과 같은 스포츠 선수 중에 주식에 투자한 뒤 장기보유해 큰손이 된 이들도 있다.

넷째, 2000년대에 등장한 슈퍼개미들이다. 슈퍼개미란 개인투자자이지만 특정 상장기업의 지분을 5% 이상 매집해 100억 단위의 부를 이룬 사람을 가리키는 말로, '한국의 워렌 버핏'을 꿈꾸며 기업의 성장성과 수익성 등을 꼼꼼히 따져 본인이 직접 기업을 운영하는 것처럼 장기투자를 한다.

외국인과 슈퍼개미 등장, 다양한 투자 기준이 생기다

1990년대는 주식투자자가 좌절과 환희를 극단적으로 경험한 시기이다. 1997~1998년 외환위기 때 주가 폭락으로 좌절을 경험했고, 1999년의 IT주 폭등 때는 환희를 경험했다. 그러나 결과적으로 두 경우 모두 다수 투자자인 개미들을 중산층에서 하층민으로 끌어내리는 계기가 되었다.

1990년대는 우리나라 증권시장이 다양한 투자 기준을 시험한 시기이기도 하다. 80년대까지는 업종 중심으로 투자를 했으나 92년부터 외국인 직접투자가 허용되면서 개별종목의 가치와 전망을 따져보고 투자하기 시작했다. 90년대 전반기는 외국인과 기관이 시장의 중심세력이 되면서 주당순이익(EPS), 주가수익비율(PER), 주당순자산(BPS), 주가순자산비율(PBR), 블루칩, 테마주 등 개별기업의 수익가치 또는 자산가치가 투자 기준이 되기 시작하였다. 그러나 1997년 IMF 외환위기가 터지자 증권시장은 거의 초토화되었고 일반 투자자들은 막대한 투자 손실을 입고 파산 위기로까지 내몰렸다.

1998~2000년에는 성장성이 투자 기준이 되었다. 그러나 성장성에 관한 투자 기준이 불분명했기 때문에 증시는 필연적으로 IT주 버블로 이어졌다. 인간 탐욕의 한계를 가늠하기 어려울 만큼 유례없던 IT주 버블은 극소수에게는 부를 안겨주었지만 다수 투자자에게는 좌절과 고통을 맛보게 했다.

From 1991 to 2000

The History of Stocks in sight of Money

1991년에서 2000년까지

1994. 11.
1,145

1991. 1. 17.
걸프전 발발

1992. 1. 3.
외국인 직접투자 허용

1991. 9. 17.
남북 UN 동시가입

1993. 8. 12.
금융실명제 실시

1991	1992	1993	1994	1995

1991. 1.
635

1992. 8.
456

1995. 11. 30.
수출 1천억 달러
달성

1994. 7. 8.
김일성 사망

1998. 1.
금모으기 운동

1998. 5. 25.
외국인 주식투자 한도
완전 철폐

1996. 4.
980

1998. 6. 19.
5개 은행 퇴출 발표

2000. 1.
1,066

1997. 6.
799

1996   1997   1998   1999   2000

1997. 11. 21.
IMF 금융지원 요청

1999. 7. 19.
대우사태 발생
(분식회계)

2000. 12.
489

1996. 3. 1.
증권사 점포설치
자유화

2000. 4. 27.
현대그룹 유동성 문제 확산

1996. 5. 3.
지수선물시장 개설

2000. 6. 15.
6·15 남북 공동선언 발표

1998. 6.
27737

1996. 5. 17.
코스닥시장 개설

2000. 7. 1.
채권 시가평가제
실시

38장

외국인 투자자, 한국증시 분위기를 바꾸다

외국인 주식투자 허용
- 외국인이 한국증시를 접수하다

1992년 1월부터 외국인 직접 주식투자가 허용되었다. 정부는 1981년 이후 10년간 간접투자 방식인 코리아펀드(1984년 5월 15일)와 코리아유로펀드(1987년 3월 12일) 설정을 허용하는 등 단계적으로 외국인의 주식투자 문호개방을 추진했다. 마침내 외국인 직접 주식투자를 허용함으로써 한국증시는 글로벌 투자자금의 국제적 분산투자의 대상이 되었다. 세계 자본시장의 일부로 편입된 한국증시는 종전과는 크게 다른 면을 보이게 된다.

　첫째, 외국인이 한국증시를 주도하게 되었다. 전 세계 시가총액 대비 한국주식의 시가총액 비중은 1.8%(2020년 9월 기준)에 불과하기 때문에 거대 글로벌 자금이 한국증시에 미치는 영향은 막대하다. 외국인 투자한도가 완전히 철폐된 것은 IMF 외환위기 때인 1998년 5월 25일로 코스피지수가 300포인트 이하로 급락했을 때였다. 당시 외국인은 한국의 업종대표 주식을 적극 매수하였으며 2000년 1월 기준 시가총액의 25%를 매수하여 큰 수익을 거두었다.

2020년 12월 15일 기준 외국인은 코스피시장 시가총액 중 36.32%(698조 3,798억 원), 코스닥시장 시가총액 중 9.71%(35조 9,518억 원)를 보유하고 있으며, 거래량 비중 또한 20%를 상회하고 있다. 따라서 외국인이 주식을 사면 주가가 상승하고 외국인이 팔면 주가가 내려간다.

외국인의 시장주도권은 지수선물 도입(1996년 5월 3일)과 지수옵션 도입(1997년 7월) 이후 더욱 강화되었다. 외국인은 시장이 상승할 것 같으면 선물과 옵션 같은 파생상품을 먼저 매수하거나 주식과 함께 매수하고, 시장이 하락할 것 같으면 파생상품을 먼저 매도하거나 주식과 동시에 매도하기 때문에 시장에 미치는 영향이 막대하다.

둘째, 루머나 재료가 투자 기준이던 한국증시에 가치투자 바람을 일으켰다. 가치투자란 기업의 내재가치, 즉 자산가치나 수익가치 또는 성장성을 따져보고 주가가 저평가된 종목을 매수하는 것을 말한다. 주로 자기자본이익률(ROE), 주당순이익(EPS), 주가수익비율(PER), 주가순자산비율(PBR), 이브이에비타(EV/EBITDA) 같은 투자지표들이 기업의 가치를 따져보는 기준이다.

셋째, 자본시장 자유화는 환율자율화, 금리자율화와 함께 주식시장 제도 변화에 많은 영향을 끼쳤다. 기업의 투명한 회계제도, 공정한 공

시제도 등 각종 제도가 정비되었고 정부에 의한 증시 규제 또는 부양
조치도 신중을 기하게 되었다.

외국인 직접투자가 허용된 첫해인 1992년에 470명이던 외국인 투
자자 수가 2014년 5월에 1만 명을 돌파하였다. 외국인이 한국증시를
좌우하다 보니 외국인을 따라 추종매수하는 경향이 생겨났다. 또한 검
은머리 외국인이라는 용어가 생겨나기도 하였다. 검은머리 외국인이
란 미국 시민권 또는 영주권을 가진 한국인이 외국인의 신분으로 한국
증시에 투자하는 것을 말한다. 또한 버뮤다나 버진아일랜드 같은 조세
회피처에 페이퍼컴퍼니를 설립한 한국인이 외국인으로 둔갑해 한국
증시에 투자하는 경우도 검은머리 외국인이라 한다.

외국인의 투자 기준은 PER

1992년부터 한국증시에서 주식투자 기준이 조금씩 바뀌기 시작한다.
1980년대까지는 업종별로 주가가 움직였다. 건설주가 오르면 모든 건
설회사 주식이 미미한 차이로 동시에 오르고, 은행주가 떨어지면 모든
은행 주식이 동시에 떨어지는 식이었다.

그러나 1992년부터는 업종이 아닌 구체적인 종목으로 관심이 옮겨
가기 시작했다. 이 같은 변화의 중심에는 주가수익비율, 즉 PER(Price
Earning Ratio)가 있었다.

PER는 주가수익비율로, 주가를 주당순이익(EPS)으로 나눈 값이다.
주가가 1주당 예상순이익에 비해 어느 정도인지 알아보는 투자지표

로, 시장 평균과 비교해 수치가 낮으면 주가가 저평가, 높으면 고평가
된 것으로 본다. 어떤 회사의 PER가 10배인 경우, 지금과 같은 수준의
주당순이익을 해마다 거둔다면 이 회사가 주가만큼 벌기 위해선 최소
10년이 걸린다는 뜻이다.

> PER(배) = 주가 ÷ 주당 예상순이익

　　PER가 투자 기준이 된 것은 정부가 1992년 1월 3일 외국인에게 최
초로 직접투자를 허용한 이후부터다. 상장법인은 10%, 공공법인은
8%라는 제한이 있었지만 외국인 투자자들은 한국증시에 큰 관심을
보였고, 그들이 종목을 선정할 때 첫 번째 기준으로 삼은 것이 해당 종
목의 PER였다. 외국인 투자자들은 PER가 낮은 종목을 주로 찾았다. 참
고로, PER가 낮으면 주가가 저평가되어 있고, 높으면 고평가된 것으로
볼 수 있다.

외국인의 첫 번째 투자 대상 종목, 태광산업 투자 사례

태광산업이 좋은 예다. 그때까지 국내 투자자들은 대표적인 사양산업
인 섬유업종의 태광산업에 큰 관심을 두지 않았고 거래도 거의 없었
다. 그러나 PER가 낮은 태광산업 주식을 외국인 투자자들은 조금씩 사

모았다. 1992년 1월에 5만 원이던 태광산업의 주가는 외국인의 매수세에 힘입어 상승세를 타기 시작했고 외국인의 매입동향을 파악한

서울시 중구 장충동에 위치한 태광산업 본사. 우수한 재무구조를 바탕으로 현재까지 이어져오고 있다.

기관이 추종매수[1] 하자 주가는 급등했다. 1992년 5월 태광산업의 주가는 21만 5천 원이 되었다.

1991년 결산 기준 태광산업의 주당순이익은 6만 2,510원으로, 상장기업의 평균 주당순이익보다 무려 7배나 높았다. 그 당시 상장기업의 평균 PER는 17.1배였는데, 태광산업은 1배 수준으로 매우 낮았다. 외국인 투자자들은 PER가 1배밖에 되지 않는 주식을 사지 않는 한국 투자자를 오히려 이상하게 생각했을 수도 있다. 아마도 그들은 몹시 저평가된 주식을 거의 공짜로 줍는다고 좋아했을 것이다. 외국인 매수는 자연스럽게 주가 상승으로 이어졌다.

1 　주식시장에서 주식을 매매하는 세력은 크게 주도세력과 추종세력으로 구분된다. 주도세력은 차트를 그리는 세력이며, 추종세력은 그려진 차트를 따라 매매하거나 주도세력의 움직임을 파악하여 매매하는 사람들이다. 주도세력은 ① 주가를 주도적으로 움직일 수 있는 충분한 자금력을 보유하고 있고, ② 경제 및 기업의 장단기 변화에 대한 정보에 정통하며, ③ 주가의 움직임을 나타내는 주가 시나리오와 자금계획의 3요소를 갖추고 있다. 이들은 수개월 또는 수년에 이르는 장기계획을 가지고 움직이는 경우가 많다. 반면, 추종세력은 주도세력의 3요소를 갖추지 못하며, 자금력이 많고 정보가 있더라도 주도적으로 주가를 계획하지 못한다. 이런 의미에서 외국인이나 자금력이 풍부한 기관이라 할지라도 주가를 움직일 계획을 갖고 있지 않는 한 추종세력의 범주에 포함된다.

대표적인 저PER 종목인 태광산업 주가 동향

저PER 혁명을 주도한 태광산업 주봉 그래프(1991. 4.~1993. 1.)

태광산업은 우리나라에 근대적 산업이 시작되던 1961년에 설립된 회사로, 창사 이래로 줄곧 화섬업계 선두주자 역할을 해왔다. 1960~1970년대에 문어발식으로 다른 산업에 진출했던 많은 기업들과 달리 오직 전문분야인 화섬에만 몰두해 내실을 다졌다. 그 결과 지금까지 우수한 재무구조를 유지해 우량주에 장기투자를 하면 큰 수익을 얻는다는 사실을 증명해 주었다.

현재 태광산업은 롯데칠성, SK텔레콤, 롯데삼강, 메가스터디, NAVER 등과 함께 고가주 그룹에 속해 있다. 고가주의 공통점은 업계 선두주자이면서 한 분야에만 기업을 집중시킨다는 점과 유상증자를 자주 하지 않아 자본금이 적다는 것이다.

한 발 늦은 국내 투자자들

당시에 저PER 주로는 태광산업 말고도 대한화섬, SK텔레콤, 비비안, 신영와코루, BYC 등이 있었고 이들 종목의 주가도 큰 폭으로 상승했다. 특히 대한화섬은 주가가 단기에 10배나 급등해 모든 투자자들의 선망의 대상이 되었다.

단기에 가장 많이 오른 저PER 종목인 대한화섬 주가 동향

단기에 10배나 급등한 대한화섬 주봉 그래프(1991. 3.~1993. 1.)

하지만 국내 일반 투자자들은 PER에 대한 개념조차 정립되어 있지 않았고, 80년대 말 주도주였던 트로이카 종목(금융, 건설, 무역)에 물려 있어서 저PER 종목 매수에 동참하지 못했다.

그러다가 저PER 종목이 몇 배씩 상승하는 것을 확인하고 나서야 뒤늦게 고점에 매수해 저PER 종목에서 이익을 낸 국내 투자자는 많지 않았다.

주가 상승률이 높았던 저PER 주

회사명	1991년 PER (최저/최고)	1992년 PER (최저/최고)	주가(원) (최저 → 최고)	상승(배)
태광산업	–	0.7 / 1.0	46,000 → 215,000	4.8
대한화섬	0.8 / 1.4	1.0 / 6.0	15,700 → 158,900	10.0
신영와코루	1.9 / 3.2	11.1 / 33.1	26,500 → 135,500	5.1
SK텔레콤	3.4 / 9.1	8.3 / 16.9	43,500 → 166,000	3.8
롯데칠성	5.0 / 8.8	12.9 / 31.0	14,740 → 50,490	3.4
상장기업의 평균 PER	17.1	25.2		

▶ 1991년에 비해 1992년 PER가 눈에 띄게 높은 이유는 1992년에 주가가 급등했기 때문이다.

39장

PBR을 기준으로
대성산업에 투자한 민병갈

저평가 가치주 고르는 지표 – 저PER, 저PBR

미국인으로서 한국에 귀화한 민병갈의 본명은 칼 밀러(Carl Ferris Miller)이다. 그는 1980년대 초부터 2002년 타계할 때까지 20여 년간 증권회사 고문으로 근무하며 외국인을 상대로 투자상담을 했다.

기업의 자산가치를 기준으로 투자에 성공한 민병갈은 천리포 수목원의 창업자로도 유명하다.

민병갈의 투자 기준은 기업의 가치였다. 그는 철저하게 주가가 기업의 가치에 비해 저평가된 종목에만 투자하는 것으로 유명했다. 그가 기업의 가치보다 싼 종목을 고르는 기준은 두 가지였다.

하나는 주당순이익에 비해 주가가 낮은 종목, 즉 저PER 종목이고, 다른 하나는 주가가 주당순자산가치에 비해 낮은 종목, 즉 저PBR 종목이다. 이러한 종목을 자산가치주 또는 자산주[2]라 부른다.

PBR은 주가순자산비율로, 주가를 주당순자산으로 나눈 값이다. 이 값이 시장 평균치에 비해 높으면 주가가 고평가되어 있고, 낮으면 저평가되어 있다고 판단한다.

PBR이 1이면 기업의 청산가치[3]와 주가 수준이 동일하다는 뜻이고, 1 이하면 주가가 기업의 청산가치에도 못 미칠 정도로 싸다는 의미이다. 상장기업의 PBR은 기업 성장성에 따라 다르기는 하지만 보통 2~4배 수준으로, 대개 2배 이하면 주가가 순자산가치에 비해 저평가, 4배 이상이면 고평가되어 있다고 본다.

PBR이 낮은 대표적인 자산주
– 대성산업 투자 사례

대표적 자산주인 대성산업, 만호제강, 삼영전자, 한국주철관, 성창기업, 태광산업, 대한통운, 혜인 중에서 민병갈이 특히 선호한 종목은 대

---

2   자산주(Asset Stock)는 안정된 고수익 또는 성장성이 기대되는 주식으로 장기투자에 적합하다. 회사의 실적이 안정되어 있는 데다 배당률에도 별 변동이 없고 주가도 투기적인 움직임을 보이지 않는 주식이 자산주이다. 자산주에 대한 투자는 가격상승에 따른 시세차익보다 배당에 의한 수익 획득을 목적으로 하는 것이 일반적이다.

3   청산가치는 회사를 최단시간 내에 처분했을 때 회수할 수 있는 자산의 규모를 지칭하는 말로, 회사의 생산시설이나 부동산 등을 처분해 얻을 수 있는 가격을 말한다.

PBR이 낮은 자산주인 대성산업 주가 동향

284,000원(2007. 8.)

67,000원(1996. 10.)

16,000원(1993.)

대성산업 월봉 그래프(1992~2008)

성산업이었다.

1993년 대성산업의 주당순자산은 6만 2천 원이었는데, 이는 같은 해 상장기업 평균 주당순자산인 1만 4천 원에 비해 무려 3.8배나 높았다. 그러나 주가는 1만 6천 원에 머물러 있어 주가순자산비율은 0.26배에 불과했다(주가 16,000원 ÷ 주당순자산 62,000원 = 0.26배).

1993년에 1만 6천 원이던 대성산업 주가는 1996년 10월에 6만 7천 원을 찍고 하락 횡보한 후, 2007년 8월에 28만 4천 원까지 상승했다. 민병갈은 대성산업에 투자해 고객들에게 많은 수익을 남겨주었으며, 특히 IMF 금융위기 때도 큰 손해 없이 무사히 넘길 수 있게 했다.

그는 고객들에게 주가가 조금 올랐다고 쉽게 팔지 말라고 조언했고, 그의 말을 듣고 장기보유한 사람들은 모두 좋은 투자 성과를 거두었다. 민병갈은 평생 독신으로 살다 충남 태안군에 세계적으로 아름다운 '천리포 수목원'을 남기고 2002년에 81세의 나이로 생을 마쳤다.

40장

금융실명제 실시로
10월 위기설 부상

금융실명제 실시로 하락한 주가가
회복되는 데는 단 15일

1993년 8월 12일, 저녁식사를 마치고 9시 뉴스를 보던 한 투자자는 깜짝 놀랐다. '금융실명제'를 실시한다는 대통령 긴급명령이 발표된 것이다. 그동안에는 가명이나 차명으로도 금융거래가 가능했지만 이제부터 모든 금융거래는 실명으로만 할 수 있다고 했다.

금융실명제 실시에 대한 특별담화를 발표하는 김영삼 전 대통령

당시 국민들은 우리 주식에 투자된 자금 중 상당한 액수가 가·차명 계좌이고 불법적이고 부정한 돈도 많다는 이야기를 들었던 터라, 금융실명제를 실시하면 이런 자금이 일시에 해외나 지하자금으로 빠져나가서 주식시장이 폭락하고 우리 경제도 치명타를 입지 않을까 불안했다.

실제로 증권회사 객장에는 '10월 위기설'이 퍼졌고, 금융실명제 실시 이후 약 보름간 종합주가지수가 8.9%인 65포인트나 하락했다. 나중에 밝혀진 사실이지만 당시 가·차명 계좌의 비율은 시가총액의 2%인 6~7조 원 규모에 불과했다.

'10월 위기설'은 진정되었고, 9월 들어 외국인과 기관이 주식을 매수하면서 불안심리도 해소되었다. 금융실명제 실시 이전 주가로 회복되는 데는 15일밖에 소요되지 않았다.

예상외로 주가가 급반등하자 공포에 질려 투매에 동참한 일반 투자자들은 발을 동동 굴렀다. 하지만 이미 엎질러진 물을 다시 주워담을 수는 없었다. 마침 국내 경기도 상승기조로 전환되어 주가는 지속적으로 상승했고, 1993년에는 증시 사상 최초로 시가총액 100조 원을 넘는 기록을 세웠다. 이후 1994년 11월에는 종합주가지수가 1,145포인트까지 올랐는데, 이는 2년 2개월(1992년 9월~1994년 11월) 동안 저점 대비 무려 151%나 상승한 것이었다.

1979년 10·26 사태, 2001년 9·11 사태와 마찬가지로 1993년 금융실명제 실시라는 위기도 예외 없이 기회를 동반하고 찾아왔다. 위기 때 과감히 주식을 매수한 소수의 투자자들은 큰 수익을 거둘 수 있었다.

41장

증권거래법 200조 폐지와 자산주의 재조명
(만호제강 투자 사례)

적대적 M&A를 대비한 투자자들의 자산주 사냥

금융실명제 실시에 따른 불안심리가 진정되면서 1993년 9월부터 자산 주가 상승세를 타기 시작했다. 11월 국회에서 주식의 대량소유를 제한 하는 '증권거래법 200조'가 폐지될 것이라는 소문이 돌기 시작했다.

증권거래법 200조는 일반인의 주식 대량소유를 제한하고 경영자 의 권리를 보호한다는 의미가 담겨 있다. 그러나 이 제도가 폐지되면 적대적 M&A[4]가 쉬워지고, M&A의 기준은 기업의 청산가치가 될 것으 로 예견되었다. 이에 기업의 청산가치 기준은 바로 순자산 가치라는

---

4   적대적 M&A는 상대 기업의 동의 없이 강행하는 기업의 인수와 합병을 뜻하고, 통상 공개매수(Tender Offer)나 위임장 대결(Proxy Fight)의 형태로 진행된다. 방어책은 인수자의 매수자금에 부담을 주는 방법 과 재무적인 전략, 회사 정관을 이용한 전략 등이 있다.

논리로 눈치 빠른 투자자들이 자산주 사냥에 나섰던 것이다.

자산주의 으뜸은 단연 만호제강이었다. 만호제강은 부산에서 와이어로프와 섬유로프를 생산하는 회사로, 1993년 기준 주당순자산가치가 4만 7천 원에 달해 상장사 평균인 1만 4천 원에 비해 3.4배나 높았다.

1993년 상반기에 2만 원대에 있던 만호제강 주가는 1993년 9월 3만 원에서 출발해 23일간 연속 상한가를 기록하며 11월에 12만 원을 찍고 잠시 숨고르기에 들어간 뒤 1995년 4월 30만 3천 원에 이르러 저점 대비 15배나 올랐다.

저점 대비 15배나 오른 대표적인 자산주 만호제강 주가 동향

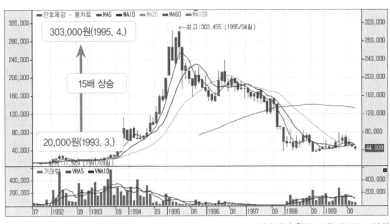

만호제강 월봉 그래프(1992~1999)

그러나 다수의 일반 투자자들은 자산주에 대한 개념이 없었기에 하릴없이 쳐다보기만 하다가 상승 막바지에 추종매수해 손해를 보았다.

만호제강에 이어 성창기업, 선창산업, 방림, 경남기업, 충남방적과 같은 자산주들도 상승 대열에 동참했다. 그중 성창기업은 1993년

9월 1만 6,400원에서 출발해 37일간 연속 상한가를 기록하고 두 달 만에 8만 1,500원까지 오르며 기염을 토했다.

성창기업 주봉 그래프(1993. 3.~1994. 12.)

지방에서 불기 시작한 자산주 바람

자산주 바람은 1993년 9월 들어 부산에서 불기 시작해 차츰 서울로 올라왔다. 부산이 자산주 바람의 진원지였던 이유는 만호제강, 성창기업 등이 부산에 위치해 있고, 부산지역 회계사 모임에서 본격적으로 종목이 발굴되었기 때문이다.

부산의 P공인회계사의 경우 상장기업들의 법인등기부등본을 발급받는 데 들인 수수료만 해도 당시 돈으로 200만 원이 넘었다고 한다. 법인등기부등본을 보면 기업이 보유한 부동산과 유가증권을 파악할 수 있어 기업의 자산가치 추정이 가능하다.

직접적인 원인은 아니지만 1993년에 부산 출신인 김영삼 대통령이 취임한 것도 부산지역 기업들이 중심이 된 자산주 바람이 일어난 것과 무관하지 않다.

그러나 '산이 높으면 골도 깊다'고 했다. 주가가 단기에 너무 많이 오른 만호제강의 경우, 주가순자산비율이 0.4배에서 6.5배로 높아져 버블이 극심했다. 자산가치에 비해 주가 상승이 지나쳤던 것이다. 결국 주가는 폭락했다.

1993년 11월 국회에서 통과된 '증권거래법 200조 폐지'의 시행시기가 4년 후인 1997년 4월 이후로 미뤄진 것도 주가 하락을 가져온 원인이 되었다.

42장

확대되는 투자 기준 PER와 PBR

진일보한 투자 기준 – 자산가치와 수익가치

PBR의 계산식을 들여다보면 다음과 같다.

PBR(주가순자산비율)　= 주가 ÷ 주당순자산
　　　　　　　　　= (주당순이익 ÷ 주당순자산) × (주가 ÷ 주당순이익)
　　　　　　　　　= 자기자본이익율 × 주가수익비율

　엄밀히 말해, 주가순자산비율은 기업의 자산가치뿐 아니라 수익가치에 대한 평가까지 포함하는 지표이다. 그래서 저PER(자산가치 포함)주에는 저PBR(수익가치 포함) 종목이 많이 포함되어 있다. 아래 표를 보면 PER와 PBR이 상관관계가 높다는 것을 알 수 있다. 1993년과 비교했을 때 1994년 지표가 크게 높은 것은 기업의 가치[5]에 비해 주가가 얼마나 단기 급등했는가를 보여준다.

자산주의 PER와 PBR

PER(배), PBR(배), 주가(원)

회사명	구분	1993년	1994년	주가 상승률
선창산업	PBR(최고/최저)	0.6/0.24	1.0/0.31	4.3배
	PER(최고/최저)	1.5/0.6	16.6/5.2	
	주가(최고/최저)	28,500/11,300	48,100/15,000	
만호제강	PBR(최고/최저)	0.76/0.34	4.3/1.4	13.9배
	PER(최고/최저)	10.5/4.6	282.6/90.6	
	주가(최고/최저)	33,900/15,000	208,000/66,700	
성창기업	PBR(최고/최저)	0.78/0.46	3.39/0.59	7.2배
	PER(최고/최저)	31.8/19.0	509.7/87.1	
	주가(최고/최저)	18,400/11,000	79,000/13,500	

당시 자산 중에는 부동산이 으뜸이었는데, 자산가치를 평가할 때 부동산의 장부가치보다 위치와 용도 등을 따지는 실질가치를 더욱 중시하기 시작해 장부상의 평가액보다 실제 가격이 몇 배 높은 회사들이 크게 각광을 받았다. 대표적인 예로, 방림의 경우 구로동 본사 부지가 아파트로 재개발된다는 소문만으로도 주가가 뛰었는데, 몇 년 후 실제로 본사가 이전하고 그 자리에 아파트가 들어섰다.

---

5   기업가치(Enterprise Value, EV)란 기업의 총 가치로, 기업 매수자가 매수 시 지급해야 하는 금액이다. 일반적으로 자산가치, 수익가치, 상대가치를 평가해 구한다. 자산가치는 기업이 현재 보유하고 있는 유·무형의 자산이 얼마인지에 의해, 수익가치는 해당 기업의 미래 수익에 의해 평가된다. 상대가치는 주식시장에서 거래되고 있는 비슷한 업종의 기업가치를 통해 간접적으로 비교해 보는 것이다.

우량 계열사 주식을 보유한 지주회사 인기

PER와 PBR의 투자 기준이 정립되고 자산주에 대한 인식이 확대됨에 따라 우량 계열사 주식을 보유한 지주회사도 관심의 대상이 되었다. 1990년대 초 대표적인 지주회사로는 삼성화재, 신세계, 제일제당이 있는데, 이 세 기업을 지주회사 3인방이라 불렀다. 이들 기업은 6개월이라는 짧은 기간에 평균 3배 상승하였다.

지주회사 3인방의 주가 상승률

회사명	1993년 9월 1일 주가	최고가	상승률
삼성화재	64,600원	305,000원(94. 2. 4.)	4.7배
신세계	28,100원	81,500원(94. 4. 29.)	2.9배
제일제당	25,100원	56,400원(94. 2. 4.)	2.2배

지주회사 중 대표주인 삼성화재 주가 동향

지주회사 3인방 중 선두주자인 삼성화재 주봉 그래프(1993~1994)

지주회사 3인방 외에 SBS 지분 30%를 보유한 태영건설과 데이콤 주식을 보유한 동양시멘트도 지주회사로 분류되어 주가가 상승했다.

특히 태영건설은 때마침 흘러나온 정부의 CATV업체 선정과 지방 민영방송국 허용설로 인해 1만 8천 원이던 주가가 단번에 8만 7천 원으로 급등했다. 정부 정책과 일치하는 테마가 얼마나 큰 위력을 발휘하는지 보여준 대표적인 사례이다.

지주회사인 태영건설 주가 동향

SBS 대주주라는 이유로 주가가 급등한 태영건설 주봉 그래프(1993~1994)

43장

투자 기준이 정립 안 돼
소외되는 개미투자자

외국인과 개인의 정반대 행보 – 삼성전자 투자 사례

1993년 10월 초, D증권사의 직원은 투자자에게 투자 조언을 했다. "외국인이 우리 시장을 주도하는 상황이 곧 올 것입니다. 그들은 우리나라 주식을 골고루 사는 것이 아니라 소수의 핵심주, 즉 블루칩[6]만 골라

---

6 재무구조가 건실하고 경기변동에 강한 대형 우량주. 비교적 고가(高價)이며 시장점유율이 높은 업종대표주이다. 블루칩의 기원은 카지노에서 사용하는 파란색 칩이 가장 고가인 데서 유래되었다는 설과 세계 금융의 중심지인 월가가 유명한 소[牛]시장이었던 시절 황소품평회에서 가장 좋은 품종으로 뽑힌 소에게 파란색 천을 둘러주었던 데서 유래했다는 설이 있다. 참고로 1990년대를 전후해 블루칩에 대항하는 말로 홍콩 주식투자자들이 만들어낸 레드칩(Red Chip)이란 용어도 있다. 레드칩은 원래 홍콩 증권시장에 상장된 중국 기업들의 주식을 통칭하는 말이었으나, 지금은 중국 정부와 국영기업이 최대주주로 참여해 홍콩에 설립한 우량기업의 주식을 가리키는 용어로 쓰인다. 우리나라에서는 남북한 경협주를 비롯한 북방 관련 주식을 레드칩으로 부르기도 한다.

집중적으로 매수할 겁니다. 이제 수익을 내려면 삼성전자, 포항제철(현 포스코), LG화학, SK텔레콤, 삼성전관(현 삼성SDI) 같은 우리나라 대표 우량종목에 투자해야 합니다."

그 말이 맞다고 생각한 투자자는 곧바로 보유주식을 모두 처분한 뒤 일반인들은 가격이 높아 엄두도 내지 못하던 삼성전자 주식을 4만 2천 원에 300주(금액으로 12,600,000원) 매수했다.

객장에서 알게 된 다른 투자자들에게도 단 10주만이라도 삼성전자 주식을 사보라고 권유했지만, 그들은 4만 원이 넘는 고가의 삼성전자 주식을 사면 바로 상투가 될 것이라며 겁을 먹었다. 최근에 저PER 주와 자산주 바람이 일 때 외국인과 기관을 좇아 막판에 매수에 나섰다가 상투를 잡아 손해를 본 일을 생생하게 기억하고 있었기에 더욱 그랬다.

한국의 대표적 블루칩인 삼성전자 주가 동향

삼성전자 월봉 그래프(1993. 1.~2013. 3.)

삼성전자 주가는 외국인이 지속적으로 매수하고 기관의 추종매수까지 더해져 꾸준히 상승했다. D증권 직원에게 조언을 들었던 투자자는 1994년 3월 삼성전자 주식을 6만 원에 매도해 42% 수익을 실현했지만, 삼성전자 주식은 1994년 9월 12만 2천 원, 1995년 10월 17만 4천 원까지 상승했다. 장기보유했다면 더 큰 수익을 낼 수 있었을 것이다(참고로 삼성전자 주가는 2011년 1월에 100만 원 시대를 열었고, 이어 2014년 6월에는 149만 5천 원을 돌파하였다).

특정 블루칩만 집중 매수한 '피스톨 박'

한편, 외국인을 추종해 블루칩을 매수하던 기관들은 자사가 운용하는 펀드의 수익률을 높이기 위해 특정 블루칩을 집중 매수하는 경향이 나타났다. 당시 제일은행 신탁운용부에서 주식운용을 책임지던 피스톨 박은 한때 증권시장에서 명성이 자자했던 인물이다.

피스톨 박이란 별명은 제일은행 박 차장이 특정 블루칩을 선정해 무차별 매수한다고 해서 붙여진 것으로, 5·16군사정변 이래 10년 가까이 박정희 대통령 경호실장으로 재직했던 박종규의 별명을 흉내 낸 것이다(박종규 경호실장이 피스톨 박으로 불리게 된 이유는 단순히 총을 좋아해서만이 아니라 늘 총을 차고 다니면서 마음에 들지 않은 사람을 만나면 권총을 겨누는 행동을 해서이기도 하다). 피스톨 박이 무슨 종목을 사느냐에 따라 시황이 달라질 정도였고, 그가 매수한 종목을 따라 사면 기관이 종가에 받쳐주기 때문에 이익을 볼 때가 많았다.

당시에는 기관을 '연못에 들어간 고래'와 같다고 했다. 외국인과 기관이 주식을 골고루 매수하지 않고 특정 종목을 편식하는 현상을 꼬집은 말이다. 기관의 편식매매 때문에 지수만 상승하고 일반인이 선호하는 주식은 오히려 하락했다.

1992년 10월 이후 외국인이 블루칩을 1조 원 넘게 매수하자 기관투자가도 추종매수했고, 1993년 10월부터 대형 블루칩이 본격 상승했다.

삼성전자, 포스코, 현대차, SK텔레콤, 국민은행, 삼성화재 등이 주가 상승을 주도했고, LG전자, 삼성SDI, 대우조선, 현대건설, 신한지주 등은 블루칩에는 못 미치는 옐로칩[7]이었지만 덩달아 주가가 상승했다. 대형주의 상승으로 1994년 11월에는 종합주가지수도 1,145포인트에 이르러 1989년에 이어 두 번째로 1,000포인트를 돌파했다.

그러나 소수의 대형 블루칩만 상승해 종합주가지수만 잔뜩 올라갔을 뿐 대부분의 종목은 오히려 떨어졌다. 일반 투자자들은 기업가치에 대한 개념도 없고, 블루칩은 가격이 너무 높아 매수할 엄두도 내지 못했기 때문에 지수 상승에서 소외된 저가주만 선호할 수밖에 없었다.

---

7   중저가 우량주인 옐로칩(Yellow Chip)은 블루칩에 비해 가격이 낮고 업종 내 위상도 블루칩에 못 미치는 종목군으로, 블루칩보다는 시가총액이 작지만 재무구조가 안정적이고 업종을 대표하는 우량 종목들로 구성된다. 대기업의 중가권 주식, 경기변동에 민감한 업종대표주, 그리고 중견기업의 지주회사 주식 등이 이에 해당한다. 옐로칩은 블루칩에 비해 주가가 낮기 때문에 가격 부담이 적고 유동물량이 많아 실적장세 때 블루칩의 뒤를 잇는 주도주로 등장하는 경우가 있다.

44장

1990년대 전반 시장을 이끈 주도주
(저PER → 저PBR → 블루칩)

시장을 이끄는 주도주의 특징, 우량주!

1990년대는 가치투자의 등장과 함께 다양한 투자 기준이 차례로 시장을 주도하던 시기였다. 1992년에는 저PER 종목이, 1993년은 자산주가 시장을 주도했다면, 1994년엔 블루칩이 주도주로 등장했다.

저PER 종목, 저PBR 종목, 블루칩 종목이 차례로 주도주로 등장한 데는 그만한 이유가 있다. 공통점은 모두 우량주라는 것이다. 우선 저PER 종목은 외국인이 한국증시에 발을 들여놓을 때 본인들이 평소에 종목을 고르던 기준을 한국증시에 그대로 적용한 것이다. 기관투자가는 늦게라도 외국인 기준에 따라 저PER 종목을 매수해 적은 수익이나마 올렸지만 개인투자자는 고점에서 소수만이 동참할 수 있었다.

그러나 자산주인 저PBR 종목은 외국인이 아니라 국내 토종 개인투

1991~2000년

221

코스피 월봉 그래프(1991~1999)

자자가 개발했다는 점에서 저PER 종목과 다르다. 직접 자산주를 찾아
내 집중 투자하여 재미를 본 개인투자자가 많았다.

　외국인이 블루칩을 매수한 이유는 두 가지이다. 업종을 대표하는
저PER 종목이라는 점과 대형주라서 물량이 많아 사고팔기가 쉽다는
것이다.

포스코 주봉 그래프(1993. 5.~1995. 3.)

45장

작전주, 개미의 눈에 피눈물을 내다
(대영포장, 선도전기, 대경기계)

기업의 가치와 상관없이 개발 '재료'만으로 주가를 띄우는 작전세력

1994년 7월 어느 날, 한 투자자가 D증권 강남지점에서 대영포장 주식을 추천받았다.

"대영포장에 무슨 좋은 재료가 있나요?"

"이 회사가 무공해 포장박스를 개발했는데, 향후 그 수요가 엄청나다고 합니다. 더 중요한 것은 회사 임원들도 주가가 오를 것으로 예상하고 몰래 주식을 사 모으고 있다는 정보가 있습니다."

투자자는 즉시 대영포장 주식을 1만 2천 원에 매수해 9월까지 가지고 있다가 2만 4천 원에 매도했다. 3개월 만에 100% 수익을 낸 것이다. 그후에도 대영포장은 꾸준히 올라 1994년 12월 말에 8만 5,900원이 되었다. 증권사 객장에서는 100만 원을 넘길 것이라는 이야기도 돌았다.

그러나 6개월 후에는 고점 대비 3분의 1 수준인 2만 원 이하로 급락했다. 무공해 포장재 개발은 작전세력이 주가를 띄우기 위해 만들어낸 거짓 재료였던 것이다.

작전종목인 대영포장 주가 동향

6개월 만에 24.5배라는 경이로운 상승을 보인 대영포장 주봉 그래프(1993. 7.~1995. 6.)

1996년부터 상승하기 시작한 선도전기 주가도 기관의 펀드매니저와 개인세력이 연합한 작전이었다. 수배전반(발전소로부터 전력을 받아 나눠주는 전력시스템) 등 전기변환장치를 한전에 납품하는 이 회사의 주가는 '고압 프라즈마 공법에 의한 자동차 매연저감 장치'를 개발했다는 재료를 등에 업고 1995년 10월 1만 2천 원이던 주가가 1997년 5월 21만 5천 원까지 올라 무려 18배나 상승했다. 상투를 친 주가는 같은 해 9월 4만 6천 원으로 급락했다.

기관투자가와 개인세력이 합작한 작전주 선도전기 주가 동향

제품개발 호재로 장기간 상승한 선도전기 주봉 그래프(1995. 9.~1997. 7.)

환경관련주 중 대경기계는 오폐수처리 장비를 개발했다는 재료로 1996년 7월 1만 원에서 1997년 5월 12만 9천 원까지 상승했다. 그리고 가파른 상승 속도만큼이나 가파르게 하락해 6개월 만에 제자리로 돌아와 일반 투자자에게 흥분과 좌절을 연이어 안겨주었다.

환경관련주로 급등한 대경기계 주가 동향

일반 투자자에게 흥분과 좌절을 동시에 안겨준 대경기계 주봉 그래프(1996. 2.~1997.)

국내 제일의 건전지 생산업체인 로케트전기는 휴대폰 사용이 본격화되자 앞으로 건전지 수요가 폭증할 것이라는 재료로 작전의 대상이 되었다. 로케트전기 주가는 1994년 3월 1만 2천 원에서 7개월 만에 무려 6배가 뛴 7만 3천 원으로 상승했다.

로케트처럼 시세가 분출한 로케트전기 주가 동향

로케트전기 주봉 그래프(1994. 8.~1995. 7.)

거래소는 2014년 4월, 2013년 감사보고서상 감사의견 거절을 이유로 로케트전기를 상장폐지 예정 기업으로 발표했다. 68년의 역사를 자랑하던 건전지 제조업체인 로케트전기는 2차전지 개발경쟁에서 탈락하고 자본잠식이 73%에 이르게 되어 2014년 6월 2일 기업회생 절차에 들어갔다. 마지막 거래일인 2014년 3월 20일 주가는 259원이었다.

기업의 가치와 무관하게 인위적으로 끌어올린 주가는 원래 수준으로 떨어지는 데 그리 오래 걸리지 않았다.

46장

M&A는 주가 급등락의
중요 재료

경영권 사수를 위한 지분경쟁이 주가 급등 유발
– 미도파 사례

1996년 후반기부터 1997년 전반기까지 증권시장은 적대적 M&A로 뜨거웠다. 특히 미도파의 적대적 M&A가 가장 크게 부각되었다.

1997년 1월 말, 미도파 주식을 대량 확보한 동방페레그린증권(이하 동페)이 "국내 세력과 연합해 미도파의 경영권을 획득하겠다"며 미도파를 적대적 M&A 대상으로 삼겠다는 의사를 밝혔다.

미도파는 대농그룹 계열사 대부분을 지배하는 지주회사로, 미도파를 인수하면 자산 규모 34위인 대농그룹도 통째로 굴러들어오는 상황이었다.

대농그룹은 경영권을 사수하기 위해 자사 주식을 매수해 지분율을 높이는 작전으로 맞섰다. 팽팽한 적대적 M&A 분쟁에 성원그룹이 끼어들었다. 성원은 처음에는 동폐 편에 섰다가 나중에 대농 쪽으로 돌아섰다.

성원은 미도파 지분 9.67%를 주당 2만 2,700원에 매수해 2개월 뒤 대농에 주당 4만 2천 원에 팔아 340억 원의 차익을 챙겼다.

지분경쟁은 곧바로 주가 급등으로 이어졌다. M&A 소문이 퍼지자 이에 편승하려는 투자자들이 많았다. 1996년 3월 1만 2,300원이던 미도파 주가는 M&A 분쟁이 발생한 시점인 1997년 1월 1만 6,300원으로 올랐다. 그리고 M&A 분쟁이 한창이던 3월에는 두 달 만에 3배나 올라 4만 7천 원까지 급등했다.

주가 급등의 원인이 경영권 분쟁에 있음을 아는 소수의 투자자들은 추가 물량을 확보하기 위해 안달이었지만 하루가 다르게 주가가 치

적대적 M&A 대상이던 미도파 주가 동향

롯데미도파(004010) 주봉 그래프(1996~1997)

솟아 매수가 쉽지 않았다. 그러나 자세한 내막을 알지 못하는 대부분의 투자자들은 주가가 급등하는 이유를 이해하지 못했다.

대농은 1천억 원의 단기자금을 차입해 동페의 적대적 M&A 시도를 막아내고 경영권을 지켰지만 1997년 5월 무리한 단기차입과 경영악화로 결국 그룹이 해체되었다. 적대적 M&A를 시도한 동페도 대농과 같은 운명을 밟았다. 피 튀긴 싸움을 벌인 쌍방 모두가 몰락하여 증시에서 사라지고 만 것이다. 다만 적대적 M&A 대상이던 미도파는 롯데그룹으로 주인이 바뀌어 롯데미도파(004010)로 남아 있다가 결국 롯데쇼핑과 합병되어 2013년 1월 22일자로 거래소에서 상장폐지되었다.

미도파 이외에도 적대적 M&A는 많았다. 1996년 12월에 한화종합금융(상장폐지됨)을 놓고 제2대 주주인 박의송 우풍상호신용금고 회장과 한화그룹 사이에 경영권 분쟁이 벌어졌다. 또 동부그룹이 한농을 인수할 때와 신원그룹이 제일물산을 인수할 때도 경영권 분쟁이 일어났으며 그때마다 관련 주가는 요동을 쳤다.

2003년 10월에는 현대엘리베이터를 두고 현대그룹과 KCC 사이에 경영권 분쟁이 표면화되었다. 당시 현대엘리베이터 주가는 9일 만에 3만 3천 원에서 9만 9천 원으로 올라 3배 급등했다.

M&A로 급등한 주가는 재료가 소멸되면 곧바로 제자리로 돌아오는 것이 특징이다.

47장

작전주에 울고 웃는 투자자들

작전성 개별종목의 급등락, 그 원인은?

대영포장, 선도전기 이외에도 1994년 말부터 1997년까지 개별종목들
이 화려하게 꽃을 피웠다. 연도별 대표종목은 다음과 같다.

연도	회사명	저점(원)	고점(원)	상승률(배)
1995	우성타이어(현 넥센타이어)	20,800	81,500	4
	세풍(현 페이퍼코리아)	26,700	91,700	3.4
1996	삼표제작소(유리이에스)	8,500	82,000	9.8
1997	세우포리머(현 세우글로벌)	5,800	51,800	9
	광동제약	10,600	80,000	6.5
	봉신	10,500	67,000	6.7
1998	미래와사람(현 윌비스)	4,070	35,000	8.5

▶ 삼표제작소(유리이에스): 2009년 4월 15일 상장폐지, 봉신: 2011년 4월 15일 상장폐지

이 중에서 미래와사람은 대주주가 의도적으로 주가를 띄운 대표적인 경우이다. 의류수출업체인 군자산업을 인수한 대주주 K씨는 회사 이름을 '미래와사람'으로 바꾼 뒤 '냉각캔'을 발명했다고 발표했다. 이 소식에 주가는 1998년 1월 3일 4,070원에서 2월 27일 3만 5천 원으로 두 달도 되지 않아 8.5배나 급상승했다. 그러나 '냉각캔'은 주가를 띄우기 위해 조작된 재료인 것으로 밝혀졌다.

작전성 개별종목의 급등락은 늘 있었다. 그러나 1995년에서 1997년 사이에 유독 작전종목이 많았다. 더군다나 1996년에 231억 원의 대규모 경상수지 적자를 내면서 상장기업의 경영실적이 악화일로로 들어서고 경제상황도 좋지 못했다.

당시는 종합주가지수가 1,145포인트를 찍고 IMF 금융위기를 맞아 277포인트까지 추세적으로 하락하던 기간이었다. 시장이 좋지 않을수록 투기에 대한 유혹은 오히려 높아진다. 시장상황이 나빠도 영업을 해야 하는 증권회사 직원이나 회사 경영 대신 시세차익으로 한탕하려는 대주주 및 임직원, 그리고 사리사욕에 눈이 어두워진 일부 펀드매니저 등이 합세해 그럴듯한 재료를 가지고 있는 중소형주를 대상으로 주가를 띄우는 작전을 펼치기 때문이다.

자금도 적고 정보와 지식도 부족한 일반 대중은 대박 종목을 쫓아갈 수밖에 없다. 기업의 가치는 별로 중요하지 않고 '시세는 시세에게 물어보라', '꿩 잡는 것이 매다', '기업실적을 따져 투자한다고 이익을 보는 사람은 없다'와 같은 황당한 말이 투자 원리인 것처럼 통하던 시기였다.

그러나 시세분출을 일으킨 재료들 대부분이 기업실적과 무관해서 주가는 상승 속도와 맞먹는 속도로 급락했다. 문제는 주가가 고공행진을 계속하는 것을 확인하고 일반 투자자들이 뒤늦게 뛰어들 때는 작전 세력은 이미 빠져나올 시점을 노리는 때라는 것이다.

저PER 주, 자산주, 블루칩 등 가치주에 투자한 사람들은 매수시점이 잘못되어 고점에 매수하더라도 장기투자하면 매수가격 이상으로 상승해 결국은 수익을 낼 수 있다. 그러나 작전성 개별종목에 투자한 투자자들은 장기투자를 하면 할수록 손실의 폭이 커지게 되고 끝내 상장폐지되면 투자한 주식은 휴지가 된다.

주가가 비이성적으로 급등하면 증권거래소가 주가 심리(審理)를 한다. 심리 결과 주가를 조작한 혐의가 보이면 감독원과 검찰이 조사를 해 혐의가 확인되면 관련자들은 처벌을 받는다. 그러나 그러한 절차는 언제나 작전이 종료되고 일반 투자자들이 모두 피해를 본 뒤에 이루어진다.

48장

IMF 외환위기로 코스피 폭락

대기업 부도와 외국인 매도 행렬로 주가 폭락, IMF 외환위기

1997년 12월, 우리 경제는 건국 이래 최대의 위기를 맞게 되었다. 연초 한보철강의 부도를 시작으로 삼미, 진로, 대농, 기아가 도미노처럼 차례로 부도를 내고 무너졌다. 차입에 의존해 몸집 불리기에 여념이 없던 대기업이 단기차입금을 상환하지 못해 부도를 낸 것이다. 연말이 가까워지자 매일 수십 개의 회사들이 문을 닫았다.

발 빠른 외국인들은 보유주식을 매도한 뒤 한국을 떠나고, 기관투자가들은 앞다투어 주식 비중을 낮추었다. 1997년 10월 미국의 모건스탠리증권은 "아시아에서 투자자금을 회수하라"고 충고했고, 홍콩의 동방페레그린증권도 "지금 당장 한국을 탈출하라"며 위기를 부추겼다.

개인투자자들은 거의 패닉 상태에 빠졌다. 단기반등을 노리고 신용으로 주식을 매수한 투자자들은 보유주식을 매도하고 나면 깡통계좌가 되어 팔 수조차 없었다.

구제금융 협상 타결을 발표하는 미셸 캉드시 IMF 총재 (1997년 12월 3일)

투자 손실은 외국인도 예외가 아니었다. 50% 주가 하락에다 환율 급등(2배)까지 겹쳐 이중으로 손실이 났다.

1994년 11월 1,145포인트를 기록한 종합주가지수는 1997년 6월 745포인트로 하락했고, 정부의 수차례에 걸친 증시부양책에도 불구하고 12월에는 340포인트까지 추락했다.

속수무책이던 정부는 1997년 12월 3일 IMF로부터 긴급 유동성자금 210억 달러를 지원받았고 한국은 IMF 관리체제에 들어가게 되었다. 국민들은 2년 전인 1995년, 국민소득 1만 달러를 돌파하고 당당하게 OECD 회원국이 된 것이 거짓말같이 느껴졌다.

IMF가 요구한 금리 & 환율 자율화의 후폭풍

상장기업들이 하나둘 부도를 내고 쓰러지자 부실채권 규모가 눈덩이처럼 커져 금융주가 비틀거리기 시작했다. 해외 단기자금을 차입해 재벌의 단기자금 조달 창구 역할을 하며 재미를 보던 투자금융과 종금사가 가장 먼저 타격을 받고 쓰러졌다. 불안해진 고객들이 종금사로 몰려가 예금인출을 요구하자 정부는 종금사 문을 닫아버렸다.

예금인출 사태는 투신사에 이어 증권사로까지 걷잡을 수 없이 번져갔다. 업계 8위인 고려증권이 회사채 지급보증으로 자금난에 봉착해 부도를 내자 그 여파가 업계 3위인 동서증권에까지 미쳤다. 동서증권은 우량 증권회사임에도 불구하고 대주주인 극동건설이 매각을 발표하자, 불안해하던 고객들이 앞다투어 예탁금과 보유주식의 출금을 요구했다. 무더기 출금 사태로 동서증권이 1997년 12월 12일 문을 닫자 금융불안은 극에 달했다.

IMF는 긴급자금을 지원해 주는 대신 가혹한 요구조건을 내걸었다 (이 점에 대해서는 2008년 유럽 금융위기 때 서구에 제시한 요구조건에 비해 과도했다는 외국 전문가들의 비판이 있었다). IMF의 요구에 따라 우리 정부는 제일 먼저 환율과 금리 자율화 조치를 취했다. 외국인 주식투자 한도도 철폐했다. 그러자 800~900원 선에 있던 원/달러 환율이 1998년 1월에 2배 이상 급등한 2,000원이 되었고, 시장 실세금리도 30%에 이르러 금융시장은 마비상태에 빠졌다. 극심한 불황기에 30%에 가까운 높은 금리의 자금을 차입하여 이익을 낼 수 있는 기업은 없었다. 설상가상으로, 한계기업들은 아무리 높은 금리로라도 돈을 빌릴 수조차 없었다.

공황심리는 한동안 진정되지 않고 급기야 1998년 6월에 종합주가지수가 최저점인 277포인트까지 폭락했다. 당시 쌍용증권(현 신한금융투자)의 이코노미스트로 근무하던 스티브 마빈은《한국에 제2의 위기가 다가오고 있다》(1998년)라는 저서에서 "한국증시에 희망이 없다"라고 단언하면서 지수가 200포인트 아래로 떨어질 것이라고 예단하여 불난 집에 부채질을 하였다.

IMF 관리체제를 전후한 코스피지수

IMF 전후 코스피 월봉 그래프(1994. 11.~2003. 3.)

금융시장 마비로 블루칩과 은행주도 속수무책

우리나라 간판 블루칩인 삼성전자, 포스코 등의 주가도 4만 원 아래로 추락했고 은행주를 비롯한 여타 종목들은 액면가 이하로 속락했다.

업종별로는 은행업종의 하락폭이 제일 컸다. 1995년 말 550이던 은행업종지수는 1996년 한 해 동안 36% 하락했고, 1997년 말에는 180으로 급락했으며, 1998년 9월 들어 급기야 61포인트까지 추락했다. 우리나라 대표 시중은행이던 제일, 조흥, 상업, 한일, 서울 등 '빅5' 은행은 부실로 인해 공적자금을 지원받고 합병 또는 매각의 수순을 밟았다.

우량은행으로 손꼽히던 제일은행은 1조 5천억 원의 공적자금을 수혈받았고 대규모 예금인출 사태를 겪었다. 결국 직원 1만 명 중 4천 명이 명예퇴직으로 직장을 잃었고 지금은 외국계인 SC그룹으로 넘어가

SC은행으로 바뀌었다.

시중은행보다 주가가 더 높았던 경기, 대동, 동화, 동남 등 지방은행들은 증권시장에서 퇴출되어 사라졌다. 상대적으로 안전하다고 생각해서 은행주를 장기보유한 투자자들은 수차례에 걸친 감자와 합병, 퇴출로 휴지조각을 들고 있는 꼴이 되고 말았다.

1988년 증권거래소 760개 상장종목 중에서 11개 증권회사를 포함한 35개 회사가 퇴출되었고, 133개 회사는 관리종목에 편입되었다. IMF 금융위기로 상장기업 중 20%가 사망 또는 중상을 당한 셈이다. 대중들이 선호했던 은행주와 증권주의 하락폭이 컸기 때문에 피부로 느끼는 피해는 더욱 극심했다.

제2금융기관의 피해는 더욱 심했다. 인가취소, 파산, 합병 등으로 간판을 내리게 된 제2금융기관은 30개 종금사 중 29개, 36개 증권사 중 11개, 30개 투신사 중 7개로 모두 47개에 달했다.

49장

위기이자 기회인 IMF 위기
(외국인 큰손과 슈퍼개미 등장)

IMF 외환위기를 부른 원인은
외환보유고 감소와 경직된 환율정책

IMF 외환위기는 왜 일어났을까? 수익 위주가 아닌 외형 위주의 경영, 외부 차입금에 의존한 무분별한 문어발식 기업확장, 과도한 단기외채, 정부의 경직된 환율정책, 동남아 금융위기 등 여러 요인이 복합적으로 작용한 것으로 볼 수 있다. 1996년 말 기준 상장기업의 평균 부채비율은 400%를 넘었으며 1,000%를 초과한 그룹도 있었다. 그러나 가장 직접적인 요인은 경상수지 적자에 따른 외환보유고 감소와 경직된 환율정책이다.

IMF 외환위기가 도래하기 전 5년 동안 우리 경제는 경상수지 적자를 면치 못하고 있었다. 특히 1996년에는 230억 원이라는 막대한 경상

수지 적자를 기록했다. 불경기에도 원화가치는 떨어지지 않고 고평가
되어 있었기 때문이다.

원화가치 고평가는 결과적으로 국제경쟁력을 약화시켜 경상수지
적자를 가져왔고, 이는 곧 외환보유고 감소로 이어졌다. 결국 고환율
이 계속되면서 IMF 외환위기가 발생한 것이다.

이는 IMF 외환위기가 지나간 1998년 이후 800~900원이던 환율이
1,300~1,600원이 되자 기업의 채산성이 높아져, 4년 연속 적자를 내던
경상수지가 1998년 403억 달러의 대규모 흑자를 낸 것을 봐도 알 수
있다. 삼성전자는 IMF 외환위기 직후인 1999년 당기순이익이 전년도
에 비해 무려 9배나 증가했다.

금모으기 운동, 나라를 살리고 증시도 구했다

외환위기는 외환보유고 부족이 원인이기 때문에 부족한 외환을 채워
넣는 것만이 유일한 해결책이었다. 1998년 초, IMF 외환위기라는 국가
적인 재난상황을 맞아 전국적으로 금모으기 운동이 벌어졌다. 금을 팔
아 미국 달러(외환)를 사면 외환보유고가 늘어날 것이라는 생각에 국
민들이 자발적으로 벌인 운동이었다. 장롱 속 결혼반지, 돌반지 등이
쏟아져 나왔고, 고 김수환 추기경은 취임 때 받은 금십자가를 내놓았
으며, 올림픽 금메달을 내놓은 운동선수도 있었다. 90년 전 나라의 주
권을 지키려고 시작된 국채보상운동(1907년)이 다시 재현된 것 같았다.

금모으기 운동은 외환위기를 벗어나기 위해 노력하는 한국인의 의

지를 세계 각국에 과시한 사건이었다. 그렇게 모인 금은 총 225톤(약 21억 7천만 달러)에 이르렀다. 1998년 2월 한 달 동안의 32억 달러의 무역흑자 가운데 10억 5천만 달러가 금수출에 의한 것이었다.

이러한 눈물겨운 노력에 힘입어 1997년 12월 38억 달러에 불과했던 한국의 외환보유고는 2012년 9월 말 3,220억 달러로 크게 증가해 세계 7위의 외환보유국이 되었다.

금융기관 부실채권 정리, 기업 재무구조 개선으로 주식시장 안정화

IMF 외환위기 이후 정부는 155조 원의 공적자금을 조성해 금융기관의 부실채권을 정리하고 자본을 확충했다. 기업의 재무구조를 개선하고 경영의 투명성을 높이는 데에도 힘을 기울였다. 그 결과 1998년 8월을 기점으로 주식시장은 추가 하락을 멈추고 점차 안정되어 갔다.

IMF 양해각서에 따라 투자한도가 완전히 철폐된 외국인은 초토화된 한국증시에서 우량주를 주워담기 시작했다. 선진국의 금융전문가들은 특정 국가가 위기에 빠져 있을 때가 주식을 가장 값싸게 살 수 있는 때라는 것을 경험으로 알고 있었던 것이다.

그러나 외환위기를 처음 경험한 우리나라의 정부관료나 기관투자가, 그리고 개인투자자들은 대부분 그러한 사실을 알지 못했다. 소수이긴 하지만 위기가 기회임을 알고 과감하게 주식에 투자한 사람들은 부자 반열에 올라 인생을 역전시키기도 했다.

위기가 곧 기회

IMF 외환위기가 진정되어 가던 1998년 10월에 서예진은 대신증권 주식을 주당 3,100원에 3천 주 매수하였다. 총액으로 930만 원이지만 신용으로 매수하였기 때문에 본인 돈은 372만 원(930만원 × 신용보증금률 40%)만 들어갔다.

주문을 내는 그녀의 손이 떨렸다. 증권회사, 투자금융, 시중은행 들이 줄줄이 부도가 나거나 통폐합되는 것을 지켜본 터라 대부분의 투자자들이 그러하듯이 아직 공포감에서 완전히 벗어나지 못하고 있었기 때문이다. 그러나 4년 전 1994년에 대신증권 주식을 1만 8천 원에 매매한 기억이 있는 그녀는 '모든 사람이 공포에 질려 있을 때가 가장 주식을 사기 좋은 때'라는 것을 경험으로 알고 있었다.

대신증권은 1994년 1월 2만 100원이던 주가가 지속적으로 하락해 IMF 외환위기 때인 1998년 5월에는 1,250원까지 하락했다. 그러나 그해 8월부터 상승으로 접어들어 1년 6개월 동안 오르더니 다음 해인 1999년 11월에는 2만 6,500원이 되었다. 1년 6개월 만에 21배 상승해 '골이 깊으면 산이 높다'는 것을 증명해 주었다.

증권주뿐 아니라 은행주, 우량 제조주 등 전 종목에 걸쳐 주가가 상승했다. 코스피지수도 1998년 6월 저점인 277포인트에서 2000년 1월에 1,060포인트가 되어 1년 6개월 동안 무려 282% 상승했다.

서예진은 매수한 지 3개월 후인 1998년 12월에 대신증권 주식을 주당 2만 원에 매도해, 매도금액 6천만 원에서 3개월 신용이자와 매매수수료를 제외하고 대략 5,600만원의 순익을 거두어 투자금액의 15배

IMF 전후의 대신증권 주가 동향

IMF를 전후해 급락과 급등을 보인 대신증권 월봉 그래프(1993~2001)

라는 경이적인 수익을 실현하였다.

50장

코스닥 광풍의 주역!
한글과컴퓨터, 골드뱅크

1년 동안 147배 상승한 한글과컴퓨터

포항제철(현 포스코) 주식을 보유하고 있던 한 투자자는 짜증이 났다. 코스닥[8] 종목은 거의 매일 급등하는데, 1999년 7월 15만 원에 매수한

---

[8] 코스닥(KOSDAQ)은 우리나라 중소기업의 직접금융 조달수단으로서 주식 장외거래를 활성화시키기 위해 1996년 5월에 설립된 매매중개회사이다. 증권협회의 자회사 형태로 자동매매 체결 시스템을 구축하여 1996년 7월부터 영업을 개시하였다. 이후 2005년 1월 한국증권선물거래소법에 따라 한국증권거래소와 코스닥, 한국선물거래소, 코스닥위원회가 합병된 한국증권선물거래소(통합거래소)가 출범하면서 한국거래소 코스닥시장본부로 편입되었다. 장내시장에 편입됨에 따라 등록이라는 표현 대신 유가증권시장과 마찬가지로 상장이라고 한다. 보통 옛 거래소시장에 해당되는 유가증권시장을 통합거래소 상위시장, 코스닥시장을 하위시장이라고 부른다. 유가증권시장보다는 상장 기준이 완화된 편이어서 중소기업이나 벤처기업이 많은 것이 특징이다. 참고로, 코스닥지수는 1996년 7월 1일 지수 100으로 출발했으나 2003년 12월 지수가 45까지 하락했다. 코스피지수와 차이가 너무 많이 나자 2004년 1월 코스닥지수 단위를 종전 100에서 1,000으로 변경했다.

포항제철 주식은 석 달이 지난 10월에도 오를 기미를 보이지 않고 매수가격에 맴돌고 있었기 때문이다. 각종 매체들은 코스닥시장의 급등 소식을 전하느라 바빴다.

우량주를 장기보유할 계획이던 그는 이제 시대흐름에 과감히 따라야겠다고 판단하고 증권사 직원에게 전화를 걸었다. 증권사 직원은 "지금은 코스닥 벤처기업이 시장을 주도하고 있으니 포항제철을 매도하고 한글과컴퓨터를 매수해 보세요"라고 권유했다.

1998년 말 정부는 전국민 PC 보급을 위해 '사이버 21 정책'을 시행했다. 한글과컴퓨터는 수십만 대의 PC에 깔릴 소프트웨어 업체로 이 정책의 수혜자로 떠올랐다. 1월에 400원이던 주가가 이미 5천 원 가까이 올라 있었고, 그날도 상한가를 기록하고 있었다. 그러나 단기에 급등한 종목인 만큼 잘못하면 급락할 가능성도 있었다.

한글과컴퓨터 주가 동향

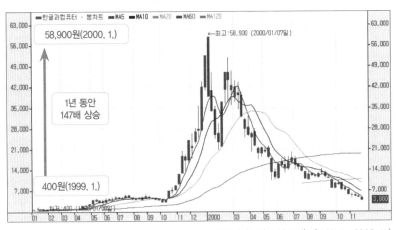

한글과컴퓨터 주봉 그래프(1999. 1.~2000. 11.)

한글과컴퓨터는 1999년 11월 15일 1만 2,600원으로 급상승했다. 그 이후로도 계속 올라 2000년 1월이 되자 5만 8,900원에 이르렀다.

그러나 한글과컴퓨터에서 수익을 낸 것이 그에게는 오히려 독이 되었다. 한글과컴퓨터 매매로 자신감을 얻은 그는 2000년 1월 새롬 주식에 투자했고, 그 결과는 참혹했다. 투자금액의 70%를 날리고 만 것이다.

코스닥 광풍을 선도한 골드뱅크

"회사이름이 왜 하필 골드뱅크입니까? 뱅크는 은행이란 뜻인데, 은행 명칭은 아무 회사나 붙일 수 없는 것을 모릅니까?"

검찰관의 물음에 골드뱅크 사장이 기다렸다는 듯이 대답했다.

"그럼 오일뱅크도 은행입니까?"

1999년 5월 골드뱅크 주가가 비이성적으로 급등하자 주가조작 혐의로 조사를 받게 된 골드뱅크 사장과 검찰 사이에 오고간 대화이다.

골드뱅크는 1998년 10월 코스닥에 상장될 때 500원에서 출발했으나 다음 해 2월 초에 4,500원으로 상승했다. 그리고 4월 말부터 연일 급등해 5월 28일 저점 대비 무려 55배나 상승한 2만 7,450원이 되어 증시 사상 처음으로 가장 큰 단기급등을 이루었다.

이 회사의 주가 상승 재료는 '인터넷을 보면 돈을 줍니다'라는 광고였다. 골드뱅크 홈페이지에 게재된 광고를 클릭하면 일정 금액을 적립해서 회원들에게 돌려준다(Pay-back program)는 지금까지 보지 못했던

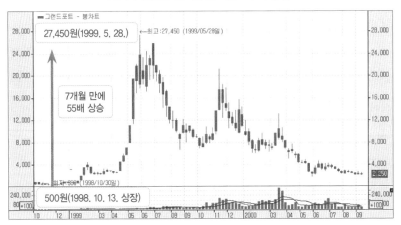

코스닥 광풍을 선도한 골드뱅크 주가 동향

7개월 동안 55배라는 경이로운 상승을 보인 골드뱅크 주봉 그래프(1998. 10.~2000. 9.)

이상한 내용의 광고였다. 인터넷 사용인구가 폭발적으로 증가하던 시기에 회사명도 신비스러운데 광고내용까지 신비에 싸인 채 주가는 상승을 거듭했다.

골드뱅크 주가 급등은 그동안 소외되어 있던 코스닥시장에 대한 투자자들의 관심을 불러왔고 코스닥 광풍의 시발점이 되었다. 그러나 골드뱅크는 제대로 된 수익원이 없었다. 한국 최초의 원조 벤처였던 골드뱅크는 회사명을 골드뱅크 → 코리아텐드 → 블루멈으로 수차례 변경하며 버티다 결국 2009년 9월 4일 초라한 모습으로 거래소에서 상장폐지되었다.

51장

6개월간 150배, 역사상 최고 상승률의 새롬기술

수년간 연속 적자를 냈지만 주가는 삼성전자보다 더 높은 새롬기술

골드뱅크가 코스닥시장에서 최초로 벤처바람을 일으켰다면, 새롬기술(현 솔본)은 태풍의 눈에 해당한다. 새롬기술은 1999년 8월 코스닥에 상장했다. 상장 이전에 세 차례에 걸친 증자로 자본금을 배로 늘린 다음 200% 무상증자를 실시하였다. 1999년 10월에 1,890원이던 주가가 11월에는 3만 원 그리고 12월에는 12만 원으로 급등했다. 그리고 2000년 3월 초에는 28만 2천 원이 되었다(액면가 5천 원인 코스피 종목을 기준으로 하면 주가가 28만 2천 원에 해당함). 유무상증자를 뺀 단순주가 기준으로만 봐도 6개월 동안 150배 오른 것이다. 새롬의 경이로운 주가 상승은 증권시장이 문을 연 이후 지금까지 깨지지 않고 있는 기록이다.

새롬기술은 1994년 팩스기기 없이 PC를 통해 팩스를 송부할 수 있는 통신소프트웨어 '팩스맨'을 내놓았는데, 이것이 히트상품이 되었다. 그러나 새롬기술의 주가를 이토록 급등시킨 실질적인 재료는 팩스맨이 아니라 '무료 인터넷전화'였다. 미국 내 자회사인 '다이얼패드'가 미국의 전화회사인 GTE사와 협력해 인터넷으로 국내뿐 아니라 국제전화까지 무료로 사용할 수 있는 파격적인 서비스를 제공한다고 발표한 것이 기폭제가 되었던 것이다. 많은 사람이 무료전화를 사용하는 동안 광고를 보면 그 수입으로 이익을 낸다는 구상이었다.

국제전화를 아무리 오래 사용해도 무료라는 말에 투자자들은 열광했다. 수년간 연속 적자를 낸 회사의 주가가 삼성전자보다 더 높은데도 투자자들은 아무 문제 없다는 듯 주식을 매수했다. '다이얼패드에 가입한 회원수가 전 세계적으로 500만 명을 돌파했다', '영화배우 K씨가 광고모델료 대신 받은 새롬 주가가 올라 50억 원을 벌었다'는 등의 언론보도가 주가 상승을 더욱 부추겼다.

투자자들은 전화와 인터넷이 결합된 사업이 성공할 것인지 실패할 것인지에 대해 이성적으로 판단할 능력이 부족했다. 모두들 꿈같은 이야기에 홀려 주식을 사서 큰 이익을 남기겠다는 탐욕을 품고 바벨탑에 올라갔다. 그러나 인터넷전화 사업은 수익성이 따라주지 않았고 결국 다이얼패드는 사업에 실패해 2001년 법정관리로 넘어가고 말았다. 그 여파로 새롬의 주가도 곤두박질쳤다.

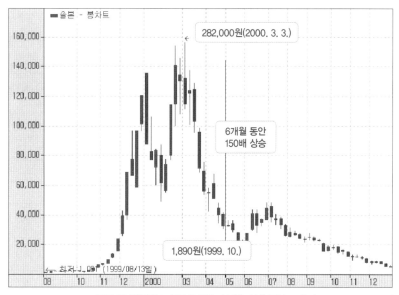

증시 사상 최고의 상승을 기록한 새롬기술 주가 동향

282,000원(2000. 3. 3.)

6개월 동안 150배 상승

1,890원(1999. 10.)

무료 인터넷전화로 급등한 새롬기술(현 솔본) 주봉 그래프(1999. 8.~2000. 12.)

　　새롬 주식을 상승 초기에 매수한 소수의 투자자와 대규모 시가증자(유상증자 시 발행가를 액면가가 아닌 시세를 기준으로 하는 것)를 한 대주주들은 막대한 수익을 챙길 수 있었으나 뒤늦게 매수에 가담한 대부분의 일반 투자자들은 참담한 투자 손실을 감수해야 했다.

단기에 폭등한 코스닥 종목

새롬기술 외에 단기에 폭등한 코스닥 종목은 다음과 같다.

1999년 4/4분기~2000년 1/4분기 중에 폭등한 종목들

종목명 (현재명)	코드	최저가 (원)	최저가일	최고가 (원)	최고가일	상승 (배)
싸이버텍 (평안물산)	상폐 (2012. 6.)	5,710	99. 12. 14.	232,000	00. 2. 2.	40.6
다음 (카카오)	035720	11,200	99. 11. 11.	406,500	00. 1. 4.	36.3
장미디어 (네오아레나)	상폐 (2016. 8.)	4,480	99. 12. 14.	155,000	00. 3. 10.	34.6
버추얼텍	036620	7,500	00. 1. 11.	206,000	00. 3. 15.	27.5
핸디소프트	상폐 (2011. 3.)	5,000	99. 11. 23.	136,000	00. 3. 14.	27.2
한글과컴퓨터	030520	3,130	99. 10. 1.	58,900	00. 1. 4.	18.8
마크로젠	038290	10,050	00. 2. 22.	185,000	00. 3. 30.	18.4
미디어솔루션 (레드캡투어)	038390	12,300	00. 2. 1.	225,000	00. 3. 14.	18.3
이지바이오	035810	2,800	99. 11. 23.	46,900	00. 3. 10.	16.7
인디시스템	상폐 (2011. 1.)	3,000	99. 12. 24.	49,900	00. 3. 6.	16.6
디지틀조선	033130	2,290	99. 10. 1.	31,050	99. 12. 23.	13.5
대현테크 (IHD)	상폐 (2009. 4.)	1,145	99. 10. 27.	9,960	00. 3. 17.	8.7
이디 (코너스톤네트워크)	033110	2,400	00. 1. 17.	19,200	00. 6. 14.	8.0
정문정보 (제이엠아이)	033050	2,840	99. 9. 30.	20,700	99. 12. 28.	7.3
로커스 (글로웍스)	상폐 (2011. 6.)	36,950	99. 12. 7.	264,000	00. 3. 2.	7.1
태진미디어 (TJ미디어)	032540	4,000	99. 10. 4.	28,000	00. 2. 22.	7.0
터보테크	상폐 (2015. 1.)	7,650	99. 9. 30.	48,500	99. 12. 27.	6.3
대양이엔씨	상폐 (2010. 9.)	16,600	99. 9. 29.	92,500	00. 1. 6.	5.6

▶ 상폐: 상장폐지

그 밖에 부도 등의 이유로 지금은 증권시장에서 사라졌지만 1999 년 1/4분기 중에 급등했던 종목은 다음과 같다.

1999년 1/4분기에 급등한 종목(현재 상장폐지 종목)

종목	상승(배)	종목	상승(배)	종목	상승(배)
넥스텍	18.6	자네트시스템	6.8	벤트리	11.8
코리아링크	12.8	넷컴스토리지	6.9	드림라인	8.2
대흥멀티통신	10.4	맥시스템	16.5	스탠다드텔레콤	6

52장

무조건 오르는
'닷컴', '바이오' 열풍

코스닥시장은 중소기업과 벤처기업을 육성하기 위해 미국의 나스닥을 본떠 거래소와 유사한 형태로 1996년 7월 1일에 개설되었다. 코스닥시장이 개설되기 전에는 장외시장에서 증권회사끼리 살 사람과 팔 사람을 찾아 개별 거래를 했다.

미국 나스닥시장 상승 바람에
코스닥 전 종목이 들끓다

코스닥시장은 설립연도도 짧고 영업실적도 부진해 거래소 상장 요건을 갖추지 못한 기업들이 주로 상장되었는데 처음에는 위험성이 높아 투자자들의 큰 관심을 끌지 못했다. 그러던 중 1998년 말 미국 나스닥시장의 상승 바람이 바다 건너 한국에 상륙하자 거래소시장을 제치고 투자자들의 최고 인기시장으로 우뚝 떠올랐다.

벤처기업이 많이 상장되어 있는 나스닥시장의 주가는 지난 10년 동안 상승을 지속하고 있었다. 1980년대 중반부터 미국을 제치고 세계 제일의 경제대국이 될 것이라고 일부 학자들이 성급하게 예측했던 일본은 쇠퇴하기 시작했고, 반대로 무역적자와 재정적자라는 쌍둥이 적자로 세계 최강의 경제대국 자리를 내놓을 것으로 예측된 미국은 여전히 성장가도를 달렸다.

전문가들은 일본이 원가절감과 생산성 향상이라는 구태의연한 경영을 계속하는 동안 미국은 벤처정신으로 신기술에 도전했기 때문이라고 풀이했다.

마침 김대중 대통령이 이끄는 '국민의 정부'도 대대적으로 벤처기업 지원책을 내놓았다. 벤처지원을 위한 특별자금을 1조 원 넘게 조성하고, 코스닥에 등록된 기업은 법인세 50%를 5년간 감면해 주는 등 특단의 조치가 취해졌다. 그 결과 1999년 한 해 동안 1만 개의 벤처기업이 새로 설립되었다.

코스닥기업의 급등 배경에는 1999년 말부터 2000년 초에 불었던 무상증자 열풍도 한몫했다. 당시 무상증자를 많이 실시한 이유는 따로 있었다. 명분은 기업공개 당시 발생한 시가발행 초과금을 주주들에게 돌려준다는 것이었지만 사실은 유무상증자를 동시에 발표하여 유상증자 참여를 유도하는 전략에 불과했다. 일종의 '끼워팔기' 전략이었던 셈이나, 투자자들은 별다른 의심 없이 무상증자를 '공짜로 받는 주식'이라고만 생각했다.

골드뱅크로 시작된 벤처기업 주가 상승은 한글과컴퓨터(70배 상승), 새롬기술(6개월 동안 150배 상승) 등으로 이어지면서 코스닥 전 종목이 용광로처럼 들끓었다. 시가총액에서 거래소의 10분의 1밖에 안 되는 코스닥시장이 2000년 2월에는 거래량 기준으로 거래소시장을 추월하였다.

1996년 7월 1일 1,000포인트로 시작한 코스닥 종합지수는 1999년 7월 2,000포인트를 돌파하고 8개월 후인 2000년 3월 10일에 3,000포인트(정확히 2,925.50포인트)에 도달하여 1998년 11월 13일 605포인트 대비 4.8배나 급등한 후 장기 고점을 만들었다. 특히 벤처종목의 열풍이 도드라졌는데, 연말의 벤처지수가 연초 지수 대비 7.5배까지 급등하였다.

1997년 7조 원에 불과하던 코스닥 시가총액도 1999년에 98조 7천억 원에 이르러 2년 동안 11배나 증가하는 기염을 토했다.

단기에 급등락을 보인 코스닥지수

코스닥 주봉 그래프(1998. 10.~2001. 8.)

상승률 더딘 거래소에서
코스닥으로 대거 이동한 투자자

코스닥시장에서 주가가 단기에 수십 배 급등하는 것을 본 투자자들은 상승률이 더딘 코스피 종목을 매도하고 코스닥 종목으로 대거 옮겨갔다. 또한 아직 코스닥시장에 상장되지 않은 벤처종목의 펀딩(벤처캐피탈과 같은 기관 또는 불특정 다수를 상대로 주식을 발행해 자금을 조달하는 것)에도 앞다투어 참가했다. 그 결과 인터넷, 인터넷 보안, 바이오라는 이름이 붙기만 해도 프리코스닥(Pre-kosdaq) 시장에서 주가가 10여 배 이상 뛰었고, 코스닥에 상장이 되었다 하면 또다시 급등해 주가 버블이 이루 말할 수 없는 상태에 이르렀다.

　코스닥 종목은 개인투자자들이 이해하기 어려운 첨단업종이 많아 불법적인 사설 투자상담도 성행했다. 이들은 투자설명회나 ARS 방식을 이용해 특정 종목의 매수를 부추겼고, 누구누구가 떼돈을 벌었다는 이야기를 들은 개인투자자들은 안달이 나서 물불 가리지 않고 바이오 또는 닷컴(.com)이라는 이름이 붙은 주식으로 몰려들었다.

53장

코스닥 침몰 징조
(정현준게이트부터 BBK 사건까지)

벤처기업의 꿈만 좇은 코스닥 광풍, 비리로 꺾이다

코스닥시장에서는 벤처기업의 상승률이 높았고, 벤처기업 중에서도 인터넷이나 인터넷 보안 관련주, 그리고 바이오주가 상승률이 높았다. 당시에는 주당순이익이니 주당순자산가치와 같은 기업의 가치를 말하는 사람의 목소리는 작았고 오히려 그런 말을 하면 바보 취급을 받았다.

"기업은 현재 가치보다 미래 성장성을 봐야 한다." 맞는 말이다. 다만 다른 모든 기준을 무시하고 성장성 하나만 강조하는 것은 위험할 수 있다. 코스닥 열풍이 한창일 때 증권회사 애널리스트들은 앞다투어 "종래의 잣대로 미래 성장기업인 벤처기업을 평가해서는 안 된다"라고 말했다. 적자를 내는 기업의 주가가 액면가의 100배가 넘어도 5년 또는 10년 후를 내다보면 버블이 아니라고 주장했다. 오히려 "인터넷 기업은 적자가 클수록 성공한다"라는 황당한 말이 공공연히 떠돌 정도였다.

언론매체도 벤처기업에 투자해 기적같이 돈을 번 이야기로 TV 화면과 신문 지면을 가득 채웠다. 투자자들은 이성을 잃고 집단최면에 걸린 것처럼 추격매수에 가담했다. 어느 시대나 비이성적 주가 급등에는 비리와 제도적 모순이 함께하게 마련이다. 당시 "코스닥 전 종목에 작전세력이 붙어 있다"라는 말이 암암리에 돌 정도로 시세조작이 심했다. IT버블을 틈타 한탕 해먹으려는 사람들은 법을 무시하고 도덕에 눈을 감았다. 그 결과는 고스란히 일반 개미들의 손실로 남겨졌다.

2000년 10월 코스닥기업인 한국디지털라인이 부도가 나면서 열린금고와 동방금고의 불법대출 사건, 이른바 정현준게이트[9]가 터졌다. 이 사건은 꼬리에 꼬리를 물고 정·관계와 금융계가 연루된 진승현게이트, 이용호게이트, 윤태식게이트(패스21 사건), BBK 사건(김경준) 등으로 확대되었다. 국민들은 사건이 너무 복잡하고 이해하기 어려워 차라리 뉴스를 보지 않는 것이 마음이 편할 정도였다.

코스닥의 비이성적 주가 급등에는 제도적인 문제도 있었다. 당시 코스닥시장은 거래소에 비해 공시제도, 내부자거래, 시세조작 등을 감시하는 기능이 미비했기 때문에 주가조작이 쉬웠던 것이다.

---

9 게이트(Gate)는 '권력형 비리 의혹' 또는 정치권의 '부패 스캔들'이라는 의미로, 1972년 6월 미국에서 발생한 워터게이트(Watergate) 사건이 효시이다.

54장

코스닥 하락률 99%
버블 소멸 과정

단기급등한 만큼 참담하게 떨어진 코스닥시장

2000년 3월 나스닥시장이 하락으로 전환되자 상승추세이던 코스닥시장도 하락하기 시작했다. 단기에 비이성적으로 급등했기 때문에 떨어지는 주가에는 날개가 없었다. 주당순이익(EPS)이나 주가수익비율(PER), 주가순자산비율(PBR) 같은 적정 주가를 나타내는 투자 기준을 무시한 결과는 참담했다.

　대량거래를 수반하며 코스닥시장에서 대장 역할을 담당한 새롬기술은 2000년 3월 3일 28만 2천 원에서 같은 해 10월 말 5,500원으로 떨어져 50분의 1로 급락했다. 코스닥에서 대표적인 우량주에 속했던 KTF도 2000년 1월 초에 장중 30만 6천 원을 기록한 주가가 그 해 말에는 10분의 1 수준인 3만 원으로 추락했다(KTF는 2009년 6월 23일 KT와 합병됨에 따라 상장폐지되었다). 그 밖의 종목도 적게는 10분의 1, 많게는 100분의 1까지 떨어진 경우가 있었고 2001년 이후에는 적자가 누적되어 부도를 내고 코스닥시장에서 퇴출되는 기업이 속출했다.

마구잡이 기업공개, 과다한 유상증자로 주가 폭락

지나친 물량공급도 주가 하락을 심화시킨 요인이었다. 때마침 정부가 기업 재무구조를 건전히 하고자 부채비율[10]을 200% 이하로 낮추도록 유도하자 기업은 증권시장에서 유상증자를 실시했다.

주가 상승에 편승해 마구잡이로 기업공개가 이루어지고, 시세차익을 목적으로 과다하게 유상증자를 한 것이 주가 하락이라는 부메랑으로 돌아왔다. 1999년 한 해에만 40조 원의 물량이 증시에 쏟아졌다.

코스닥 기업의 대주주들은 주가 상승기에 보유주식을 대거 팔아 엄청난 시세차익을 남겼다. 그중에서도 골드뱅크, 현대멀티캡, 새롬기술은 대주주들의 지분매각이 특히 심해 5% 이상 대주주가 아예 없거

---

10 자본구성의 건전성 여부를 판단하는 대표적인 지표로서 기업이 소유하고 있는 재산 중 부채가 어느 정도를 차지하고 있는가를 나타내는 비율이다. 어느 기업의 부채비율이 200%라면 빚이 자사가 보유한 자본보다 두 배 많다는 것을 뜻한다. 일반적으로 100% 이하를 표준비율로 보고 있으나 업종에 따라 차이가 있다. 선진국에선 200% 이하 업체를 재무구조가 우량한 업체로 간주한다. 채권자의 입장에서는 위험요인 때문에 부채비율이 가급적 낮기를 바라지만 기업가의 입장에서는 자본이익률이 이자율을 상회하면 가능한 한 타인자본, 즉 부채를 더욱 많이 이용하려고 하기 때문에(레버리지 효과) 채권자와 경영자의 이해가 상반될 수 있는 일종의 상대적 비율이다. 증권거래법에 의하면, 증권회사의 법정 부채액은 경영상의 건전성 유지를 위해 순자산액의 5배를 초과하지 못하도록 규정하고 있다.

나 최대주주 지분율이 최소 경영안정 수준인 15%에도 한참 미치지 못하는 것으로 나타났다. 대주주가 없는 회사가 잘되기를 기대할 수 없는 것은 당시나 지금이나 변함이 없다.

1999~2001년 3년 동안 코스닥 등록기업 수는 331개에서 700개로 늘었고, 공모자금 5조 9천억 원, 유상증자 10조 300억 원으로 전체 16조 원의 주식물량이 늘어나 주가 하락기에 매물 폭탄이 되었다.

아래 표는 2000년 한 해 동안 코스닥시장에서 고점 대비 하락폭이 큰 종목 중에서 거래가 많았던 것들이다. 당시 코스닥 종목에 버블이 얼마나 극심했는지 짐작할 수 있다.

2000년 한 해 동안 하락폭이 컸던 코스닥 종목

회사명(현재명/코드)	최고가(원)	최저가(원)	하락률(%)
한성에코넷(2009. 4. 상폐)	149,000	1,650	−99
맥시스템(2005. 3. 상폐)	123,500	1,340	−99
새롬기술(솔본/035610)	282,000	5,500	−98
드림라인(2003. 9. 상폐)	169,000	2,990	−98
리타워테크(2003. 4. 상폐)	200,000	3,140	−98
버추얼텍(036620)	93,700	3,600	−96
자네트시스템(2005. 4. 상폐)	57,500	2,120	−96
KTH(036030)	101,500	3,600	−96
핸디소프트(2011. 3. 상폐)	128,100	5,500	−96
코리아링크(2003. 4. 상폐)	129,000	5,710	−96
바이오시스(2004. 4. 상폐)	35,550	1,530	−96
주성엔지니어링(036930)	115,400	3,100	−96
메디다스(유비케어/032620)	43,000	1,360	−96
로커스(글로웍스/2011. 6. 상폐)	837,800	36,400	−96

이오리스(아라온테크/상폐)	97,400	4,450	−95
미디어솔루션(레드캡투어/038390)	205,500	14,000	−93
니트젠테크(인터그레이티드엔지/상폐)	73,500	7,370	−90
넷컴스토리지(2004. 4. 상폐)	155,000	2,200	−99
싸이버텍홀딩스(평안물산/2012. 6. 상폐)	207,500	2,880	−99
한아시스템(2005. 4. 상폐)	82,000	2,040	−98
한글과컴퓨터(030520)	57,000	2,200	−96
다음(카카오/035720)	340,500	13,250	−96
그로웰텔레콤(2005. 7. 상폐)	91,000	4,020	−96
성우하이텍(015750)	39,700	1,640	−96
나리지온(2010. 7. 상폐)	50,200	2,460	−95
한국정보공학(039740)	187,000	8,820	−95
씨엔에스테크(아이에이/038880)	50,600	2,470	−95
에듀박스(더블유에프엠/035290)	22,500	1,200	−95
대양이엔씨(지오엠씨/2010. 9. 상폐)	90,750	10,400	−90
대성미생물(036480)	801,000	99,950	−88

▶코스닥 종목의 액면가는 대부분 500원임.

2000년 이후에도 코스닥에 상장된 IT와 바이오 주의 급등락이 지속되었고, 그로 인해 개미들의 손실이 이어졌다. 연도별로 대표적인 종목을 보면 2002년 유아이엘, 2003년 웹젠, 2004년 아이리버, 2005년 조아제약, 2006년 플래닛82 등이다.

특히 플래닛82는 산업자원부 장관까지 초청해 나노 이미지 센서 기술을 선보인 뒤 두 달 만에 주가가 28배 치솟았지만, 설명회가 사기극이었음이 드러나 2008년 4월 상장폐지되었다.

주가가 급락하자 거래소시장에서 코스닥시장으로 몰려갔던 투자자들이 반대로 코스닥시장을 등지고 상대적으로 안전한 거래소시장으로 투자처를 옮겼다. 코스닥시장에 등록되어 있던 강원랜드, KTF, 엔씨소프트 같은 상대적 우량기업도 코스닥시장의 간곡한 잔류 권고와 유인책을 뿌리치고 코스피시장으로 자리를 옮겼다.

부실주가 많은 코스닥시장에 있으면 덩달아 부실주로 취급받아 주가가 기업의 가치를 제대로 반영하지 못한다는 것이 코스피시장으로 옮겨간 기업들의 변명이었다. 외국인과 기관이 외면한 코스닥시장은 개인투자자들이 90%를 차지했기에 주가 하락으로 인한 개인투자자들의 타격은 상대적으로 더 컸다.

이 기간 동안 코스닥시장을 통해 돈을 번 사람은 대주주와 우리사주 주식을 받은 일부 기업의 임직원, 그리고 주가조작에 편승했다가 욕심을 부리지 않고 적당한 선에서 물러선 사람들뿐이었다. 그러나 이런 사람은 소수에 불과하고 대다수의 일반 투자자들은 손실을 봤다.

특히 IMF 외환위기 때 명예퇴직을 당한 상당수의 40~50대 은퇴자들이 코스닥에 투자해 하루아침에 중산층에서 하층민으로 추락했고, 중산층이 사라진 한국사회는 양극화가 더욱 심해졌다.

55장

코스닥 대박 종목에 대한 2가지 투자 조언

1990년대 말에 불어닥친 코스닥 광풍은 정부와 투자자 모두에게 많은 시사점을 남겼다. 코스닥시장은 NAVER, 카카오, 셀트리온, 안랩, CJ E&M 등과 같이 우수한 IT기업을 탄생시키는 데 큰 역할을 한 반면 싸이버텍홀딩스, 한아시스템, 넷컴스토리지 등과 같이 수익모델을 정립하지 못하여서 또는 무리한 사업 확장으로 투자자에게 손실을 안겨주고 사라진 기업들을 양산하는 시장이 되기도 했다. 또한 대주주가 주가를 조작하거나 회사자금을 횡령하는 경우도 빈번했다.

코스닥시장은 투기 시장이라는 오명을 남겼고, 투자자들은 가치를 무시하고 버블을 좇는 것이 얼마나 무모한 일인가를 깨달았다.

버블이 심한 종목을 매매하는 투자 원칙은 무엇?

그런데 새롬기술처럼 단기간에 주가가 2천 원에서 28만 원까지 급등한다면 적자기업이니까 해당 주식을 거들떠보지도 말아야 하는 것인가? 아니면 버블이 심한 종목을 매매하는 투자 원칙이 따로 있는 것인가?

실제로 1990년대 말 성장주 광풍 속에서도 세계적 투자의 귀재 워렌 버핏은 끝까지 가치에 근거해 굴뚝주[11]만을 고집하고 기술주를 사지 않았다. 그러나 적은 자금으로 단기매매를 하는 일반 투자자에게 워렌 버핏과 같은 높은 수준의 투자 원칙을 기대하기는 어렵다. 다만 다음 두 가지를 알고 투자를 하면 좋을 것이다.

첫째, 시장 주도주에 투자해야 한다. 주도주는 변화하는 경제상황과 사회상황을 반영한 새로운 패러다임을 다수의 투자자들이 추종함으로써 생기는 것이다. 주도주가 상승하면 전체 시장흐름도 상승하고 주도주가 하락하면 대세도 하락으로 바뀐다.

1998~2000년에는 기업의 현재 가치보다 미래 신기술이 투자 기준이자 주도주였다. 주도주에 편승해야만 수익을 낼 수 있었던 경험은 1970년대 건설주, 1980년대 금융주, 1990년대 기술주, 2000년대 중국 관련 내재가치 우량주에서 확인할 수 있다.

둘째, 버블은 기업가치에 비해 턱없이 높게 형성된다는 것을 알고

---

11 산업혁명(18~19세기) 이후 20세기 초반까지 산업화의 중심에 있던 자동차, 화학, 철강, 섬유, 전기기기 등의 산업을 기반으로 하는 기업들을 굴뚝기업이라 부르며, 이들 기업과 관련된 주식을 굴뚝주라 부른다.

투자해야 한다. 시간이 지나면 반드시 꺼지게 마련인 버블을 판단하는 것은 PER와 PBR만으로도 충분하다. 일반 투자자에게 더 많은 기준을 요구하는 것은 무리이다. 버블(거품)은 시간이 지나면 소멸하는 것이 자연의 법칙이듯 버블주가도 기업가치에 따라 제자리로 돌아온다는 역사적 사실을 알고 투자한 투자자라면 버블주가가 하락으로 돌아설 때 쉽게 손절매도를 할 수 있다. 또한 고점에서 20~30% 하락한 버블주가를 보고 주가가 싸다고 덥석 매수하는 실수를 범하지 않을 수 있을 것이다.

56장

정부의 하수인 역할을 하다
몰락한 투자신탁

저위험·고수익 보장, 투자신탁 시대가 열리다

우리나라 최초의 투자신탁은 한국투자신탁으로, 1974년 6월 5개 시중은행과 27개 증권회사가 출자해 설립했다. 이어서 1977년 한국투자개발공사가 증권감독원으로 해체되면서 대한투자신탁이 설립되고, 1982년 7월 국민투자신탁(현 푸르덴셜투신)이 설립되었다. 그 후 지방에도 5개의 투신이 설립되어 재경 3투신, 지방 5투신 시대가 열렸다. 그중 빅3인 한국·대한·국민의 3개 투신이 투신업계를 주도하며 한국증시에 많은 영향을 미쳤다.

투자신탁은 초기에 '공사채형 펀드'를 발행해 은행의 예금이자보다 높은 수익을 실현하면서 '저위험·고수익' 상품을 취급하는 기관으로 자리잡았다. 이후 1986년부터 주가가 상승하고 주식형펀드가 인기를 얻으면서 비약적인 발전을 했다. 1985년 113만 명이던 수익증권 가입자 수가 1988년 말에는 306만 명에 이르렀고, 1985년 9천억 원이던 주식형펀드 설정액은 1990년 말 9조 9천억 원이 되어 5년 만에 무려 10배나 증가했다.

감독원 낙하산 출신의 투자신탁 사장 재경원

초기 투신은 금융기관의 공동출자 형식으로 주인이 명확하지 않았기 때문에 대부분 기획재정부 출신(모피아)이나 금감원 출신(금피아)이 사장자리에 앉았다. 정부는 투신을 주가를 관리하는 수단으로 활용했으며, 투신은 정부의 '사라 또는 팔아라'라는 주문을 무시할 수 없었다.

1989년 정부의 증시부양책인 '12·12 조치'로 3투신은 2조 8천 억 원의 주식을 매입했다. 그러나 주가가 계속해서 하락하자 은행에서 빌린 주식매입자금에 대한 이자가 눈덩이처럼 불어났다. 1988년까지 이익을 내던 3투신은 1990년부터 대규모 적자를 기록했고, 1992년에는 3투신 모두 자본금 전액이 잠식된 부실기업으로 전락했다.

'부실 공룡'이 된 투신을 살리기 위해 정부는 1990년 9월 투신사에 1년만기 정기예금 수준의 최저수익률을 보장해 주는 총 2조 6천억 원 규모의 '보장형 주식형 수익증권' 판매를 허용했다. 그러나 만기가 돌아오자 대부분의 펀드 수익률이 마이너스가 되었고 투신사는 2,900억 원의 손실을 물어주어야 했다.

IMF 외환위기를 전후로 대우그룹 채권을 대량 보유한 투신사들이 치명적인 피해를 입었다. 이때 대부분의 지방투신들은 부도가 났다. 재경 3투신도 위기를 맞이했지만 고금리에서 저금리로 전환되는 과정에서 투신이 판매하는 채권형펀드에 자금이 몰려 극적으로 새로운 출발을 하게 되었다.

그러나 결국 대한투신은 2005년 12월 하나금융지주에 통합되어 하나대투증권으로, 한국투신은 2006년 6월 동원증권과 합병한 뒤 한국투자증권으로 변신했고, 그에 따라 투자신탁회사라는 간판을 내리게 되었다.

57장

채권형펀드가 마이너스 수익률?
(대우그룹 채권에 투자한 펀드의 몰락)

기업이 워크아웃에 들어가면
안전한 채권도 불안하기는 매한가지

1999년 여름, H투자신탁에 3천만 원을 예금한 박인숙은 대우그룹 사태가 연일 뉴스에 오르내리자 불안해지기 시작했다. 며칠 후 대우그룹이 발행한 채권 가격이 폭락해 채권형 수익증권이 하락하고 있다는 뉴스가 보도되자 그녀는 H투자신탁을 찾아가 상담을 요청했다.

"현재 기준으로 정확한 평가금액을 알고 싶어요."

"어제 기준가격으로 2,705만원입니다."

박인숙은 어이가 없었다. 코스닥 종목에 투자하면 좋다는 주위의 권유를 뿌리치고 "수익이 좀 적게 나더라도 손해를 보지 않고 안전한 것이 우선이다"라는 직원의 말을 믿고 채권형펀드에 가입한 것인데

가입한 지 2년이 지나 원금의 10%나 손실을 입게 되었으니 도무지 이해가 가지 않았다. 그녀는 언짢은 어투로 따졌다.

"이유나 들어봅시다."

"계좌에 대우그룹 채권이 일부 편입되어 있기 때문입니다. 그리고 죄송하지만 지금은 해약해 드릴 수가 없습니다. 워크아웃에 들어간 대우 채권의 부실이 확정되는 2000년 7월 이후에나 가능합니다."

"내가 언제 대우그룹 채권을 편입하라고 했습니까? 당신들이 마음대로 부실채권을 편입해 손해를 보게 해놓은 것도 모자라 지금 와서 해약도 마음대로 못하게 하다니 말이 됩니까? 또 내 계좌에 부실 대우 채권이 얼마나 편입되어 있는지도 정확히 모른다니 도대체 말이 되는 소리입니까?"

그녀는 화가 나서 소리를 질렀지만 죄송하다는 말밖에 들을 수가 없었다. 그 후 H투자신탁 직원으로부터 연락이 왔다. '해약이 가능하지만 2000년 7월 기준으로 90일 내에 환매하면 대우채 가격의 50%를 지급하고, 180일 안에는 80%, 180일이 지나면 95%를 지급한다'는 내용이었다.

대우그룹은 1967년 대우실업으로 출발하여 32년이 지난 1999년에 41개 계열사와 396개 해외법인을 거느린 재계 2위 그룹으로 성장해 자산총액이 76조 원에 달하였다. 하지만 부채비율이 1,000%에 육박하여 외환위기 때 유동성위기를 맞았고 결국 1999년 8월 채권단에 의해 워크아웃이 결정된 후 해체되었다. 투신사들은 대우가 발행한 CP 및 회사채 28조 5,547억 원 중 76.7%에 해당하는 21조 8,888억 원을 수익률이 높다는 이유로 보유해 온 탓에 큰 손실을 입게 된 것이었다.

박인숙는 3개월이 지나자 투신사를 찾아가 펀드를 바로 환매했다. 결국 투자 원금의 20%를 손해보았다. 그런 일이 있고부터 박인숙은 투자신탁과는 다시는 거래를 하지 않았다.

58장

애국심에 호소한
바이코리아펀드와 박현주펀드

한국증시를 살리자! '바이코리아펀드'

1998년 정부는 부족한 외환보유고를 확보하기 위해 전국적으로 금모으기 운동을 전개했다. 금을 팔아 달러를 사들이면 달러 보유고가 늘어날 것이라는 이유였다.

국민들은 위기에 처한 나라를 구하려고 장롱 속 돌반지, 금목걸이 등을 모두 꺼내 팔았다. 이 때문에 금값이 일시적으로 폭락했다. 물론 이 기회를 역으로 이용해 금을 헐값에 사들여 나중에 돈을 번 사람도 있었다.

1999년 3월 2일에는 현대증권이 '바이코리아펀드(Buy-KoreaFund)'를 출시했다. 현대증권 이익치 회장은 "한국증시에서 외국인이 싼값에 주식을 다 쓸어가기 전에 국내주식을 매수해야 한다"고 애국심에 호

애국심에 호소한 바이코리아펀드 상품 소개 광고

소하며 펀드 판매를 독려했다. 그리고 직접 투자설명회에 나서서 한국 경제를 확신한다며 우리나라 종합주가지수가 3년 내에 2,000포인트, 2005년에는 6,000포인트를 돌파할 것이라고 장담했다.

바이코리아펀드는 인기가 높아 4개월이라는 짧은 기간에 10조 원의 자금이 모였다. 한국 최초의 펀드 열풍이었다. 그러나 2000년 1월 초 종합주가지수가 1,066포인트를 찍고 하락하면서 같은 해 11월 3일 483포인트까지 떨어지자 바이코리아펀드 수익률도 원금의 50% 가까이 손해를 보게 되었다.

펀드해약 소동(Fund Run)이 벌어졌고 일반 대중에게는 '주식형펀드 = 손실'이라는 이미지를 남겼다.

코스피지수가 2,000포인트를 돌파한 것은 2007년 10월로 이익치 회장이 예상했던 시기보다 8년이 늦었으며, 15년이 지난 2014년에도 2,000포인트 선을 맴돌아 6,000포인트는 요원해 보였다. 그러나 최초 설정 후 10년이 지난 2008년 9월 바이코리아펀드의 수익률은 298%로, 연평균 30%에 이르는 고수익률을 기록했다.

공포와 불안을 이겨내고 인내하며 버틴 투자자에게 수익률로 보답

한 대표적인 경우라 할 수 있다. 그러나 3년 이상 장기적으로 펀드에 투자한 사람은 소수에 불과했다.

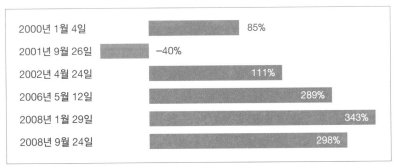

바이코리아 1호 펀드 누적수익률

2000년 1월 4일	85%
2001년 9월 26일	−40%
2002년 4월 24일	111%
2006년 5월 12일	289%
2008년 1월 29일	343%
2008년 9월 24일	298%

▶ 누적수익률은 1999년 3월 6일 기준
▶ 자료: 푸르덴셜투자증권

　　바이코리아펀드는 한국증시가 개인투자자 중심에서 펀드 중심으로 이동하는 계기가 되었다. 이후 주식형펀드, 뮤추얼펀드[12] 등이 본격적으로 등장하기 시작했고 2005년 이후 펼쳐질 펀드 르네상스 시대를 예고했다.

12　뮤추얼펀드(Mutual Fund)는 유가증권 투자를 목적으로 설립된 법인회사로, 주식발행을 통해 투자자를 모집하고 모집된 투자자산을 전문적인 운용회사에 맡겨 그 운용수익을 투자자에게 배당금의 형태로 되돌려 주는 투자회사를 말한다. 이해하기 쉽게 주식회사 방식으로 운영되는 펀드라고 보면 된다. 즉, 다수의 일반인이 자금을 모아 거대한 자금을 형성하여 뮤추얼펀드의 자본금으로 납입하면 그 자금을 운용회사에서 운용한 다음 결산을 해서 남은 수익을 1주당 일정액의 배당금으로 지급하는 방식이다. 뮤추얼펀드는 만기 전 인출 가능 여부에 따라 폐쇄형과 개방형으로 나눠진다. 개방형은 투자자인 주주가 환매를 요청하면 뮤추얼펀드가 주식을 시장가치로 매입해 주는 것을 말한다. 즉 가입과 탈퇴가 완전히 자유롭다고 할 수 있다. 반면 폐쇄형은 일정 기간(통상 1년) 동안 펀드를 해약할 수 없고 투자자금을 회수하려면 보유주식을 시장을 통해 매도하면 된다. 뮤추얼펀드는 대부분 거래소에 상장되어 있다.

국내 최초 뮤추얼펀드는 '박현주 1호'

국내 최초 뮤추얼펀드는 1998년 12월 '박현주 1호'(설정 규모 500억 원)라는 이름으로 발매되었다. 그는 개인의 명예를 건다는 의미로 펀드에 자신의 이름을 넣었다.

그리고 펀드투자자에게 100%에 가까운 수익률을 안겨주어 펀드 신화를 만들어냈다. 바이코리아펀드가 주식을 사주는 바람에 박현주 펀드가 득을 본 셈이다.

그러나 '박현주 2호'는 1호와 달리 큰 손실을 봐서 투자자에게 실망을 안겨주었다. 그러나 이에 굴하지 않고 박현주 회장은 미래에셋자산운용사를 설립해 2000년대 후반 펀드 르네상스 시대를 여는 주역이 되었다.

44일 연속 상한가를 기록한
부광약품 주가조작 사건

주가조작 모의를 위한 비밀회동

1994년 9월 어느 날, K씨와 B씨, S씨는 테헤란로에 있는 한 오피스텔에서 비밀리에 모임을 가졌다. 그동안 논의해 온 사항을 다시 한 번 확인한 뒤 최종결정을 내리기 위해서였다. 벌써 수차례 만나 주가조작을 모의해 온 세 사람의 얼굴엔 긴장감이 감돌았다.

증권회사 차장으로, 지점에서 개인 고객을 상대로 영업을 하는 B씨가 먼저 말을 꺼냈다. "오늘은 우리가 그동안 논의한 부광약품 건에 대해 최종 결론을 내고 결의를 다지는 날입니다. 잘 아시는 것처럼 무엇보다도 기밀을 요하는 사항입니다."

40대 중반인 K씨가 말을 받았다. "이번 작전만 성공하면 우리 세 사람은 한 사람당 적게는 50억 원, 많게는 100억 원을 손에 넣을 수 있습니다. 남자로 태어나 크게 성공할 수 있는 절호의 기회라고 생각합니다." K씨는 상호저축은행에 근무하던 시절 주식투자를 하면서 B차장을 알게 된 사람으로 지금은 주식투자를 전문으로 하는 전업투자자이다.

"최근에는 작전종목이 많아 우리만 비밀을 철저히 지킨다면 큰 문제 없이 성공할 수 있습니다. 오늘 회의가 끝나면 공동으로 결의식을 갖는 것도 좋겠습니다." 곧 거금을 쥐게 된다는 생각에 무척 고무된 S씨가 말했다. S씨는 D증권회사 시장대리인으로 B씨에게 포섭된 사람이다. 시장대리인은 원래 증권거래소 시장에 입회해 고객 대신 매매주문을 처리하는 일을 맡아 했으나 주문처리가 전산화된 이후로 시장에 입회해 주문처리 과정에서 문제점이 발생하면 해결하거나 각종 시장 정보를 수집해 증권회사에 전달하는 업무를 주로 하고 있었다.

아스피린 대체 신물질 연구를 재료로 삼아 작전에 들어간 부광약품 주가조작

이 세 사람이 부광약품을 작전종목으로 선정한 데는 두 가지 이유가 있었다.

첫째, 자본금과 발행주식수가 적어 적은 자금으로도 주가를 띄우기 용이했다. 부광약품이 발행한 주식은 총 350만 주로, 그중 대주주 및 관계인이 약 130만 주, 기관투자가가 약 60만 주, 나머지 유동주식이 160만 주이다.

160만 주 중 20%인 32만 주만 마음대로 할 수 있으면 주가는 원하는 만큼 올릴 수 있다는 계산이 나왔다. 현재 시세인 1만 5,500원 기준이면 50억 원, 2만 원 기준이면 64억 원이라는 자금만 동원할 수 있으면 가능한 일이다.

둘째, 일반 투자자들이 들으면 혹할 만한 정보를 만들 수 있는 그럴듯한 재료도 있었다. 당시 부광약품은 아스피린을 대체할 신물질을 연구하고 있었는데 이것을 잘 포장하면 좋은 미끼가 될 것이라 생각했다.

아스피린은 1853년 독일에서 처음으로 제조해 1900년 바이엘사에서 판매한 이래 약의 대명사라 할 만큼 세계적으로 가장 많이 판매되고 있었다.

전 세계에서 하루에 약 1억 알 이상 소비된다는 아스피린의 국내시장 규모는 연간 30억 원 이상에 달했다. 이렇게 시장규모가 큰 약의 대체 신물질을 부광약품이 개발한다면 주가는 천정부지로 뛸 것이라 예측했다. 물론 작전세력들은 신물질 개발이 성공하든 실패하든 주가를 띄우는 데는 아무런 상관이 없다고 생각했다.

본격적인 작전이 시작되다!

본격적인 작전에 돌입한 세 사람은 역할을 분담했다. 먼저, 투자자금은 K씨가 동원하기로 했다. 현금 15억 원과 다수의 차명계좌를 개설해 증권회사에서 신용대출을 받으면 10억 원의 추가자금을 동원할 수 있다. 신용대출이 여의치 않으면 상호저축은행에서 주식을 담보로 대출받으면 된다는 계산도 했다. 정 어려우면 개인 큰손을 추가로 끌어들일 계획도 세워두었다.

시장대리인 S씨는 거래소에서 취합되는 호가와 매수, 매도 정보를 수집해 신속하게 전달하는 역할과 정보를 은밀히 시장에 유포하는 역할을 겸했다. 영업점에 근무하는 B차장은 주문을 맡아 시세를 조종하기로 했다.

시세를 조종하는 방법에는 여러 가지가 있지만 B차장은 가장 대표적인 방법이라 할 수 있는, 아침 동시호가 때와 종가 동시호가 때 주가를 의도적으로 높이거나 낮추는 방법을 쓰기로 했다. 이때 무엇보다 중요한 것은 감독기관이 시세조종의 냄새를 맡지 못하도록 교묘히 계좌를 분산하고 주문시기에 시차를 두는 것이었다.

작전의 최종 목표는 당시 시세로 1만 5천 원 하는 부광약품 주가를 10배인 15만 원까지 끌어올리는 것이었다. 그 후 보유주식을 모두 처분하면 270억 원의 차액이 발생한다. 이익금은 세 사람이 똑같이 나눠 갖기로 합의했고, 작전이 성공하기를 기원하는 의미에서 각자 손가락에서 피를 내어 한 방울씩 술에 떨어뜨려 나누어 마셨다.

작전의 힘으로 기록한 44일 연속 상한가 행진!

작전세력이 주식을 사들이기 시작하자 부광약품의 주가는 파죽지세로 급등하기 시작했다. 9월 말 1만 5천 원이던 주가는 40여 일 만인 11월 초에 6만 원으로 치솟았다. 지금은 거래소에서 시시각각으로 변하는 호가 중 10개의 호가단위와 그 수량을 컴퓨터로 실시간으로 공시해 주지만 그때는 매도호가와 매수호가가 각 3개씩만 공개되었다.

따라서 모든 호가와 수량을 알고 있는 시장대리인이 함께하는 것은 주가조작에 절대적으로 유리했다.

처음에 일반 투자자들은 부광약품이 신약개발 테마주 가운데 하나니까 오르는 것으로 생각했다. 그러나 어느 때나 일반 투자자는 그리 오래 참지 못했다.

아스피린 대체물질 개발설과 큰손이 매집하고 있다는 소문이 돌면서 주가가 쉬지 않고 오르자 일반 투자자들은 무언가 확실한 것이 있다고 믿고 대거 매수에 가담했다. 일반인들의 수익실현성 매물이 나오자 작전세력은 시장 종료 30분 전부터 매수주문을 내어 종가에 주가를 다시 올려놓았다.

기관투자가를 동원하라!

무섭게 오르던 부광약품 주가는 10월 말경이 되자 2만 3천 원에서 2만 5천 원대에 이르렀다. 그러자 기관투자가들이 매물을 내놓았고 주가는 더 이상 오르지 못하고 휘청거렸다. 주가가 예상 밖으로 많이 올랐다고 생각한 서울은행도 보유 중이던 부광약품 주식 7만 8천 주를 매도했다. 기관의 매물을 고려하지 못한 작전팀은 계획에 차질이 생겼다. 상황이 다급해지자 김 차장은 평소 안면이 있던 투자신탁회사 펀드매니저인 박 과장을 찾아갔다.

"10만 주만 종가 부분에서 매수해 주가를 받쳐주십시오. 이 일은 무덤에 갈 때까지 절대 비밀로 하겠습니다." B차장은 이 말과 함께 라면박스에 가득 담아온 1억 원의 현금을 박 과장 앞으로 내밀었다. 그날

밤, 펀드매니저 박 과장은 직업윤리와 금전유혹 사이에서 고민하다 결국 금전유혹에 넘어갔다. 이와 유사한 방법으로 H보험회사 펀드매니저도 5천만 원에 매수되었다. 거액의 사례금을 받은 펀드매니저들은 회사 관리시스템의 허점을 이용해 오후, 특히 종가에 고가의 매수주문을 내어 주가를 받쳐주었다. 주가는 다시 급등했고 이후 44일간 상한가를 치는 증시 사상 진기록을 경신했다(아직도 이 기록은 깨지지 않고 있다). 1년 4개월 만인 1995년에는 8배나 상승한 12만 원까지 치솟았다.

44일 연속 상한가를 기록한 부광약품 주가 동향

대표적인 작전종목이던 부광약품 주봉 그래프(1994~1995). 현재 액면가는 500원이지만 1994년 당시에는 5천 원이었다.

검찰수사에 덜미가 잡힌 작전의 종말

작전은 거의 95% 성공단계에 와 있었다. 자금줄인 K씨는 작전을 종료할 것을 제안했다. "이만큼 벌었으니 그만 털고 나옵시다." 그러나 B차장이 극력 반대했다. "조금만 더 기다리면 우리가 애초에 세운 목표가격인 15만 원을 돌파할 텐데 서두를 필요가 없습니다."

세 사람의 의견이 서로 어긋나기 시작한 그때, 검찰도 수사에 착수했다. 그동안 주가의 이상급등을 심리해 온 증권거래소가 이 사실을 증권감독원에 보고했고, 계좌별 자금거래를 조사한 증권감독원이 주가조작 혐의를 잡고 검찰에 수사를 의뢰한 것이다. 소문이 퍼지자 작전팀이 미처 주식을 처분하지 못한 상태에서 주가가 급락했다.

주가는 올라갈 때와 비슷한 기울기로 하락했는데 1995년 4월이 되자 초기 주가 수준인 2만 원대까지 추락했다. 8만 원 이상의 가격에서 대량거래가 이루어졌기 때문에 상투를 잡은 일반 투자자들의 손실이 막심했다. 투자신탁 펀드에 가입한 투자자도 손해를 보았고 보험회사는 자산평가에서 손실을 입었다.

결국 작전은 실패로 끝났고 투자자 K씨, 증권회사 B차장, S대리 그리고 관련 펀드매니저들은 모두 구속되어 철창 신세를 지게 되었다. 무덤에 갈 때까지 비밀을 지키겠다던 약속도, 피를 섞어 나누어 마시던 결의도 검찰 앞에서는 모두 한 조각 구름처럼 흩어지고 만 것이다.

급변하는 세계,
다원화된 주식시장

2000년대에는 주당순이익인 EPS가 주요 투자지표로 활용되었으며 가치투자와 장기투자가 투자의 기준으로 자리를 잡았다. 역사적인 저금리로 경기가 활황을 보여 세계증시가 동반 상승한 데 힘입어 한국증시도 2003년부터 4년 연속 상승 랠리를 보이며 2007년에는 코스피지수 2,000포인트를 돌파했다. 그러나 2007년 중반 이후 미국의 비우량 부실주택채권 문제가 금융위기로 확대되고 유가마저 급등하면서 증권시장은 폭락했다. 가계자산 배분 비율에서 부동산의 비율은 줄어들고 주식의 비율이 늘어난 것도 특징이다. 투자 방식은 직접투자보다 간접투자인 펀드가 대세를 이루었고, 특히 장기적립식투자와 세계증시 분산투자가 새롭게 등장했다.

From 2001 to 2010

The History of Stocks in sight of Money

2001년에서 2010년까지

2005. 6. 30.
주식 시가총액 500조 원 돌파

2005. 1. 27.
증권선물거래소
(유가증권 + 코스닥 + 선물) 출발

2002. 5. 31.
한일월드컵 개막

2001. 9. 11.
9 · 11테러 발생

2003. 3. 11.
SK글로벌
분식회계 사건

2003. 4.
카드사
경영위기 촉발

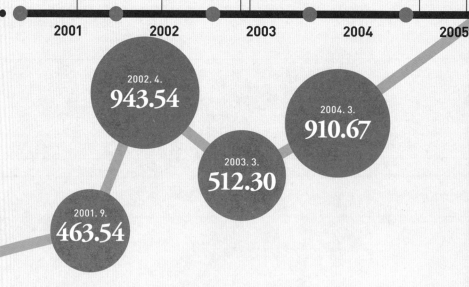

2001   2002   2003   2004   2005

2002. 4.
943.54

2004. 3.
910.67

2003. 3.
512.30

2001. 9.
463.54

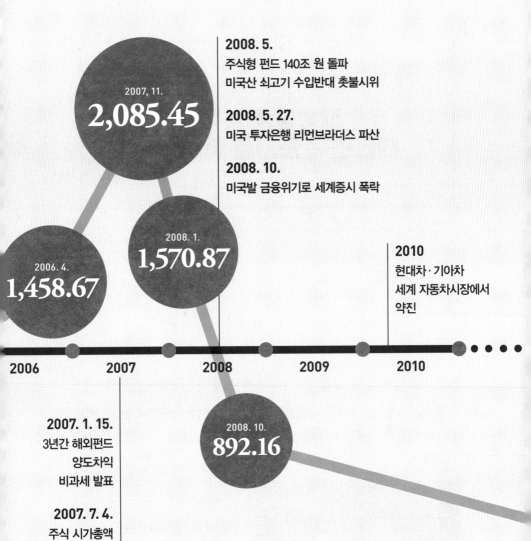

2008. 5.
주식형 펀드 140조 원 돌파
미국산 쇠고기 수입반대 촛불시위

2008. 5. 27.
미국 투자은행 리먼브라더스 파산

2008. 10.
미국발 금융위기로 세계증시 폭락

2007. 11.
2,085.45

2010
현대차 · 기아차
세계 자동차시장에서
약진

2008. 1.
1,570.87

2006. 4.
1,458.67

2006   2007   2008   2009   2010

2007. 1. 15.
3년간 해외펀드
양도차익
비과세 발표

2007. 7. 4.
주식 시가총액
1천조 원 돌파

2008. 10.
892.16

2007. 7. 25.
코스피지수
2,000포인트 돌파

2007. 11. 1.
인사이트 펀드 출시

2007. 12. 30.
펀드 계좌 2천만 개 돌파

59장

파생상품 상륙!
대한민국 증시를 뒤흔들다

세계 1위 한국 파생상품시장!

파생상품의 대표 격인 선물과 옵션이 우리 증권시장에서 거래되기 시작한 것은 1990년대 후반부터이다. 주가지수 선물거래는 1996년 5월, 주가지수 옵션거래는 1997년 7월에 각각 도입되었다.

주가지수 선물시장 개장(1996년 5월 3일)

선물의 종류로는 코스피 200 지수를 사고파는 지수선물과 삼성전자와 같은 개별종목을 사고파는 종목선물이 있고, 그 외에 국채선물과 달러선물 등이 있다. 이와 마찬가지로 옵션도 코스피200 지수를 거래하는 지수옵션과 개별종목 옵션에 해당하는 ELW가 있다. 옵션은 다시 코스피200 지수를 살 권리인 콜옵션과 팔 권리인 풋옵션으로 구분되는데, 옵션은 지금까지 인간이 개발한 금융상품 중 가장 레버리지가 높고 가장 다양하고 복잡한 금융상품이다. 거래금액으로는 지수선물 비중이 가장 크다.

선물과 옵션은 레버리지가 매우 높은 투기적인 상품이다. 선물의 경우 증거금 15%만 있으면 매매할 수 있다. 심지어 현물주식이 있으면 증거금은 5%만 있어도 된다. 주식이 있는 투자자의 경우, 500만 원의 증거금이 있으면 최고 1억 원까지 거래할 수 있는 것이다. 일반 주식거래보다 6.6배나 레버리지가 높다는 것은 현물주식이 10% 상승하거나 10% 하락하면 선물은 최대 66% 오르거나 66% 떨어질 수 있다는 뜻이기도 하다. 옵션은 선물보다 레버리지가 몇 배나 더 높다.

파생상품의 높은 레버리지는 투기성과 조급성이 강한 우리나라 사람들의 성향과 잘 맞아떨어지는 면이 있다. 한국의 파생상품시장은 도입 후 불과 4년여 만인 2000년대 들어 급속도로 성장해 거래금액 기준으로 주식거래 대금의 3배를 넘어섰고, 급기야 2010년에는 한국거래소가 미국 시카고선물거래소를 제치고 세계 최대 규모의 선물옵션시장으로 올라서기에 이른다.

글로벌 시장에서 한국의 파생상품시장 순위

구분	순위
코스피200 옵션	1
코스피200 선물	6
미국달러선물	6
주식선물	6
3년 국채선물	10

▶ 순위: 2010년 거래량 기준 ▶ 자료: 한국거래소

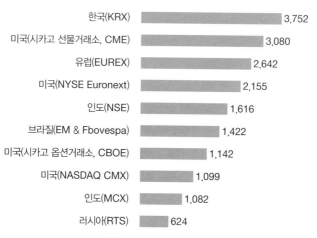

2010년 세계 주요 거래소 파생상품 거래량 비교

거래소	거래량
한국(KRX)	3,752
미국(시카고 선물거래소, CME)	3,080
유럽(EUREX)	2,642
미국(NYSE Euronext)	2,155
인도(NSE)	1,616
브라질(EM & Fbovespa)	1,422
미국(시카고 옵션거래소, CBOE)	1,142
미국(NASDAQ CMX)	1,099
인도(MCX)	1,082
러시아(RTS)	624

▶ 거래량: 2010년 연간 거래량 ▶ 거래량 단위: 백만 계약 ▶ 자료: 한국거래소

꼬리가 몸통을 흔든다! 11·11 옵션 쇼크

선물·옵션은 기관투자가들이 위험 헤지 용도로 주로 거래한다. 그런데 우리나라는 개인투자자들이 투기 목적으로 거래를 많이 하기 때문에 외국의 큰손들이 볼 때 한국거래소 시장은 물이 좋은 시장에 해당한다. 그런 이유로 외국인의 파생상품 지배력이 커지면서 파생상품시장이 외국인의 큰손에 의해 좌우되는 경우가 많다. 실제로 2010년 연간 거래금 액 기준으로 코스피200 대상 파생상품(선물 + 옵션) 거래가 31.8조 원에 달해 주식(유가증권시장 + 코스닥시장)에 비해 무려 4배나 많다.

파생상품의 거래 비중이 현물주식에 비해 3배 이상 높다 보니 단기적으로 파생상품의 움직임에 의해 주식시장이 등락하는 경우가 종종

(금액 단위: 조 원)

연도	주식 일평균 거래금액(A)	파생상품 일평균 거래금액(B)			B/A(배)
		선물	옵션	합계	
2013	5.8	21.2	0.5	21.7	3.74
2012	6.9	16.5	0.8	17.3	2.51
2011	9.1	25.3	1.2	26.5	2.91
2010	7.5	30.9	0.9	31.8	4.22
2009	7.9	29.0	1.0	30.0	3.80
2008	6.4	19.1	0.8	19.9	3.09
2007	7.2	14.9	0.6	15.5	2.15
2006	5.1	11.0	0.4	11.4	2.22
2005	4.9	11.4	0.5	11.9	2.43

▶ 주식 일평균 거래금액 = 유가증권시장 일평균 거래금액 + 코스닥 일평균 거래금액
▶ 파생상품 일평균 거래금액은 코스피200을 대상으로 하는 선물과
옵션 거래금액이며 ELW, 국채선물, 달러선물 등 기타는 제외
▶ 자료: 한국거래소

나타나게 되는데, 꼬리가 몸통을 흔든다고 하여 일명 '왝더독(Wag the Dog) 현상'이라고 한다.

2010년 11월 11일에 대한민국 역사상 손에 꼽힐 만한 초대형 금융 사고가 발생했다. 이날 도이치증권은 장마감 동시호가 시간(오후 2시 50분~3시)에 콜옵션(주가가 상승하면 이익이 발생하는 옵션)을 청산하고, 풋옵션(주가가 떨어지면 이익이 발생하는 옵션)을 대량으로 매수하였다. 그리고 장마감 3분을 앞둔 2시 57분부터 3시 사이에 보유주식 2조 3천억 원어치를 한꺼번에 쏟아냈다. 그 바람에 코스피지수가 1,963포인트에서 1,914.73포인트로 50포인트 폭락하였고 코스피200 지수도 254.62에서 247.51로 추락하였다. 워낙 순식간에 벌어진 일이라 개인투자자

들은 손 쓸 시간이 없었다. 갑작스런 주가 폭락으로 풋매수자(콜매도자 포함)는 단번에 500배에 이르는 어마어마한 수익을 거두었고, 반대로 풋매도자(콜매수자 포함)는 그만큼 큰 손실을 입었다.

도이치증권은 주식을 팔아 손해를 보는 금액보다 풋매수로 얻는 수익(밝혀진 수익금액 449억 원)이 컸기 때문에 계획적으로 실행에 옮긴 것이었다. 이로 인해 피해를 입은 것은 개인투자자만이 아니었다. 중견 자산운용사인 와이즈에셋은 이날 옵션거래에서 900억 원의 피해를 입고 운용사 인가가 취소되었다. 이 사건이 있은 후 감독원은 도이치증권에 10억 원의 과징금 부과와 함께 해당 임직원을 징계 요청하고 검찰에 수사를 의뢰하였으며 파생상품 거래제도도 보완하였다.

'개미들의 막장'이라고 불릴 정도로 무분별한 개인투자자들의 투기를 막기 위해 정부는 강도 높은 규제를 단행하게 이르렀다. 먼저, 2012년 파생상품 중 거래가 가장 많은 'KOSPI200옵션'의 거래단위를 10만 원에서 50만 원으로 올렸다. 그다음, 2015년부터 선물거래 시 3천만 원, 옵션거래 시 5천만 원 이상의 예탁금을 내고 교육(사전교육 30시간, 모의거래 50시간)을 받고 난 후 파생상품을 거래하도록 했다. 정부의 강력한 규제로 파생상품에서 개인이 차지하는 비중은 2011년 25.6%에서 2014년 18.2%로 감소했다. 2011년 세계 1위의 거래량을 자랑하던 한국의 파생상품시장은 10위권 밖으로 밀려났다.

한발 더 나아가 정부는 2016년부터 개인투자자에게 KOSPI200선물·옵션 등 파생상품 매매차익에 양도세 10%를 물리기로 하였으며 향후 점진적으로 20%까지 세율을 높이기로 했다.

60장

파생상품 고수들이
물고기 별명을 가지고 있는 이유

개인투자자로 파생상품에서 이름을 날린 큰손도 등장했다. 재야의 고수로 알려진 Y씨는 압구정동에서 주로 활동한다고 해서 '압구정 미꾸라지'라는 별명으로 통했다. 그는 파생상품으로 수백억 원을 벌어 강남에 빌딩을 샀다는 소문이 한동안 돌았다.

'목포 세발낙지'는 선물이 도입된 초기에 D증권 목포지점 차장으로 근무하며 선물거래로 이름을 날렸다. 그는 선물을 수백 개 단위로 매매했기 때문에 그의 선물 주문에 따라 선물가격이 움직일 정도였다고 한다.

그 밖에 일산에 거주하면시 파생상품을 거래한 '일산 가물치'와 '울산 문어' 그리고 홍콩의 큰손 '홍콩 숭어' 등이 있었다.

이처럼 선물 큰손들은 대부분 물고기 별명을 가지고 있다. 그 이유는 무엇일까? 아마도 파생상품은 변동성과 위험성이 큰 만큼 물속에

서 자유자재로 헤엄치는 물고기처럼 요리조리 위험을 피해 민첩하게
빠져나가지 못하면 살아남지 못한다는 상징적 의미가 깃들어 있지 않
을까 싶다.

파생상품은 개인이 감당하지 못하는 영역

파생상품에 큰손들이 있긴 하지만 개인투자자들은 주식투자보다 파
생상품 거래로 손해를 볼 확률이 훨씬 높다. 우리나라도 파생상품이
도입된 이후 선물과 옵션 거래로 이익을 본 투자자는 소수에 불과하고
대다수의 개인투자자들은 큰 피해를 보았다.

특히 옵션의 경우에는 개인투자자의 돈을 기관과 외국인이 나눠갖
는다고 해도 과언이 아니다.

2003년 투자주체별 거래비중과 손익 현황

구분	개인		증권, 투신 등 기관		외국인	
	비중	손익	비중	손익	비중	손익
현물주식	65.3	–	19.3	–	15.5	–
선물	55.1	−123	28.6	−1,630	16.4	1,758
옵션	54.8	−3,466	34.1	1,928	11.1	1,538

▶ 자료: 금융감독원 ▶ 비중 단위: %, 금액 단위: 억 원

개인투자자가 파생상품시장에서 기관과 외국인을 이기기 어려운
이유가 있다. 개인투자자는 외국인과 기관에 비해 투자기법, 정보력,

자금력, 위험관리 능력 등이 현저히 떨어진다. 외국인과 기관은 목표 수익률을 낮추고 현물주식, 선물, 옵션 등을 합성해 매매하는 방법으로 위험에 대비하지만 개인은 그럴 능력이 부족하다.

지난 2005년에 주식워런트증권(ELW)[1], 2008년에 개별 주식선물 등 레버리지가 높은 신상품이 차례로 개설되었고, 이러한 추세는 앞으로도 이어질 것이다.

잘못된 선물거래로 단돈 1파운드에 넘어간 영국 베어링은행

개인투자자는 지뢰밭과 같은 파생상품시장에 발을 들여놓지 않도록 각별히 조심해야 한다. 파생상품의 위험성은 아무리 강조해도 지나치지 않다. 개인투자자뿐 아니라 거대 금융기관도 하루아침에 무너질 수 있기 때문이다. 한 예로 234년의 역사를 자랑하던 영국 거대은행 베어링이 일본 닛케이지수 선물을 잘못 거래한 직원의 실수로 1995년도에

---

1   개별주식 또는 주가지수와 연계해 미리 매매시점과 가격을 정한 뒤 약정된 방법에 따라 해당 주식 또는 현금을 사고팔 수 있는 권리가 주어진 증권으로 약칭은 ELW이다. ELW는 개별종목 옵션이라 할 수 있다. 예를 들어 A사의 현재 주가가 5만 원인 상황에서 어떤 사람이 A사의 주식을 1년 뒤에 5만 5천 원에 살 수 있는 ELW를 2천 원에 샀다고 하자. 1년이 지난 시점에 주기기 6만 원끼지 오를 경우, 주식을 산 사람은 ELW의 권리를 행사해 5만 5천 원에 주식을 사서 시세인 6만 원에 팔 수 있다. 이때 투자자는 1년 전에 ELW를 산 가격 2천 원을 빼더라도 3천 원의 투자수익을 올리게 된다. 반대로 주가가 5만 3천 원 이하라면, 행사할 수 있는 권리를 포기해 자신이 투자한 2천 원만큼만 손해를 보면 된다. 또 만기 전이라도 자신이 투자한 2천 원보다 올랐을 경우, 즉 주가가 5만 7천 원 이상 오른 경우 언제든지 팔아서 시세차익을 올릴 수 있다.

단돈 1파운드에 넘어간 사건은 너무나 충격적이다.

세계적인 파생상품 금융사고

발생년도	회사명	국가	손실 규모 및 사건 내용
2008년	소시에테제네랄	프랑스	'제롬 커비엘'이라는 직원이 선물거래로 71억 달러의 손실을 내 프랑스 2위 은행을 위기에 빠뜨림.
2002년	얼라이드 아이리시 뱅크	아일랜드	'존 러스낙'이라는 직원의 외환선물 거래로 6억 9,100만 달러 손실.
1997년	롱텀캐피털	미국	'존 메리웨더'라는 직원의 파생상품 거래로 1997년 아시아 외환위기와 1998년 러시아 정부의 모라토리엄(대외채무 지불유예)을 맞아 회사 침몰.
1996년	스미토모상사	일본	'하마나카 야스오'라는 직원의 구리선물 거래로 26억 달러 손실.
1995년	베어링은행	영국	'닉 리슨'이라는 직원이 일본 닛케이지수 선물과 옵션 거래로 14억 달러의 손실을 냄. 234의 역사를 자랑하던 베어링은행은 단돈 1파운드(1,873원)에 네덜란드 금융사 ING에 매각됨.
1995년	다이와은행	일본	'이구치 도시히데'라는 직원의 채권선물 거래로 11억 달러 손실이 발생해 미국사업을 정리함.
1994년	캘리포니아 오렌지 카운티	미국	자금담당자 '시트론'의 채권 투기 거래로 17억 달러의 손실이 발생해 파산.
1993년	메탈게젤샤프트	독일	파생상품 거래로 15억 달러 손실 발생.

파생상품은 사고가 나면 돌이킬 수 없는 대형사고

대형 금융사고가 끊이지 않고 터지는 이유는 무엇일까? 선물이나 옵션과 같은 파생상품에 발을 들여놓는 순간, 피할 수 없는 시장의 속성과 인간의 나약한 본성에 직면하기 때문이다.

갖가지 통계와 기술적 분석 도구를 동원하더라도 시장의 방향성에 배팅하는 파생상품 거래는 그 속성상 도박의 경향이 짙다. 사람은 누구나 손실을 입는 순간 그것을 만회하기 위해 배팅의 규모를 키우는 본성을 가지고 있는데, 이러한 속성이 선물이나 옵션의 투기성과 만나면 도박으로 변질되기 쉬워 사고로 이어지기 십상인 것이다.

61장

9·11테러로 주가 급락!
그러나 한 달 만에 회복

경제외적인 사건으로 인한 주가는 곧 회복되기 마련

2001년 9·11테러로 코스피지수는 전날 540.57포인트에서 10일이 지난 21일 463.54포인트로 14.2%나 하락했다. 그러나 주가는 1개월 만에 테러 이전 수준으로 반등했다.

　역사 속 대형사건과 증권시장의 관계를 살펴보면 대개는 사건이 발생한 뒤 5~20일간 주가가 하락했다가 상승으로 돌아서는 패턴을 보이는데, 사건 발생 이전 수준까지 반등하는 데는 10일~1개월 정도가 소요되었다.

9·11테러를 전후한 주가 동향

코스피 주봉 그래프(2001. 5.~2002. 6.)

대형사건과 주가

사건	코스피지수		하락률 (%)	회복 기간	비고
	발생일	바닥일			
1979년 10·26 사태	126.33	114.17	9.5	12일	박 대통령 시해
	10월 26일	11월 1일			
1980년 5·18 광주항쟁	115.03	109.43	4.8	14일	광주 민주화운동
	5월 17일	5월 22일			
1982년 장영자 사건	116.42	106.00	9.0	10일	거액 어음사기 사건
	5월 8일	5월 14일			
1990년 페르시아만 사태	679.75	559.98	17.5	30일	이라크 대공습으로 국제유가 164% 급등
	8월 2일	9월 1일			
1993년 금융실명제 실시	724.40	463.54	36	7일	문민정부 실명제 실시 발표
	8월 12일	9월 1일			
2001년 9·11테러	540.57	463.54	14.2	30일	2,973명이 희생된 아프간·이라크전쟁
	9월 11일	9월 21일			

경제외적인 단순사건의 경우, 하락과 회복의 기간이 짧은 것이 특징이다. 일례로 중동전을 비롯한 해외 전쟁이 발발하는 경우에도 대체로 전운이 감돌 때는 주가가 하락하지만 막상 전쟁이 일어나면 전쟁특수 기대로 오히려 주가가 상승하는 경향이 있다.

이에 반해 1997년 IMF 외환위기, 2007년 미국의 서브프라임 모기지 부실 문제처럼 경제에 치명타를 주는 사건은 주가 하락기간이 길 뿐만 아니라 회복기간도 오래 걸리는 경향이 있다.

경기침체로 인한 약세장 비교

	주가 하락시기	코스피 하락률	하락기간 회복기간	정책 금리	외국인 매매 형태	정부 정책
IMF 외환 위기	1994년 11월 ~ 1998년 6월	−75%	3년 8개월 1년 6개월	급등 후 급락	하락기 매도 회복기 매수	부실기업 퇴출, 금융 구조조정, 금리·환율·외국인 투자 자율화
IT 버블 붕괴	2000년 1월 ~ 2001년 9월	−56%	1년 9개월 1년 3개월	공격적 인하	하락기 매도 회복기 매수	카드와 부동산 위주의 내수부양책
신용 카드 대란	2002년 4월 ~ 2003년 3월	−45%	1년 1년	인하	하락기 매도 회복기 매수	카드 버블 붕괴 수습, 개입 자제
미국발 금융 위기	2007년 10월 ~ 2008년 10월	−55%	1년 2년	매월 공격적 인하	하락기 매도 회복기 매수	세금 감면, 부동산규제 완화, 유동성 공급, 금융 기관 자본 확충

어떤 경우든 하락의 골이 깊을수록 반등폭이 더 크다는 것을 알고 있어야 한다. 실제로 증권시장에서 위기를 기회로 삼은 사람들은 부자의 반열에 올랐다.

62장

세계증시 상승
(코스피지수도 2,000포인트 돌파)

바닥을 찍고 대세상승으로 전환한 세계증시

2003년을 바닥으로 세계증시는 거의 비슷한 시기에 대세상승으로 전환되었다. 2003년 저점 대비 2007년 고점까지의 약 4년 동안 국가별 종합주가지수 상승률을 보면 러시아 RTS지수 784%, 인도 봄베이지수 646%, 중국 상하이종합지수 513%로 너나없이 큰 폭의 상승을 기록했다.

선진국들도 이머징(Emerging)국가들에 비하면 다소 떨어지지만 100~250% 정도 상승했다. 한국의 코스피지수는 2003년 3월 512.30포인트에서 2007년 11월 2085.45포인트로 301.8% 상승해 상승률 면에서는 선진국과 이머징국가 중간 수준에 위치한다.

2007년 7월 4일 코스피시장의 시가총액이 증시 사상 처음으로

1천조 원을 돌파하여 시가총액 1천조 원 시대를 개막하였다. 투자의 귀재 워렌 버핏이 세계증시의 과열을 우려했고 특히 중국증시의 PER가 지나치게 높아 버블이 심하다고 경고했지만 상당수의 국내 주식전문가들은 2~3년 내로 코스피지수가 3,000포인트를 넘길 것이라는 장밋빛 전망을 내놓기도 하였다.

그렇다면 세계증시의 상승 배경은 무엇인가?

낮은 수준의 금리

2000년부터 IT 버블이 꺼지며 경기가 침체하자 각국은 앞다투어 금리를 내렸고, 2002년 각국 중앙은행 금리는 매우 낮은 수준이었다. 일본은 제로금리, 미국은 1%, 한국은 3.25% 수준이었다.

저금리로 높아진 세계 경제성장률

1998~2003년의 5년 동안 세계 GDP성장률은 3%대에 머물렀으나 2004년부터 2008년까지의 5년 동안은 4%대 후반으로, 역사적으로 상당히 높은 성장률을 구가하고 있었다. 이러한 높은 성장률은 중국, 인도, 러시아 등 이머징국가의 고도성장 영향이 컸다. 특히 중국은 이 기간 동안 연속 두 자릿수의 경제성장률을 기록해 80년대 후반 올림픽 개최 전의 한국경제 상황과 매우 흡사한 모습을 보여주었다.

구분	2001	2002	2003	2004	2005	2006	2007	2008
중국	8.3	9.2	10.0	10.1	11.3	12.7	14.2	9.6
인도	4.8	3.8	7.9	7.9	9.3	9.3	9.3	3.9
러시아	5.1	4.7	7.2	7.1	6.4	8.1	8.5	5.2
브라질	1.3	2.6	1.1	5.7	3.1	3.9	6.1	5.1
베트남	6.9	7.1	7.3	7.8	7.5	7.0	7.1	7.6
한국	4.0	7.1	2.8	4.6	3.9	5.2	5.1	2.3

▶ 자료: IMF, 소수점 둘째 자리 7 이상 반올림 ▶ 단위: %

물가 안정

국제유가가 지속적으로 상승하긴 했지만 미국 달러가치 하락과 중국, 인도 등 이머징국가의 소비증가 영향으로 물가를 감안한 실질적인 유가는 세계 1, 2차 오일쇼크만큼 충격적이지 않았다. 그만큼 물가가 안정된 것으로 볼 수 있다.

세계적으로 주식 위주의 재테크 바람이 불다

저금리의 영향으로 자산배분에서 부동산과 채권의 비중이 줄고 대신 주식 비중이 높아졌다. 심지어 '국부펀드'라는 이름으로 외환보유고나 연기금 등의 공적자금을 활용해 펀드를 만들어 주식에 투자하는 나라가 많아지는 등 안정성보다 수익성에 더 비중을 두는 추세였다.

그러나 이러한 세계증시 상승추세는 2007년 여름 미국의 비우량 부실주택채권 문제가 불거지고 유가가 급등하면서 하락세로 전환되었고, 전 세계 증권시장은 2008년 연중 침체가 지속되었다.

2년 4개월 동안 6배 상승을 기록한 후 추락한 중국증시

중국 상하이종합지수 주봉 그래프(2007. 3.~2008. 10.)

63장

투자지표를 기준으로 한
성공 투자 사례
(삼성테크윈, 현대중공업)

삼성테크윈 종목추천제안서 사례

개인투자자 한동수는 증권회사 직원으로부터 두 장의 팩스를 받았다. 추천 종목에 관한 내용이었는데, 삼성테크윈(현 한화테크윈) 종목을 일봉 그래프와 주봉 그래프를 첨부해 추천했다.

종목추천서를 살펴본 한동수는 삼성테크윈 주식을 매수하기로 마음먹었다. 매수를 결정한 이유는 다음과 같다.

첫째, 주당순이익(EPS) 증가율이 높다. 일반적으로 EPS 증가율이 10% 이상이면 웬만한 주가 수준에서 주식을 매수하더라도 장기투자를 하면 후회하지 않는다고 알고 있었는데, 삼성테크윈은 그보다 훨씬 높은 수준이었다.

종목추천제안서

종목: 삼성테크윈(012450)

현재가: 8,650원(2005년 5월 23일 종가)

1. 기업개황

자본금 3,850억 원, 시가총액 6,660억 원, 부채비율 167.5%, 유보율 68.8%. 방위산업(자주포, 항공기 엔진, 로봇 등), 디지털카메라, 카메라 모듈 생산을 주로 하는 회사로 최근 반도체 소재인 리드프레임, 칩마운터 생산비중이 증가하는 추세임.

2. 경영 및 투자지표

구분	2003년	2004년	2005년(예상)	2006년(예상)
매출액(억 원)	17,340	19,805	24,000	27,000
순이익(억 원)	438	258	900	1,125
주당 EPS(원) (증감률)	513	327 (-36.3%)	1,200 (267.0%)	1,500 (25.0%)
PER(배)	16.8	26.4	7.2	5.8
ROE(%)	7.6	4.1	12.0	15.0
PBR(배)	2.0	1.1	1.3	1.5

3. 외국인 및 기관동향

외국인이 2.8% 보유하고 있으며 향후 외국인 및 기관의 추가 매수가 있을 것으로 예상함.

4. 그래프 분석

2005년 5월 초에 8천 원을 저점으로 상승하고 있음. 최근 주가가 5일선과 20일선을 차례로 돌파한 후 이동평균선이 정배열로 바뀌고 있으므로 기술적 분석 면에서도 매수시점이라 판단함.

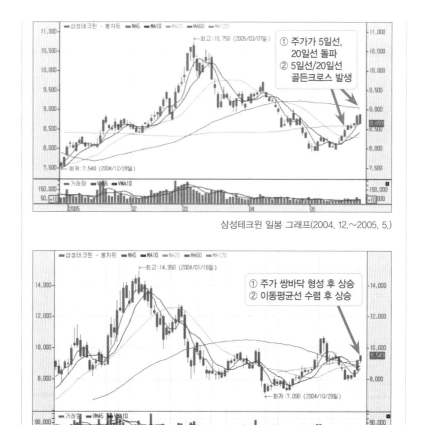

삼성테크윈 일봉 그래프(2004. 12.~2005. 5.)

삼성테크윈 주봉 그래프(2003. 7.~2005. 6.)

둘째, 자기자본이익률(ROE)이 2005년부터 12~15%로 높아지는 것으로 예상하고 있다. 이 예상대로라면 정기예금 이자율이 5%대인 점을 감안해 주식을 가지고 있는 것이 유리하다고 판단했다.

셋째, 내가 하고 싶은 사업을 하는 회사와 동업을 한다는 마음으로 투자를 결정했다. 삼성테크윈은 카메라 이외에도 로봇, 반도체 소재

등 다양한 신기술산업을 펼치고 있어 새로운 시대를 앞서가는 꿈이 있는 회사라는 생각이 들었다. 내가 운영하고 싶은 회사를 전문가가 대신 맡아서 경영을 해준다면 더욱 좋은 투자라고 생각하고, '그래. 나는 삼성테크윈과 동업하는 거야'라는 마음으로 투자를 결정했다.

넷째, 기술적 분석으로도 매수시점이었다.

2005년 5월, 한동수는 삼성테크윈 주식을 9천 원에 매수했다. 그후 삼성테크윈 주식은 꾸준히 상승해 2007년 8월 5만 원을 넘겨 큰 수익을 안겨주었다.

EPS를 기준으로 매매해 성공한 현대중공업

2006년 6월, 한동수는 경제신문을 뒤적이다 '조선업 호황이 밀려온다'라는 제목의 기사가 눈에 들어왔다. 2004년부터 세계경제가 회복기에 접어들었고, 중국 특수에 대한 기대로 조선 수주가 늘어나 세계 조선업이 호황을 누릴 것이라는 내용이었다. 한동수는 조선업의 호황으로 세계 조선업계에서 선두를 차지하고 있는 국내 조선업체들이 큰 수혜를 입을 것이라는 예측에 눈길이 갔다.

더불어 현대중공업, 대우조선, 삼성중공업, 한진중공업 등 우리나라 대표 조선회사의 최근 수주량과 수주잔량을 함께 소개해 놓았는데, 2005년부터 누적실적과 2008년까지의 예상실적이 큰 폭으로 증가추세를 나타내고 있었다.

한동수는 곧바로 거래하는 증권회사의 홈트레이딩 시스템(HTS)을 켜고 현대중공업의 영업실적을 살펴봤다. 특정 업종이 좋아지면 대표 종목을 먼저 살펴보는 것이 그의 습관이다.

증권회사 '리서치' 창으로 현대중공업의 실적 전망을 본 그는 깜짝 놀랐다. 2005년 EPS가 전년 대비 400% 가까이 증가했는데, 2006년에 도 약 300% 증가할 것으로 예상되고 있었다.

이는 기업의 이익이 2년 연속 전년 대비 3~4배씩 증가한다는 의미로, 놀랄 만한 성장률이었다. 그 영향으로 예상 PER도 10배 수준으로 낮아지고 있었다.

현대중공업의 투자 판단 지표

연도	주당순이익 (EPS)	전년비 증감률	주가수익비율 (PER)	자기자본이익률 (ROE)	주가순자산비율 (PBR)
2003년	1,498원			3.6%	0.8배
2004년	483원	−67%		1.0%	0.7배
2005년	2,412원	399%	24.9배	5.0%	1.2배
2006년	9,380원	289%	11.3배	17.3%	1.8배
2007년	22,129원	136%	14.1배	32.0%	3.9배
2008년(E)	27,809원	26%	11.5배	30.3%	3.1배

▶ 2008년 예상지표는 2008년 초 증권사 평균 추정치임.

한동수는 예상 PER가 10배 수준이라면 기업의 실적이 아직 주가에 반영되지 않았다고 판단해 현대중공업을 매수했다. 현대중공업 주가 는 2007년 11월 55만 원까지 상승했다. EPS와 PER를 기준으로 장기투 자를 한 결과 한동수는 상당한 투자수익을 거둘 수 있었다.

현대중공업 주가 동향

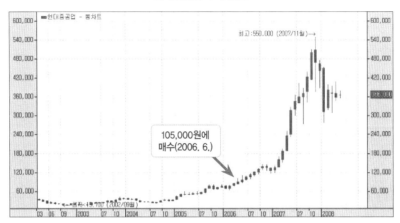

현대중공업 월봉 그래프(2002. 3.~2008. 4.)

64장

저평가된 가치주 찾기
(아모레G, 롯데칠성, 신세계)

성장주에서 가치주로 바뀐 투자 기준

1998~2000년에 발생한 IT 버블은 투자자에게 엄청난 피해를 안겨주었다. 버블 후유증으로 장기침체에 빠진 우리 증시에 2001년 들어 '가치주(Value stock)'라는 새로운 개념이 등장했다.

'가치주'란 기업의 내재가치에 비해 주가가 저평가되어 있는 주식을 말한다. '성장주(Growth stock)'에 대칭되는 개념으로 많은 투자자가 성장주에 투자했다 피해를 본 쓰라린 경험이 있었기에 투자 기준이 성장주에서 가치주로 이동하는 것은 자연스러운 현상이었다.

가치투자의 창시자는 워렌 버핏의 스승이

가치투자의 창시자
벤자민 그레이엄

자 위대한 투자자로 칭송받는 벤자민 그레이엄(Benjamin Graham)이다. 벤자민 그레이엄은 아래 5가지 기준을 충족한 주식을 가치주로 분류한다.

가치주의 5가지 기준

① 부채비율이 100% 이하인 기업

② 과거 10년간 주당순이익(EPS) 증가율이 4% 이상인 기업으로, 특히 주당순이익이 평균 10% 이상인 회사는 매수시점이 다소 잘못되더라도 장기투자를 하면 수익 창출이 가능하다고 본다.

③ 주가수익비율(PER)이 금리의 역수보다 낮은 기업의 주식. 금리가 10%면 PER가 1/10배, 즉 10배 이하일 경우에만 주식투자를 하는 것이 득이 되고, 금리가 5%면 PER가 1/5배, 즉 20배 이하일 경우에만 주식투자가 득이 될 수 있다는 뜻이다.

④ 배당수익률이 금리의 3분의 2 이상인 기업의 주식

⑤ 주가순자산비율(PBR)이 0.35배 이하인 기업의 주식

그러나 이러한 요건을 모두 충족하는 기업은 드물다. 대신 보수적인 투자자라면 최소한 연간 매출액이 1억 달러 이상인 기업 중 다음 요건을 충족하는 기업에 투자하면 실패를 줄일 수 있다고 보았다.

보수적인 투자자의 투자 대상 기준

① 제조업의 경우 유동비율이 200% 이상인 기업

② 과거 10년간 매년 이익을 낸 기업

③ 최근 20년간 배당을 실시한 기업

④ PER가 15배 이하인 기업

⑤ PBR이 1.5배 이하인 기업

이 정도 기준을 충족하는 기업은 우리나라 상장기업들 가운데서도 어렵지 않게 찾을 수 있다.

급등하는 우량 가치주 3인방

2001년 증시를 달군 가치주 돌풍의 주역은 '가치주 3인방'이라 불린 아모레G, 롯데칠성, 신세계이다. 이 중 제일 먼저 가치주 돌풍을 일으킨 종목은 화장품 제조업체인 아모레G(변경 전 태평양, 002790)였다.

IMF 외환위기 이후 과감하게 구조조정을 단행한 태평양은 수익성이 없는 사업부문을 미련 없이 처분하고 화장품 본업에 충실했다.

그 결과 주당순이익(EPS) 증가율이 1999년 177%, 2000년 120%, 2001년 36%로 획기적으로 좋아졌다. 또한 2001년에는 PER가 1.9배, 주가순자산비율인 PBR은 0.49까지 떨어져 있었다.

위기를 극복하고 우량기업으로 거듭난 태평양의 주식을 우량 가치주를 찾던 기관과 외국인이 집중적으로 사들이면서 주가가 상승추세를 탔다. 2000년 4월 1만 원이던 주가는 2002년 3월에 12만 원으로 올라 2년 만에 12배 상승했다. 아모레G로 사명을 변경한 태평양은 그후에도 상승을 지속하여 2006년 4월에 25만 7천 원 그리고 2014년 6월

에는 72만 9천 원을 돌파하였다. 2000년도에 1천만 원을 투자하여 14년
간 보유한 사람이라면 유무상증자와 배당을 감안하지 않더라도 투자
금 1천만 원이 최소한 73배인 7억 3천만 원으로 불어났다는 얘기다.

가치주 돌풍을 일으킨 아모레G 주가 동향

아모레G 월봉 그래프(1999. 8.~2007. 8.)

　　태평양의 뒤를 이어 가치주로 각광받은 종목은 롯데칠성(005300)이
다. 롯데칠성은 지속적인 수익창출로 내부유보[2]가 많아 무차입 경영상
태를 유지하는 초우량 기업으로 꼽힌다.
　　그동안 성장주가 아니라는 이유로 투자자에게 소외받아 2001년 초

2　당기이익금 중에서 세금, 배당금, 임원상여 등 사외로 유출된 금액을 제외한 나머지를 축적한 것. 대차대
　조표상 '자본'란에 기재되며 구체적으로는 법정준비금인 이익준비금, 잉여금 등을 말한다. 이 내부유보금
　과 자본금, 자본준비금을 합쳐 자기자금이라 하며, 총자산에서 자기자금이 차지하는 비율이 높을수록 그
　회사의 안전성이 높다고 할 수 있다. 또 이 밖에 각종 특별충당금까지를 포함한 것을 넓은 의미의 내부유
　보라 한다.

PER 1.6배, PBR 0.35로 주가가 매우 저평가되어 있었다.

그러다 가치주 돌풍이 일면서 롯데칠성의 주가도 2000년 2월 5만 4천 원에서 2007년 7월 89만 원이 되어 무려 16.5배 상승했다. 신세계 역시 가치주의 대열에 동참했다.

가치주 3인방 중 하나인 롯데칠성 주가 동향

롯데칠성 주봉 그래프(2000. 9.~2002. 7.)

65장

장하성펀드로 돌아온 자산주
(대한화섬)

기업가치와 주가를 높이자! 장하성펀드

2006년 8월 23일, 일명 '장하성펀드'로 불리는 한국 기업 지배구조 개선 펀드(KCGF)가 대한화섬 지분 5.15%를 취득하며 증권시장에 본격적으로 모습을 드러냈다.

투자금은 미국 뉴욕에 본사를 둔 라자드자산운용에서 지원하고, 실질적인 운용은 장하성 고려대 경영대학 교수가 맡았다. '장하성펀드'라는 이름이 붙은 것도 이 때문이다.

장하성펀드는 지배구조가 불투명하거나 이익잉여금을 쌓아놓고도 배당에 인색한 기업의 지분을 인수해 이사진 참여, 배당금 증액, 유휴자산 매각 등을 요구하며 기업가치와 주가를 높이는 데 목적을 두고 있었다.

장하성펀드가 첫 번째 종목으로 대한화섬(003830) 지분을 11.64%
매수하자 주가는 2006년 8월 5만 9천 원에서 9월 23만 원으로 단 한
달 만에 3.9배나 급등했다.

1992~1993년 자산주 열풍을 기억하던 투자자들이 과감히 추종매
수에 동참했기 때문이다. 투자자들은 장하성펀드가 매수하는 종목을
알아내기 위해 혈안이 되었다.

대표적인 장하성펀드 종목인 대한화섬 주가 동향

대한화섬 주봉 그래프(2006. 2.~2007. 6.)

대한화섬 이후에 장하성펀드는 화성산업, 크라운제과, 벽산건설, 동
원산업, 하이트맥주, 성지건설 등을 매수했으나 초기에 강한 상승을 보
였을 뿐 시간이 지날수록 시장평균 등락률을 면치 못했다.

66장

주식의 새로운 투자 기준
(ROE, PER, PBR, PSR, EV/EBITDA)

자기자본이익률(ROE)

은행에 예금하는 것과 불확실한 주식투자 중 어느 것이 유리할까? 결론부터 말하자면 자기자본이익률(ROE, Return on equity)이 은행 예금 이자율보다 높은 기업의 주식을 매입한 경우에만 주식투자에 따른 수익을 기대할 수 있다.

쉽게 풀어서 설명하자면 자기자본이 10억 원이라면 자기자본의 10%인 1억 원 이상 이익을 내는 기업에 투자할 경우에만 10% 예금보다 유리할 수 있다는 말이다. 그렇지 않으면 주식투자로 인한 손실위험을 안고 굳이 은행 이자율보다 낮은 수익을 내는 기업에 투자할 이유가 없다. 결론적으로 ROE가 높으면 높을수록 투자매력은 더욱 커진다.

자기자본이익률은 주주가 투자한 돈으로 기업이 얼마를 벌고 있는 지를 나타내는 지표로, 당기순이익을 평균 자기자본으로 나눠서 구한다.

> 자기자본이익률(%) = 당기순이익 ÷ 평균 자기자본 × 100

　　ROE 개념이 중요한 투자지표로 자리매김하게 된 것은 2000년대 들어서이다. IMF 이전까지는 대부분의 기업이 수익성보다 외형 부풀리기에 혈안이 되어 있었기에 자기자본이익률이 투자지표로 크게 중요하지 않았다.

　　2000년대에 ROE 외에 증권시장에서 기업의 상대가치를 평가할 때 활용한 4가지 지표를 살펴보자.

주가수익비율(PER)

주가수익비율(PER, Price Earning Ratio)은 주가를 예상 주당순이익으로 나눈 것으로, 이 비율이 낮으면 주가가 저평가되어 있다고 보고, 높으면 고평가되어 있다고 보는 가장 대표적인 상대평가 지표이다.

> 주가수익비율(배) = 주가 ÷ 예상 주당순이익

　　쉽게 설명하자면 PER가 10이면 주식 1주가 주가 수준만큼 벌려면

10년이 소요되고, PER가 50이면 50년이 걸린다는 말과 같다. 투자자금 회수기간이 짧을수록 주가가 싸고, 투자자금 회수기간이 길수록 주가에 버블이 끼어 있다고 추정할 수 있다.

주가수익비율을 보완하는 지표로는, 기업의 성장률을 반영하는 '주가수익성장비율'과 순수한 영업활동만으로 발생한 현금흐름을 기준으로 주가를 평가하는 '주가현금흐름비율'이 있다.

주가수익성장비율(PEGR) = 주가수익비율(PER) ÷ 연평균 주당순이익 성장률

주가현금흐름(PCR) = 주가 ÷ 주당 현금흐름

주가순자산비율(PBR)

주가순자산비율(PBR, Price Book Value Ratio)은 주가(시장가치)를 주당순자산(장부가치)으로 나눈 것으로, 이 수치가 높으면 기업의 자산가치에 비해 주가가 고평가되어 있고, 낮으면 저평가되어 있다고 판단하는 상대평가 지표이다.

주가순자산비율(배) = 주가 ÷ 1주당 순자산

주가매출액비율(PSR)

주가매출액비율(PSR, Price Selling Ratio)은 주가를 주당매출액으로 나눈 값으로, 이 수치가 낮으면 주가가 저평가되어 있다고 보고, 높으면 고평가되어 있다고 판단하는 상대평가 지표이다. 수익성 평가가 어려운 신생기업이나 성장성이 높은 IT기업을 평가할 때 활용한다.

주가매출액비율(배) = 주가 ÷ 1주당 매출액

이브이에비타(EV/EBITDA)

이브이에비타는 순수하게 영업으로 벌어들인 이익과 기업의 가치를 비율로 나타낸 것으로 이 수치가 낮으면 주가가 저평가되어 있다고 보고, 높으면 고평가되어 있다고 판단하는 상대평가 지표이다.

이브이에비타(배) = (시가총액 + 순차입금) ÷ (영업이익 + 감가상각비 등 비현금성 비용 + 제세금)

▶ 이브이(EV, Enterprise Value): 주주가치 + 채권자가치 = 시가총액 + (이자지급성 부채 − 현금 및 유가증권)
▶ 에비타(EBITDA, Earnings Before Interest and Tax Depreciation and Amorization): 이자와 세금 및 감가상각비 차감 전 이익 = 영업이익 + (감가상각비와 기타 상각비)

67장

2개월 동안 14배 폭등!
줄기세포 테마주 산성피앤씨

세상을 떠들썩하게 한 줄기세포 테마주

2004년, 서울대 황우석 연구팀이 세계 최초로 인간 난자를 이용해 배아줄기세포를 만드는 데 성공했다는 기사가 발표됐다. 이 기사는 국내뿐 아니라 세계인의 이목을 집중시키기에 충분했다. 그 영향으로 줄기세포 관련주가 요동치며 가장 뜨거운 테마주로 증권시장에 등장했다.

줄기세포란 뇌, 간, 폐 등 인체를 구성하는 모든 신체기관으로 발전할 수 있는 기본세포로, 난치병 치료에 획기적인 전기를 제공할 것이라는 기대감만으로도 주가는 출렁였다.

줄기세포 테마주에 가장 먼저 불을 붙인 종목은 산성피앤씨(현 산성엘엔에스, 016100)이다. 골판지와 골판지 상자를 만드는 산성피앤씨는 2003년 1월 코스닥에 상장된 후 2004년 초까지 1천 원 안팎의 시세를 형성하고 있었다. 이후 줄기세포를 연구하는 벤처기업인 퓨처셀뱅크와 파미셀에 20%씩 지분을 투자한 사실이 알려지면서 주가가 급등하기 시작했다.

산성피앤씨 주가는 2004년 10월 29일 1,410원을 저점으로 2005년 2월 18일 4만 9,100원까지 올라 4개월 동안 34.8배라는 경이로운 상승률을 기록했다. 2005년 6월 3일에는 무상증자 100%를 받고도 4만 9,500원이 되었는데, 무상증자를 감안할 경우 8개월 만에 약 70배 상승한 셈이었다.

그러나 줄기세포를 연구하는 벤처기업에 투자해 지분을 가지고 있다는 재료만으로 주가가 오른 산성피앤씨는 황우석 교수의 논문조작 사건이 터지자 속절없이 추락해 최고점을 기록한 2005년 당해 연도에 1만 원 이하로 하락했다. 1990년대 말 IT주 광풍 때와 마찬가지로 막차

4개월 동안 35배 오른 산성피앤씨 주가 동향

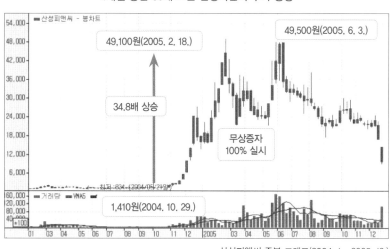

산성피앤씨 주봉 그래프(2004. 1.~2005. 12.)

를 탄 일반 투자자들은 또 한 번 눈물을 삼켜야 했다.

산성피앤씨로 시작된 줄기세포 테마주 불길은 에스씨에프(현 동아
원, 008040), 마크로젠(038290), 조아제약(034940) 등으로 번져갔고, 계속
해서 바이오, 무선인터넷, 위성DMB, 창투사, 와이브로, 태양 또는 풍력
을 이용하는 대체에너지 등으로 차례차례 확산되었다.

에스씨에프는 12일간 연속 상한가를 기록해, 2004년 12월 13일
1,600원을 저점으로 하여 2개월 후인 2005년 2월 15일에는 2만 2,900원
이 되어 단숨에 14배나 폭등했다. 그러나 주가가 꺾일 때는 거래 없이
6일 연속 하한가를 기록하였기 때문에 투자자가 손절매할 시간적 여
유가 없었다.

2개월 동안 14배 폭등한 에스씨에프(현 동아원) 주가 동향

에스씨에프 일봉 그래프(2004. 11.~2005. 4.)

회사명	관련테마	주가 저점(원)	주가 고점(원)	상승(배)
알엔엘바이오 (2013. 5. 3. 상폐)	줄기세포	1,000 (2005. 1.)	25,800 (2005. 6. 17.)	25.8
이노셀(028300) (현 에이치엘비)	제대혈	500 (2004. 11.)	17,700 (2005. 7. 29.)	35.4
코미팜 (041960)	항암제	2,200 (2004. 7.)	55,700 (2005. 3. 21.)	25.3
조아제약 (034940)	체세포복제	1,300 (2004. 11.)	19,600 (2005. 8. 5.)	15.0
이노GDN(028300) (현 에이치엘비)	제대혈	2,000 (2004. 11.)	25,900 (2005. 7. 29.)	13.0
서화정보통신 (033790)	와이브로	740 (2004. 10.)	9,810 (2005. 1. 26.)	13.3

시대의 흐름과 패러다임을 반영하는 테마주의 허와 실

테마주란 시대의 흐름에 따라 새롭게 등장하는 패러다임을 반영하는 주식들이 하나의 테마를 형성해 묶음으로 오르고 내리는 특성을 지닌 소그룹이라 할 수 있다. 특정 테마가 투자자의 시선을 집중시킬 때는 렌즈로 햇빛을 모아 불을 일으키는 것과 같은 원리로 기간은 짧지만 그 위력이 대단하다는 특징이 있다. 또한 게릴라식으로 반복해서 '나타났다 잠복했다'를 되풀이하는 경향이 있다.

2000년 이후 증시를 주도한 테마주

2000년	차세대이동통신(IMT2000) 수혜주, 인간게놈프로젝트 관련주, 유무선통신장비 수혜주
2001년	디지털방송 관련주, 구제역 관련주, 9·11테러 관련주, 게임 및 엔터테인먼트 관련주
2002년	월드컵 수혜주, 금광개발 관련주, 이라크전쟁 관련주, 무선인터넷 관련주, 전자상거래 관련주
2003년	사스 관련주, 중국관련 수혜주, M&A 관련주, 신행정수도 관련주, 온라인교육 수혜주
2004년	AI 관련주, 광우병 수혜주, M&A 관련주, 원화강세 수혜주, 쓰나미 관련주, 고유가 수혜주
2005년	줄기세포 관련주, 제약·바이오주, 디지털위성방송(DMB) 관련주, 무선인터넷 관련주, IT 부품 관련주, 엔터테인먼트주, 온라인교육 관련주
2006년	지주회사, 조선 및 조선기자재 관련주, 자원개발 관련주, 와이브로, 장하성펀드 관련주
2007~2008년	한미 FTA 관련주, 지주회사, 바이오디젤, 2차전지, 태양에너지 관련주, 자본시장과 금융투자업에 관한 법률(자통법) 관련주
2009년	자전거, 음원/음반, 2차전지, 인터넷 포털, TFT LCD 부품, 스마트 부품, 전기차
2010년	애니메이션, 화장품, 태양광 에너지, 핵융합 에너지, 반도체 장비, LED 장비
2011년	제대혈, 슈퍼박테리아, 출산장려정책, 캐릭터 상품, 헬스케어, 의료기기, 모바일 게임
2012년	PCB, 화장품, 신약, 전자결제, 휴대폰 부품, 대선 관련주, GPS, 전자파, 무선충전기술
2013년	공기청정기, 황사, 신약, 하이브리드카, ESS(전력저장장치), 엔터테인먼트
2014년	중국 진출 화장품, 리모델링/인테리어, 모바일 게임, 신종플루, 제대혈, 치아치료
2015년	화장품, 아이핀(I-PIN), 신약개발, 사물인터넷
2016년	슈퍼박테리아, 제약 바이오, LCD LED 장비, 인공지능
2017년	반도체, 제약 바이오, 4차산업 관련주(5G, 자율주행, 인공지능), 풍력에너지, 가상화폐
2018년	남북경협(철도, 강관, 건설, 전력, 통신, 시멘트), 바이오/줄기세포, 황사/미세먼지
2019년	반도체/부품/재료, 5G/통신장비, 황사/미세먼지
2020년	코로나19(진단/백신/방역/슈퍼박테리아), 마스크/소독제, 제약/바이오, 5G/통신장비, 반도체/반도체장비, 비대면(원격지원/교육/디지털뱅킹), 그린에너지(태양광/풍력)

테마주 바람을 타고 고개를 든
단타매매와 미수매매

2004~2005년 테마주가 극성을 부리던 시기에 단타매매와 미수매매가 많았다. 단타매매는 주가가 급등하는 종목을 오늘 사서 오늘 팔거나 다음 날 매도하는 초단기 매매방식으로, 대부분의 경우 이익보다는 손실을 입을 확률이 높다.

미수매매는 증거금 40%를 가지고 2.5배 추가 매수한 뒤 수도결제일인 3일 이내에 매도하는 것을 말한다. 예를 들면 현금 1천만 원을 가진 투자자가 A라는 주식을 자기 돈의 2.5배에 해당하는 2,500만 원어치 매수한 후 3일 이내 매도하는 것을 미수매매라고 하는데, 3일째 되는 날까지 추가 매수한 1,500만 원을 입금하지 않으면 4일째 되는 날 반대매매를 당하기 때문에 주가가 하락하면 손해가 2.5배로 커진다.

미수매매를 하는 투자자는 당연히 이익을 얻으리라 기대하고 매입하겠지만, 테마주는 급등락하는 경향이 있기 때문에 주가가 올라 이익이 나면 다행이지만 주가가 급락할 때는 3일 만에 깡통계좌가 되는 경우도 있다. 예를 들어 1천만 원 자금으로 2,500만 원어치 매수한 A주식이 3일 동안 40% 하락하면 1천만 원 원금 전액이 날아가는(2,500만 원 × 40% = 1천만 원) 대단히 위험하고 무모한 매매인 것이다.

미수매매는 신용매매가 안 되는 종목에 무리하게 욕심을 내어 투자하는 경우이기 때문에 단타매매와 마찬가지로 손실로 이어지기 쉽다는 점을 명심해야 한다.

정부는 개미들의 무분별한 미수거래를 방지하기 위해 미수가 발생한 계좌에 대하여 30일간 미수거래를 중단하고 증거금으로 현금 100% 범위 내에서 주식을 매수할 수 있도록 조치하였다. 다만 미수금 액이 10만 원 미만 소액인 경우는 예외를 인정하고 있다(2007년 5월 1일 시행).

68장

다단계식 주가조작 사건
(루보, UC아이콜스)

끊이지 않고 터지는 주가조작 사건

증권기관의 주가심리시스템이 발전함에 따라 심리가 엄격해진 덕분인지 2000년대는 1990년대에 비해 주가조작 사건이 많이 줄어들었다. 그러나 증권시장에서 주가조작을 완전히 근절시키기는 어렵다는 생각이 들게 만드는 사건들이 연이어 터졌다.

2007년 다단계식 주가조작 사건이 터졌다. 자동차용 베어링을 만드는 회사인 루보(051170)는 자본금 49.5억 원의 소형주로서 2007년 말 기준으로 매출액 225억 원에 14억 8천만 원의 적자를 낸 잘 알려지지 않은 종목이었다. 코스닥에 등록된 이 루보 주식을 작전세력이 개입해 다단계 방식으로 자금을 모집한 뒤 700여 개 계좌를 이용해 주가를 조작했다.

다단계 방식이란 1차로 모집한 자금으로 1천 원에 매수한 뒤 2차 모집자금으로 2천 원에 매수해 1차 매수자에게 100% 수익을 실현시켜 주는 방식으로, 다시 3차 모집자금으로 4천 원에 매수해 2차 매수자에게도 100% 수익을 실현시켜 줌으로써 기존 투자자들이 탐욕에 빠지도록 해서 더 많은 자금을 가져오게 하는 것이다.

루보의 주가는 2006년 6월 9일 900원에서 2007년 4월 20일 5만 1,400원까지 치솟아 10개월 만에 무려 57배나 올랐다. 그러나 원래 주가로 떨어지는 데는 채 3개월이 걸리지 않았다.

2000년대 대표적인 주가조작 종목인 루보의 주가 동향

루보 주봉 그래프(2006. 1.~2007. 12.)

이와 비슷한 사건으로 코스닥 등록법인인 UC아이콜스(2008년 4월 17일 자본잠식으로 상장폐지) 주가조작 사건도 있다. 이 사건은 특히 외국 금융기관 직원이 작전에 개입해 충격을 주기도 했다. UC아이콜스는 2006년 11월부터 6개월간 140개 차명계좌를 개설해 주가를 2,400원에서 2만 8,800원으로 끌어올렸다.

작전종목은 작전이 끝나면 언제나 작전 이전 주가 이하로 떨어진다. 작전에 관여한 사람들은 증권거래법 위반으로 형사처벌을 받으면 그만이지만, 작전종목에 투자한 다수 투자자들은 큰 피해를 보았다.

69장

스마트폰 시대, 정보와 문화를 지배하는 인터넷 포털
(NAVER와 카카오)

공룡들의 전쟁, 인터넷 포털 기업

대부분의 테마주들이 일시적인 재료로 부각되었다가 사라지지만 모든 테마주가 게릴라식으로 출몰했다 사라지는 것은 아니다. 성장모듈이 확실한 테마주들은 지속적으로 시장 규모가 확장되는데, 대표적인 것이 인터넷 포털 테마이다.

인터넷 포털 기업은 90년대 초 지식검색 서비스를 제공하는 기업으로 출발했다. 90년대 후반 이메일이 보편화됨에 따라 이메일 주소가 없으면 컴맹 소리를 들었다. 컴퓨터를 할 줄 모르는 사람은 '세상 흐름을 따라갈 수 없는 무능력자'로 인식되는 시대가 된 것이다. 이 같은 시대 흐름을 등에 업고 인터넷 포털은 단순한 지식검색을 뛰어넘어 카페, 블로그, 토론장 등 중요한 정보교환 및 통신수단으로 발전해 왔다.

현재는 스마트폰 시대를 맞아 모바일 메신저에서부터 금융과 쇼핑, 문화로까지 그 영역을 확대해 가고 있다.

이제 스마트폰과 인터넷 없는 세상은 상상도 할 수 없는 시대가 되었다. 그리고 이러한 변화의 중심에 인터넷 포털 기업이 있다. 인터넷 포털 기업은 점점 더 공룡처럼 거대해지고 현대인은 인터넷 포털 기업의 영향력 아래에서 살아가게 될 것이 뻔하다.

스마트폰이 대세인 지금, 인터넷 포털 기업은 국가간 영역을 넘나드는 M&A로 몸집을 불리며 사활을 건 경쟁을 끊임없이 벌이고 있다. 1등이 시장을 독식하는 체제 아래에서 1위가 되지 못하면 살아남지 못하기 때문이다.

포털 기업의 순위는 가입자 수와 이용자 수로 나타난다. 포털에서 가입자와 이용자는 곧 재산이자 현금과 같다. 참고로 2014년 기준 글로벌 모바일 메신저 현황을 알아보면 아래 표와 같다.

글로벌 모바일 메신저 비교

메신저명	와츠앱	위챗	라인	카카오톡	바이어	탱고
모기업	페이스북 (미국)	텐센트 (중국)	네이버 (한국)	카카오 (한국)	라쿠텐 (일본)	알리바바 (중국)
가입자(명)	7억	6억	4.5억	1.5억	3억	2억
월평균 이용자(명)	5억	3.55억	1.75억	0.65억	1억	0.7억
주요 서비스 국가	미국, 유럽, 남미 등	중국, 동남아 등	일본, 대만 태국, 한국 등	한국, 일본 등	브라질, 러시아 등	미국, 중국 등

▶ 기준일: 2014년 6월 ▶ 자료: LG경제연구원, 〈조선일보〉(2014. 6. 23.)

환상적인 투자수익률을 기록한 카카오와 NAVER

국내 대표적 포털 기업으로 카카오(035720)와 NAVER(035420)가 있다. 카카오에는 국내 최초라는 수식어가 여러 개 붙는다. 국내 최초 검색 업체로 1995년 2월에 설립되었고, 1997년 5월 국내 최초로 웹서비스인 '한메일(hanmail.net)'을 제공하기 시작했다. 한메일 도입 1년 만인 1998년 가입자가 100만 명을 넘어 90년대 말에는 '메일 주소 = 한메일'로 통했다. 이어 1999년 최초로 등장한 '다음카페'는 PC통신 동호회들 사이에서 선풍적인 인기를 모았다. 그 결과 다음(현재 회사명 카카오)의 주가는 1999~2000년 IT 버블 바람을 타고 환상적으로 올랐다.

1999년 11월 11일 상장 당일 주가 7천 원이 곧바로 급등하기 시작해 2000년 2월 18일에 29만 8천 원이 되었다. 3개월여의 짧은 기간에 무려 42.5배 상승한 것이다. 해당 기간에 실시한 유무상증자까지 포함하면 투자수익률은 그 이상이었다. 인터넷 포털에 일찍 눈을 뜬 투자자들, 특히 장외에서 주식을 매수한 투자자들은 엄청난 수익을 실현할 수 있었다. 설상가상으로, 2006년부터는 네이버에 포털 1위 자리를 내주고 말았다(참고로 다음은 네이버를 추격하기 위해 모바일 메신저 '카카오톡' 서비스를 제공하는 카카오(KAKAO)와 2014년 10월 1일 합병하였다. 합병기업 '다음카카오'는 시가총액 규모가 10조 원에 육박해 코스닥 1위 기업으로 올라섰다).

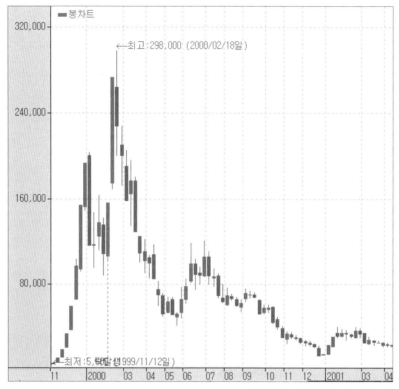

벤처붐을 타고 3개월 만에 42.5배 상승한 다음(현 카카오)

다음 주봉 그래프(1999. 11.~2001. 3.)

네이버(종전 NHN)는 다음에 비해 4년 늦은 1999년 6월에 설립되었다. 후발주자인 네이버는 2002년 10월 지식검색 서비스인 '지식인(iN)'을 개설하면서 풍부한 내용과 이용방법의 편의성을 인정받아 폭발적인 인기를 얻었고 2003년부터 다음을 제치고 검색시장 1인자로 등극하게 되었다. 네이버 주가는 2002년 11월 상장 당시 1만 1천 원으로 시작했으나 2005년 중반부터 다음의 주가를 앞지르기 시작했다. 그리고 2010년 스마트폰 대중화 시대가 열리면서 다음의 주가와 간격을 더욱 벌렸다. 그 결과 2014년 3월 7일에 88만 원이 되어 12년 동안 무려 88배 수익률을 냈다. 초기에 1천만 원을 네이버에 투자하고 지금까지 보유했더라면 8억 8천만 원이 되었을 거라는 말이다. 하지만 이는 단순주가 비교로 계산한 것이므로 그동안 실시한 유무상증자를 감안할 경우 그보다 높은 투자수익률이 될 것이다.

다음과 네이버 주가 비교(1999. 12.~2014. 8. 8.)

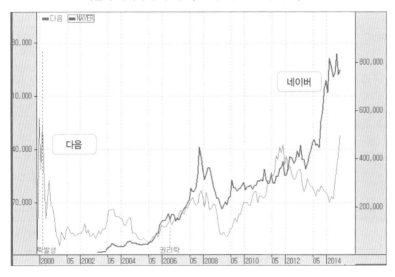

70장

우리사주로 받은 주식 급등!
매각 방법은 퇴사
(남광토건 사례)

지분 매입 경쟁으로 3개월 만에 13배 이상 급등한
남광토건 주가

2008년 남광토건을 두고 벌어진 적대적 M&A가 또 한 번 시세를 분출시켰다. 2008년 4월 알텍스사 지분 22.8%를 인수해 최대주주가 된 대한전선과 종전 최대주주이자 2대 주주인 차종철 남광토건 회장과 에스네트 측이 경영권 분쟁을 대비해 지분 매수 경쟁을 벌였다.

양측이 치열한 매수전을 펼치는 사이 주가는 2008년 3월 저점 주가 1만 750원 대비 6월 고점 14만 5,500원까지 상승하였다. 3개월 만에 13.5배 급등한 것이다. 기관투자가들은 이 기회를 이용해 보유주식을 대거 처분해 큰 수익을 거뒀다.

덩달아 남광토건 직원들도 행복한(?) 고민에 빠졌다. 2007년 12월에

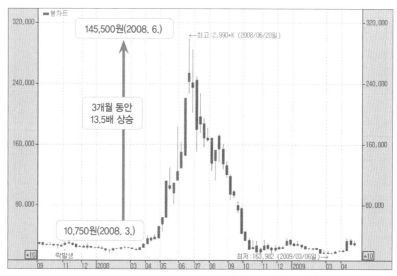

적대적 M&A로 급등한 남광토건 주가 동향

남광토건 주봉 그래프(2007. 9.~2009. 4.)

근속기간에 따라서 적게는 500주에서 많게는 1만 주까지 주당 9,800원에 우리사주를 배정받았는데, 적대적 M&A 시도에 따른 지분 매입 경쟁으로 주가가 올라 1인당 최소 2,700만 원에서 최대 5억 5천만 원의 차익을 거두는 뜻밖의 횡재를 하게 된 것이 발단이었다.

생각지도 않았던 큰돈이 생긴 건 좋은 일이지만, 규정에 따라 우리사주는 1년간 팔 수 없도록 돼 있어 당장 차익을 실현하려면 회사를 그만두는 방법밖에 없다. 실제로 일부 직원들은 사표를 제출하거나 퇴사를 심각하게 고민했다고 한다.

남광토건은 2010년 대한전선그룹으로 새롭게 출발하려 했으나 국내 주택시장의 장기침체로 두 번째 워크아웃에 들어가, 2012년 8월 법원에 기업회생절차 개시를 신청하고 같은 해 12월 회생계획 인가 결정을 받았다.

주가가 급등했을 때 회사를 그만두고 우리사주 주식을 매각한 직원이 유리했는지, 회사에 끝까지 남아 있었던 직원이 유리했는지는 직원들만이 알 것이다. 아마 주가 급등 기간이 3~4개월로 짧았기 때문에 대부분의 직원들은 회사에 남아 있었을 것이다.

71장

금광, 석유 찾는 중소형주 투자 주의

요동치는 중소형 자원개발주

2007년 원유, 철강석 등을 비롯한 각종 원자재 가격이 급등하면서 자원개발 관련주가 급등했다. 자원개발은 성공할 가능성도 낮고 막대한 자금과 오랜 시간이 소요되는 까닭에 대기업을 중심으로 추진되기 마련이다.

오래 전부터 자원개발을 추진해 온 SK이노베이션, 대우인터내셔널, 한국가스공사, 삼성물산과 같은 대기업이 대표적인 자원개발 관련주이다. 2010년을 기점으로 20년 이상 자원개발사업을 추진해 온 SK이노베이션과 대우인터내셔널은 그간 투자만 해왔던 자원개발에서 처음으로 수익이 발생하기 시작했다.

그런데 주가는 비정상적으로 움직였다. 대형주는 주가 상승이 미미한 반면 사본, 기술 등 모든 면에서 열악하여 사원개발에서 성공하기 어려운 중소형주가 난리를 쳤다. 대주주와 일부 세력이 주가를 조작하는 과정에서 일확천금을 노린 개미들이 참여했기 때문이다.

A씨는 가게 판 돈 2억 5천만 원을 2007년 9월 에이치앤티(H&T)에 모두 투자했지만 3개월 만에 2천만 원으로 줄고 말았다. 1년간 돈을 불려 새 가게를 차리려던 A씨의 꿈은 산산조각이 났다.

에이치앤티는 2007년 4월 우즈베키스탄에서 태양전지 원료인 규소광산 독점개발권을 확보했다고 공시했다. 당시 5천 원이던 주가는 그해 10월 8만 9,700원까지 치솟았다. 그러나 한 달 후인 11월 초 독점개발권 양해각서가 취소됐다고 공시되자 주가는 곤두박질쳤고 6천 원대로 추락했다.

해외 광산개발 공시로 20배 상승한 에이치앤티 주가 동향

에이치앤티 일봉 그래프(2007. 6.~11.)

이 회사 대주주와 임원 등은 주가가 정점일 때 주식을 처분하여 440억 원가량을 챙긴 혐의로 검찰의 조사를 받았고, A씨를 비롯해 에이치앤티 주가조작으로 손해를 본 302명은 대주주와 회사를 상대로 164억 원의 손해배상소송을 제기했다. 이후 에이치앤티(H&T)는 사명을 씨티엘테크로 변경한 후 2012년 2월 8일자로 상장폐지되었다.

미국 월가에는 '금광이나 석유를 찾으러 다니는 소형회사 주식에는 투자하지 말라'는 말이 전해 오고 있다. 자원개발 관련주에 투자하는 것은 위험이 높다는 뜻이다. 실제로 자원개발 관련 중소형주 대부분이 자본잠식이 되어 거래소에서 퇴출되었음을 아래 표로 확인할 수 있다.

주가가 급등한 중소형 자원개발 관련주

회사명	코드번호	주가 저점	주가 고점	상승기간	상승(배)
지인엔에프	2009. 5. 29. 상장폐지	460원 (2006. 5. 19.)	13,860원 (2007. 2. 9.)	9개월	30.1
에이치앤티 (씨티엘테크)	2012. 2. 8. 상장폐지	4,500원 (2007. 3. 26.)	89,700원 (2007. 10. 8.)	7개월	19.9
케이씨오에너지	2010. 5. 20. 상장폐지	427원 (2007. 4. 6.)	5,350원 (2007. 8. 24.)	4개월	12.5
에임하이	043580	290원 (2007. 7. 20.)	2,820원 (2008. 4. 4.)	9개월	9.7
세고 (테라리소스)	2014. 2. 7. 상장폐지	235원 (2008. 1. 18.)	2,015원 (2008. 4. 11.)	3개월	8.6
한국기술산업	2010. 3. 11. 상장폐지	740원 (2007. 3. 30.)	5,130원 (2007. 8. 10.)	4개월	6.9
오엘케이 (아이알디)	2010. 4. 1. 상장폐지	850원 (2007. 2. 2.)	5,210원 (2007. 3. 9.)	1개월	6.1
골든오일 (동양시멘트)	038500	2,850원 (2007. 3. 23.)	13,450원 (2007. 5. 25.)	2개월	4.7

CNK의 다이아몬드 진실게임

자원개발 관련주와 관련한 또 다른 사건으로 CNK의 다이아몬드 진실 게임을 들 수 있다. 2010년 12월 초에 외교부가 '코스닥 기업인 CNK가 4억 2천만 캐럿의 다이아몬드가 매장된 카메룬 광산의 개발권을 획득 했다'라는 내용의 보도자료를 언론에 배포했다. 이에 CNK 측은 "광산 가치가 수십조 원에 달하고 부가가치만 수백조 원 이상일 것으로 예상된다"고 발표했다. 투자자들은 엄청난 다이아몬드 광산 개발권 확보 보도에 환호했다.

2,940원이던 주가가 보도가 있은 직후 뛰기 시작하여 2011년 1월 11일에는 1만 8,350원이 되어 한 달 만에 6.2배 상승하였다. 공교롭게도 바로 이날 회사는 자사주(209억 원)를 매도했고 주가는 순식간에 급락했다. 그 후 CNK에 관한 보도자료에 대해 사실에 근거한 진실보도냐, 주가조작을 위한 보도냐는 논쟁이 끊이지 않았다.

검찰조사 결과 국무총리실장을 지낸 조 씨가 CNK 고문으로 있으면서 이명박 대통령 시절 외교통상부 에너지자원 대사인 김 씨에게 보도자료를 부탁한 사실이 밝혀졌다. 당시 정치권 실세였던 산자부 박영준 차관 및 오덕균 CNK 사장이 주가조작 진실 공방과 관련하여 검찰에 출두하는 장면이 언론에 보도되기도 했다. 감사원의 감사결과는 '서울 면적의 1/3나 되는 광산에 다이아몬드가 없다고 단정할 수는 없지만 4억 2천만 캐럿은 분명 지나치게 과장된 것'이라는 결론을 내렸다.

CNK는 그후에도 자원개발 공시와 관련해 여러 차례 주가조작설

논란을 불러와 급등락을 거듭하다가 대표이사 오덕균의 배임 혐의로 2014년 7월 10일 거래가 정지됐다. 거래정지된 날 주가는 1,725원으로 떨어졌다.

결국 씨앤케이인터(039530)는 2015년 5월 상장폐지되어 코스닥시장에서 퇴출되었다.

대규모 다이아몬드 광산 개발 공시로 급등락을 거듭한 CNK

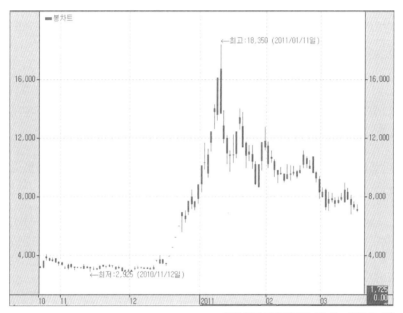

CNK 일봉 그래프(2010. 10. 10.~2011. 3. 17.)

72장

국제유가 급등에 급부상한 태양·풍력 에너지 테마

유가가 오르니 대체에너지가 뜬다

지구 환경보전이 전 세계인의 관심을 끌고 있는 가운데, 2007년에 국제유가가 100달러를 넘어서자 증권시장에서는 태양에너지를 이용한 테마주가 급부상했다. 태양에너지에는 태양열을 이용하는 방법과 태양빛을 이용하는 두 가지 방법이 있는데, IT가 발달한 한국에서는 태양빛을 이용하는 발전이 주축이 되었다.

태양전지기판의 핵심원료인 '폴리실리콘'을 생산하는 OCI(구 동양제철화학, 010060)가 주도주로 부상하며 2006년 7월 3만 4,100원이던 주가가 2008년 4월 41만 4,500원으로 12.2배나 상승했다.

또한 OCI의 자회사로서, 태양전지 핵심원료를 생산하는 OCI머티리얼즈(구 소디프신소재, 036490)도 2007년 1월 1만 2,800원을 저점으로

2007년 10월 10만 7,300원까지 올라 9개월 만에 8.4배 상승했다. 이들 기업의 2007년도 EPS 증가율은 동양제철화학 98.7%, 소디프신소재 59.6%로 두 회사 모두 시장 평균 증가율보다 높아 기업실적과 무관하게 급등하는 다른 테마주와는 다소 차이가 있다. 이들 외에도 태양에너지 관련주로는 KCC(002380), LG화학(051910), 한국철강(104700), 현대중공업(009540), 신성이엔지(014110), 이건창호(039020) 등이 있다.

태양에너지 테마주의 대장주 OCI 주가 동향

OCI(구 동양제철화학) 주봉 그래프(2006. 7.~2008. 5.)

　태양에너지 외에 풍력에너지 테마도 크게 부상하였다. 풍력에너지는 신재생에너지 중에서도 가장 경제적이고 에너지 효율이 높아 각광받는 에너지원이다. 풍력에너지를 제조하는 유니슨(018000)은 2007년 4월 7천 원이던 주가가 같은 해 12월에는 4만 7천 원으로 올라 8개월 동안 6.7배나 상승하는 기염을 토했다.

　그밖의 풍력에너지 테마 종목으로는 현진소재(053660), 용현

BM(089230), 태웅(044490), 동국산업(005160), 평산(089480) 등이 있다.

풍력에너지 테마주의 대장주 유니슨 주가 동향

유니슨 주봉 그래프(2007. 1.~2008. 7.)

73장

급등하는 중국 관련주
(122배 상승한 현대미포조선)

중국 관련주는 중국경제가 고도성장을 함에 따라 수혜가 예상되는 기업으로 조선, 철강, 화학, 운수 등의 업종을 말한다. 이들 업종 중에서 주가 상승률이 가장 높았던 종목은 현대미포조선이다.

상승률 상위 중국 관련주

회사명(코드)	저점(원)	저점 시기	고점(원)	고점 시기	상승(배)
현대미포조선(010620)	3,340	2003년 1월	407,500	2007년 11월	122.0
성광벤드(014620)	690	2003년 3월	39,650	2007년 11월	57.5
NHN (현 NAVER, 035420)	5,900	2002년 11월	300,000	2007년 10월	50.8
두산중공업(034020)	4,400	2003년 3월	191,500	2007년 11월	43.5
한진중공업 홀딩스 (003480)	1,510	2003년 3월	65,000	2007년 10월	43.0
태광(023160)	1,330	2003년 2월	49,700	2008년 5월	37.4
현대중공업(009540)	15,900	2003년 3월	550,000	2007년 11월	34.6

두산인프라코어 (042670)	2,230	2003년 3월	44,700	2007년 10월	20.0
삼성물산(000830)	5,330	2003년 3월	92,400	2007년 11월	17.3
현대건설(000720)	6,060	2004년 5월	103,500	2007년 10월	17.0
한진해운홀딩스 (000700)	4,380	2003년 3월	63,500	2007년 10월	14.5
삼성중공업(010140)	3,940	2003년 3월	57,200	2007년 7월	14.5

▶ 성광벤드, 태광은 코스닥 등록법인임.

122배 상승한 현대미포조선 주가는 거품이 아니다

현대미포조선은 무리한 수주와 관계사 손실로 2001~2002년 연속 큰 폭의 적자를 기록했지만 2003년부터 그동안의 부실을 정리하고 선박 수리에서 탈피해 화학제품운반선(PC선) 등 중대형 규모의 조선에 집중한 결과 턴어라운드[3]기업으로 화려하게 부활했다.

　2002년 −4,706원이던 EPS가 2003년 2,094원, 2004년 5,394원으로 급증하였으며, 2007년까지 4년 평균 96.2%로 지속되었다. 주당순이익(EPS) 증가에 비례해서 2003년 3월 28일 3,340원이던 주가도 2005년 7만 5천 원, 2006년 13만 9천 원, 2007년 11월 9일에는 40만 7,500원까지 급상승했다. 4년 8개월 동안 무려 122배나 올라 환상적인 주가 상

3　턴어라운드는 기업실적이 일시적으로 악화되었다가 극적으로 개선되는 것을 가리키는 말이다. 실적부진으로 주가가 장기간 눌려 있었기 때문에 실적이 호전되어 기업이 재평가받게 될 때는 주가가 스프링처럼 탄력 있게 상승하는 경향이 있다. 1997~1998년 IMF 외환위기, 2008년 금융위기 때와 같은 경제적 위기를 맞아 일시적으로 적자를 기록하다 구조조정 등 대변신을 통해 성공적으로 다시 살아난 기업주 중에 턴어라운드주가 많았다.

4년 8개월 동안 122배 상승한 현대미포조선 주가 동향

현대미포조선 일봉 그래프(2002. 11.~2008. 5.)

승을 보였지만 현대미포조선 주가를 버블이라고 보는 투자자는 드물
었다. 주가 상승이 EPS 증가율과 비례했기 때문이다.

중국 관련 수주로 급등한 사례
─ 두산중공업, 한진중공업, 성광벤드

원자력 발전설비가 매출액의 50%를 넘는 두산중공업(한국중공업의 후
신)도 중동과 중국으로부터 원전건설 수주가 급증한 데 힘입어 2003
년 3월 261원이던 EPS가 2007년 11배 늘어난 2,856원으로 급증했다.
주가도 이를 반영해 4년 6개월 동안 43.5배라는 경이로운 상승을 보
였다.

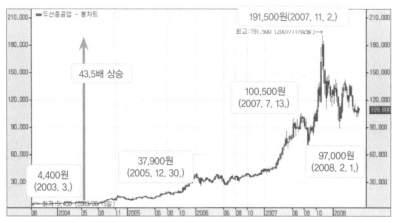

43배 상승한 대표적 중국 관련주인 두산중공업 주가 동향

두산중공업 일봉 그래프(2003. 8.~2008. 5.)

그 밖에 주가 상승률이 높았던 종목을 살펴보면, 한진중공업(43배 상승), 두산인프라코어(20배 상승) 등이 있다. 코스닥 종목에서도 성광벤드와 태광이 각각 57.5배, 37.4배 올라 시가총액 1조 원 종목으로 등극하는 등 2004~2007년 상승기에는 중국 관련주가 완전히 시장을 주도했다. 반면에 삼성전자, 현대차 같은 IT 종목과 은행주는 상승대열에서 소외되었다. 상대적으로 중국 관련주에 비해 EPS 증가율이 미미했기 때문이다.

2000년 IT주 버블과 비교한 중국 관련주의 특징은 다음 세 가지로 살펴볼 수 있다.

첫째, EPS 증가가 주가 상승의 가장 큰 배경이다. IT 버블 때는 성장성이 중심일 뿐 EPS 개념은 없었다.

둘째, 투자 주체가 개인투자자가 아니라 기관이라는 점이다. 펀드 자금이 대거 유입되어 기관이 상승을 주도했다.

셋째, IT 버블은 기간이 짧았지만 중국 관련주는 2003년부터 시작해 2007년 11월까지 상승기간이 4년 정도 지속되었다. 그러나 2007~2008년 발생한 글로벌 금융위기로 중국증시와 함께 급락했다가 금융위기가 진정되자 2009~2010년 다시 급등하는 등 주가가 심하게 등락을 보였다. 그만큼 중국 관련주들은 중국 경기에 민감하다고 할 수 있다.

다만 상하이종합지수가 2007년 10월 6,000포인트를 돌파할 때 PER가 이미 60을 넘겨 중국의 높은 성장성을 감안하더라도 버블이 심했다. 결국 주가는 장기 하락으로 접어들었고 세계 여타 국가에 비해 주가 회복기간도 오래 걸렸다.

2003~2007년 중국 관련주 EPS 증감률

	2002년	2003년	2004년	2005년	2006년	2007년	2008년
두산중공업	742 –	261 -64.8%	1,595 512%	1,545 -3.3%	711 -44.2%	2,856 302%	-628 적자전환
현대미포조선	-4,706 –	2,098 흑자전환	5,394 157.6%	6,141 19.0%	11,813 84.2%	26,460 124.0%	25,967 -1.8%
현대중공업	-3,408 –	1,498 흑자전환	483 -68%	2,412 399%	9,380 289%	22,843 144%	29,693 30.0%
현대건설	355 –	4,540 1,178%	617 -86.4%	2,898 369%	3,623 21.2%	2,503 -30.9%	3,363 34.3%
NAVER	667 –	1,241 86%	1,182 -4.7%	197 -82.3%	3,279 1,565%	5,898 80%	7,557 28.1%

▶ EPS: 원

74장

세계증시로 시야를 넓히다
- 해외펀드

4년 5개월 동안 126조 원이 몰린 주식형펀드

2006년 봄 서예진은 친구로부터 '미차솔펀드(미래에셋 차이나솔로몬펀드의 줄임말)'의 연간 투자수익률이 100%를 넘는다는 말을 들었다. 그만큼 사람들이 앞다투어 해외펀드로 몰렸다.

주식형펀드로 막대한 자금이동이 이루어진 기본 배경에는 증권시장의 대세상승이 자리하고 있지만, 더 직접적인 원인은 미래에셋증권이 판매한 중국투자 펀드가 대박 수익률을 실현한 것이었다.

'펀드에 투자하면 연간 투자수익률이 100% 넘는다'라는 소문이 퍼지면서 시중의 돈이란 돈은 죄다 주식형펀드로 몰려들었다.

2008년 5월 주식형펀드 순자산액이 139조 7천억 원을 돌파했다. 그중 순수 주식형펀드가 130조 1천억 원이고 주식 비중이 30~60%인 주식혼합형은 96조 원이었다. 특히 순수 주식형펀드의 경우 2004년 말 기준 4조 원에 불과하였는데 4년 5개월 동안 무려 126조 원이라는 자금이 주식형펀드로 쏟아져 들어왔다.

주식형펀드 계좌수도 2005년 980만 개에서 2008년 5월 말 2,500만 계좌로 크게 늘어나 가구당 평균 1.5개 계좌를 가지고 있는 셈이었다 (2008년 말 통계청 기준 총 1,667만 가구). 이는 2004~2007년 증시 활황기 간 동안 증권시장 자금 대부분이 펀드로 유입되었다는 것을 의미한다.

해외투자 펀드에 면세 특혜, 그러나 환헤지로 환율 급등 혜택 못 봐

그중에서도 특히 외국에 투자하는 해외투자 펀드 쏠림현상이 나타났다. 해외투자 펀드는 2004년 말 1조 원에도 미치지 못했으나 2005년 말 1조 원를 기록한 이후 2006년 말 9조 원으로 급증했고, 2007년 말에는 67조 원에 이르렀다. 2007년 한 해에만 66조 원이라는 어마어마한 뭉칫돈이 해외투자 펀드로 몰린 것이다. 특히 코스피지수가 2,000포인트를 넘고 중국 상하이종합지수가 6,000포인트를 넘어서던 2007년 10월 한 달 동안에는 10조 7천억 원의 자금이 해외투자 펀드에 투자되었다. 당시 해외투자 펀드의 70%가 중국에 투자하는 주식형펀드였다.

2000년대 초 미래에셋증권은 정부에 해외투자 펀드 허용을 요청했다. 신청 이유 중 특이한 점은 국내자금이 해외에 투자되면 원화절상 추세를 피할 수 있다는 것이있다. 정부는 해외투자 펀드를 허용해 주면서 한술 더 떠서 해외펀드로 발생하는 투자수익에 대해 국내투자 펀드와 마찬가지로 2009년까지 한시적으로 면세 특혜를 주는 조치를 취했다(2008년 금융위기 이후 주가 폭락으로 2011년까지 연장되었다). 참고로 면세 특혜조치 이전에는 국내투자 펀드에 대해서는 배당소득에 대해서만 소득세가 부과되었고, 해외투자 펀드 수익금에 대해서는 소득세 15.4%를 내야만 했다.

그러나 2008년 금융위기 이후 세계증시가 폭락하면서 해외펀드 수익률이 급격히 떨어지기 시작해 급기야 마이너스를 기록하기에 이른다. 면세 혜택이 아무 의미 없게 된 것이다. 이 당시 해외투자 펀드의 수익률 하락을 부채질한 요인 중 하나는 원화절상 추세에 대비해서 대부분의 해외펀드가 환헤지[4]를 했다는 것이었다.

2008년 금융위기 이후 세계증시가 폭락할 때 원화 환율은 최저 950원에서 최고 1,400원까지 40% 이상 급등했었다. 차라리 환헤지를 하지 않았더라면 환차익이 발생해 주가 하락으로 인한 손실을 상당 부분 만회할 수 있었을 것이라는 아쉬움을 남겼다.

---

[4] 해외펀드에 투자할 경우 환율변동에 따른 리스크를 최소화하기 위해 확정환율을 지정해 놓는 것을 의미하며 펀드를 환매할 때 계약된 환율에 따라 돈을 돌려받는 것을 말한다. 환헤지를 하지 않는 해외펀드의 경우 투자국의 통화로 투자되기 때문에 투자국의 돈의 가치에 비해 원화절하(환율 상승)되면 환차익이 발생하고, 반면에 원화절상(환율 하락)되면 환차손이 발생하게 된다.

주식형펀드 순자산 추이

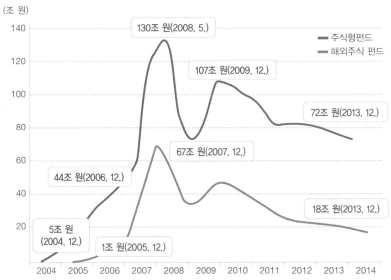

(조 원)

130조 원(2008. 5.)

107조 원(2009. 12.)

72조 원(2013. 12.)

67조 원(2007. 12.)

44조 원(2006. 12.)

5조 원
(2004. 12.)

1조 원(2005. 12.)

18조 원(2013. 12.)

— 주식형펀드
— 해외주식 펀드

▶ 주식형펀드는 2005년부터 2008년 5월까지 증가, 해외주식 펀드는 2006년부터 증가하다 2007년에 급증
▶ 자료: 금융투자협회

주식형펀드 설정 추이

연도	주식형펀드	혼합주식형펀드	합계	국내펀드	해외펀드(비중)
2013년 12월	72	6	78	60	18(23.1%)
2012년 12월	80	5	85	63	22(25.9%)
2011년 12월	80	5	85	61	24(28.2%)
2010년 12월	94	7	101	62	39(38.6%)
2009년 12월	107	8	115	69	46(40.0%)
2008년 12월	77	6	83	52	31(37.3%)
2007년 12월	125	10	135	68	67(49.6%)
2006년 12월	44	6	50	41	9(18.0%)
2005년 12월	26	4	30	29	1(3.3%)
2004년 12월	5	3	8	8	0(2.0%)

▶ 자료: 금융투자협회, 순자산 총액 기준
▶ 혼합주식형펀드: 주식 비중 30% 이상 60% 이하인 펀드
▶ 금액 단위: 조 원

물론 펀드 열풍은 이때가 처음이 아니다. 1999년에도 현대증권이 판매한 '바이코리아펀드' 열풍이 일었던 적이 있다. 단기간에 특정 펀드에 '묻지마' 식으로 가입하는 것은 그때와 다를 바가 없었다. 그러나 다른 점이 몇 가지 있었다.

첫째, 가계자산이 부동산 중심에서 주식시장으로 옮겨가는 바람이 불었다. 그 바람은 4년 6개월을 넘기며 장기적인 추세로 이어졌다.

둘째, 바이코리아펀드 열풍 때는 한국증시에 투자하는 국내펀드밖에 없었지만 이때는 외국에 투자하는 해외펀드가 국내펀드 못지않게 큰 비중을 차지했다. 2007년 말에는 해외펀드의 순자산액이 67조 원에 달해 국내에 투자된 펀드 규모 68조 원과 거의 동일한 수준이었다.

또 브릭스펀드(브라질, 러시아, 인도, 중국), 코친디아펀드(한국, 중국, 인도)와 같이 국내외를 혼합해 분산투자하는 펀드도 다양한 형태로 출시되었다.

셋째, 장기 적립식펀드의 비중이 높은데, 이는 재산형성 수단으로 주식투자가 자리를 잡아가고 있다는 의미가 있다. 그만큼 장기적으로 한국증시를 밝게 본 것이었다.

주식형이 대부분인 적립식펀드는 2007년 11월 말 기준 1,652만 계좌로 총 펀드 계좌수의 72%를 차지했다.

펀드 열풍의 정점에서 판매된 인사이트 펀드

2007년 11월 초 서예진은 은행 적금을 해약해서 미래에셋이 운영하는

'인사이트 펀드'에 가입했다. 친구로부터 '1년 전에 가입한 미차솔펀드 (미래에셋 차이나솔로몬주식 1종류A) 1년 수익률이 160%가 되었다'는 말을 듣는 순간 서예진은 은행 적금을 들고 있는 자신이 한심스럽게 생각되었다.

　신문에는 연변아줌마도 인사이트 펀드에 가입하려고 은행창구에 줄을 서 있다는 보도와 함께 인사이트 펀드 판매고가 발매 한 달 만에 4조 원을 돌파했다는 기사가 실렸다.

75장

미래에셋 펀드 열풍
(미래에셋이 매수한 종목을 따라 사라)

누적수익률 700%를 기록한 미래에셋 주식형펀드

2008년 2월 기준으로, 2001년 출시된 '미래에셋 인디펜던스 주식형펀드'의 누적수익률은 683%, '미래에셋 디스커버리 주식형펀드' 누적수익률은 700%를 기록했다. 연평균 100%가 넘는 환상적인 수익률이다.

이렇게 높은 수익률을 낼 수 있었던 것은 미래에셋 박현주 회장이 이머징국가인 중국에 선제적이고 공격적인 투자를 한 것이 주효했다. 물론 운도 따랐다. 때마침 세계증시가 대세상승기에 접어들었고 선제적으로 편입한 중국과 인도 주식이 상대적으로 상승률이 높았다.

'한국의 워렌 버핏'이라는 칭호를 얻은 박현주 회장은 말단 샐러리맨으로 출발해 미래에셋자산운용과 미래에셋증권 등을 차례로 설립하며 가장 짧은 기간에 가장 큰 성공을 거둔 인물로 평가받아 2000년대 금융권 샐러리맨의 우상이 되었다.

시중 부동자금은 죄다 미래에셋이 운영하는 펀드로 몰렸다. 삼성증권, 대우증권, 한국투자증권, 신한금융투자, 우리투자증권 등 오랜 역사를 자랑하는 기존 대형 증권회사를 제치고 미래에셋이 펀드시장의 선두를 점령하게 된 것이다.

2008년 5월 미래에셋자산운용은 운용자산이 70조 원을 돌파했고 그중 주식형이 53조 원으로 국내 총 펀드설정액 중 37%를 차지했다. 시장영향력도 커져 개인이나 기관 할 것 없이 미래에셋이 매수하는 종목을 예의주시하는 상황이 만들어졌다.

이렇듯 미래에셋에 대한 신뢰가 높아지면서 2007년 11월 기준으로 미래에셋이 지분을 10% 이상 매수한 종목인 OCI(구 동양제철화학), OCI머티리얼즈(구 소디프신소재), 서울반도체, 대우자판(2010년 기업회생절차 진행으로 주가가 폭락하였으며 기업분할됨), 한진, LS전선, 효성 등의 주가도 큰 폭으로 상승했다.

일반 투자자들 사이에서는 '종목을 찾을 필요 없이 미래에셋이 매수한 종목을 따라 사면 된다'는 말이 돌았으며, 미래에셋이 사고판 종목을 확인하고 알아보는 것이 중요한 정보가 되었다.

미래에셋을 '연못 속에 들어간 고래'로 비유하는 투자자들도 있었다. 비중이 큰 자산운용사가 특정 종목에 편중매매를 하면 시장이 왜곡되어 일반 투자자가 피해를 입을 수밖에 없음을 우려한 목소리였다. 그러나 증권시장의 속성은 철저히 강자에게 유리한 제도이기 때문에 달리 제재를 가할 방법이 없었다.

76장

4대강 사업 테마주
(소문에 사고 소문이 확인되면 팔아라)

국민적 논란의 대상이 된 4대강 사업

2007년 대통령 후보였던 이명박은 4대강 프로젝트를 최대 공약사업으로 제시했다. 한강, 낙동강, 금강, 영산강 등 우리나라를 대표하는 4개 강의 바닥을 파고 강변을 정비하고 보를 건설하는 사업이었다. 여권 대통령 후보의 대선공약이었기 때문에 4대강 사업은 사람들이 모이기만 하면 으레 뜨거운 논쟁의 대상이 되었다.

4대강 프로젝트를 찬성하는 측은 ① 물부족 문제가 해결되고, ② 홍수를 예방할 수 있으며, ③ 대규모 건설사업으로 경기회복과 일자리 창출에 기여하고, ④ 수질개선으로 환경이 깨끗해진다고 주장했다.

그리고 반대하는 측은 ① 4대강 대운하는 좁은 국토에서 비경제적이고, ② 생태계를 파괴하며, ③ 수질오염을 가속화하고, ④ 국민의 세금을 낭비하는 사업이라고 맞섰다.

야권을 지지하는 시민단체뿐만 아니라 일부 종교계에서도 반대하는 목소리가 높아 연일 주요 뉴스로 보도되었다.

논쟁은 2007년 12월 19일 대선에서 이명박 후보가 대통령에 당선된 뒤에도 수그러들지 않았다. 이에 정부는 '대운하 프로젝트'를 '4대강 정비사업'으로 축소하고, 소요예산도 22조 5천억 원으로 줄여 착공에 들어갔다.

소문에 사고 소문이 확인될 때 팔아라

투자자들은 수십조 원의 거대자금이 소요되는 토목사업이 진행되면 사업에 참여하는 기업이 엄청난 수익을 거둘 것이라고 생각했다. 다시 말해 4대강 사업 관련주가 시장에서 관심 테마주로 부상한 것이다. 주가는 대형건설사보다 중소형사가 더 크게 요동을 쳤다. 사실 어느 기업이 얼마나 수혜를 받을지는 정확히 알지 못했다. 단지 단군 이래 최대 사업이라는 4대강 사업에 조금이라도 관계가 되는 건설사면 주가가 크게 움직였다.

4대강 테마주 중에서 정부가 발주하는 관급공사를 주로 하는 이화공영(001840)이 해당 테마의 대장주로 나섰다. 이화공영은 토목과 건축 그리고 조경을 하는 특수 중견건설사로 1956년 8월에 주식회사 동지라는 이름으로 출발한 기업이다. '동지'라는 회사 이름이 이명박 대통령 후보가 나온 포항동지고등학교와 연결되면서 수혜가 있을 것으로 추측한 깃이었다.

대선 열기가 한창 달아오르기 시작하던 2007년 8월, 1,040원이던 이화공영 주가는 선거일인 12월 19일을 며칠 남겨두고 2만 5,500원까지 상승했다. 5개월이라는 짧은 기간에 무려 24.5배 급등한 것이다. 같은 기간 이화공영과 같은 4대강 테마주 종목인 홈센타(060560)는 12배, 특수건설(026150)은 7.3배 올랐다.

테마주는 종종 기업실적과 무관하게 급등락하는 경우가 많은데 이화공영도 예외가 아니었다. 4대강 사업이 2008년 시작하여 2013년 초 마무리되는 동안 이화공영의 영업실적은 주가와 관계없음을 보여주었다.

5개월간 24.5배 상승한 4대강 테마주 이화공영

이화공영 주봉 그래프(2007. 1.~2008. 10.)

이화공영의 주당순이익 추이

연도	2007. 12.	2008. 12.	2009. 12.	2010. 12.	2011. 12.	2012. 12.
EPS(원)	66	128	61	59	52	59
증감률(%)	−64.3	93.9	−52.3	−3.2	−11.9	13.5

선거유세 기간에 급등하여 2만 5,500원까지 올랐던 이화공영 주가는 투표일(12월 19일)을 4일 앞두고 급락하기 시작하여 3주 후에는 5,800원으로 추락하였다. 이명박 대통령 당선 뒤에도 줄기차게 하락을 거듭하여 '소문에 사고 소문이 확인될 때 매도하라'는 주식 격언을 다시 한 번 되새기게 해주었다.

77장

세계 금융공황 발생
(리먼브라더스, 태산엘시디 파산)

서브프라임 모기지 사태로 금융기관 간
'신뢰의 위기' 확산

2003년부터 상승을 지속하던 세계증시는 2007년 여름을 기점으로 하락으로 전환되었다. 대세하락의 원인은 미국에서 발생한 '서브프라임 모기지 부실'이었다. 서브프라임 모기지(Subprime Mortgage)란 신용등급이 낮은 저소득층을 대상으로 주택자금을 빌려주는 미국의 주택담보대출 상품을 말한다.

2005년 이후 금리가 상승하자 주택담보대출의 연체율이 높아지는 가운데 2007년 하반기부터 경기하락이 맞물리면서 집값까지 폭락하였다. 집값 폭락으로 서브프라임 모기지를 이용해 만들어진 2차 금융상품들이 부실해졌고, 이들 부실자산을 보유한 전 세계 금융기관이 연

2008년 9월 파산신청을 한 158년 역사의 미국 대형 투자은행인 리먼브라더스(왼쪽)와
정부 공적자금 투입으로 겨우 파산을 면한 세계 최대 보험사 AIG금융그룹

쇄적으로 위기를 맞았다.

2007년 6월 미국 5대 투자은행인 베어스턴스(Bear Stearns)가 서브프라임 모기지 관련 헤지펀드의 손실을 감당하지 못하고 파산 위기에 몰려 결국 2008년 3월 JP모건에 인수합병되었다. 또한 모기지 부실이 우량주택 담보대출로까지 확산되어 미국의 최대 주택보증기관인 '패니메이'와 '프레디맥'에 정부의 공적자금이 투입되기에 이르렀다.

세계 금융시장은 요동을 쳤다. 주식과 석유 같은 자산가격이 폭락하고 각국의 환율변동성이 높아졌으며 세계경제는 급격히 나빠졌다. 금융위기는 2008년 9월이 되자 상황이 극에 달했다. 미국에서 네 번째로 큰 대형 투자은행(IB)이자 158년 역사를 자랑하던 리먼브라더스(Lehman brothers)가 파산을 하고 그 뒤를 이어 미국 최대 증권회사인 메릴린치(Merrilinch)도 뱅크오브아메리카(BOA)에 인수되었다. 또한 세계 최대 보험사인 AIG금융그룹과 세계 최대 상업은행인 씨티은행마저 정부의 공적자금이 투입되고서야 겨우 파산을 면했다.

서브프라임 모기지 관련 파생상품의 부실 규모와 금융기관별 보유 현황이 밝혀지는 데는 상당한 시간이 소요되었기 때문에 금융기관 간

서로 믿지 못하는 '신뢰의 위기'가 세계 금융시장으로 확산되었다. 미국발 금융공황은 대서양을 건너 유럽에 상륙해 영국, 프랑스, 독일, 소련 등의 금융시장을 위기에 빠트렸고 계속해서 아시아, 남미, 중동 등 이머징국가들의 금융시장도 쓰나미처럼 초토화시켰다.

2008년 미국발 금융공황 역시 금융위기라는 표면적인 사실로만 본다면 1997년 한국의 IMF 외환위기와 다를 바 없다. 그러나 IMF 외환위기 때는 위기의 중심이 세계경제에서 비중이 적은 동남아 국가들이었던 반면에 2008년 금융공황은 세계금융을 주도하던 미국이 중심이었기 때문에 지구촌 금융시장에 미치는 영향은 막대했다.

미국 FRB 의장을 지낸 그린스펀은 "1929년 대공황 이후 가장 큰 금융공황으로, 세기에 한 번 있을 법한 상황"이라고 진단했다.

키코 사태로 우량 중소기업 줄도산
− 태산엘시디 파산

금융위기가 전 세계로 확산되자 투자자들은 주식을 팔아 안전자산인 미국의 달러나 금을 사들이기 시작했다. 그로 인해 세계 각국의 주가는 급락하고 반대로 달러가치와 금값은 폭등세를 보였다.

특히 수출비중이 높은 한국의 원화가치가 상대적으로 더 많이 하락했다. 2009년 3월에는 달러 대 원화 환율이 장중 한때 1,495원까지 치솟아 2007년 저점인 900원에 비해 무려 66%나 상승했다. 환율 급등으로 2009년에는 키코 사태가 발생하였다. 환율이 떨어질 것으로 예상

되던 상황에서 주거래은행의 권유로 가입한 통화옵션 상품인 '키코'[5]
가 뜻하지 않게 우량 중소기업을 부도 위기로 몰아간 것이다. 환율은
당초 예상과는 정반대로 급등을 거듭했고, 그로 인해 키코 손실이 눈
덩이처럼 불어났던 것이 원인이었다.

2008년 4/4분기~2009년 1/4분기 급등하는 원/달러 환율

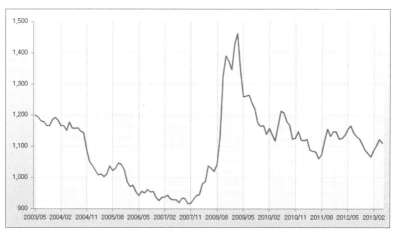

▶ 자료: 한국은행(2003. 5.~2013. 3.), 단위: 원

---

5   Knock-in(상한), Knock-out(하한)의 첫 글자를 따서 KIKO라고 부르며, '조건부외환옵션계약'의 일종으로
달러를 일정한 시세에 팔 수 있는 권리를 사고파는 계약이다. 우리나라 환율은 2002년부터 2007년까지
하향 안정추세(원화가치 상승추세)였다. 당시 대부분의 전문가들이 환율이 950원까지 떨어질 것으로 예
상하였기 때문에 많은 중소기업들은 환율 하락에 따른 손실을 막기 위해 은행과 KIKO 계약을 맺었다. 즉
KIKO는 기업과 은행이 환율의 상한과 하한을 정해 놓고 그 범위 안에서 지정환율로 외환을 거래하는 상
품인 것이다. 예를 들어, 한 수출기업이 환율 하한 900원, 상한 1천 원, 약정환율 1천 원으로 1억 달러 키코
계약을 체결했다면, 환율이 상하한 범위 내인 910원일 경우 달러당 90원씩의 환차익을 누리게 된다. 즉
환율이 900원에서 1천 원 사이에서 움직이면 손해를 입지 않는다. 그러나 환율이 900원 밑으로 내려가면
(녹아웃) 계약은 자동으로 종료된다. 반대로 환율이 상한보다 높은 1,050원이 되면(녹인) 달러당 그 배인
100원씩 손해를 감수해야 한다는 식의 계약이었다. 이후 실제 환율은 예상을 깨고 2008년부터 급등하였
고 950원 아래에 있던 환율이 10월 14일에는 1,205원으로 오르게 되었다. 그로 인해 519개 중소기업의 손
실이 4조 5천억 원에 달하여 탄탄한 중소기업까지 줄도산하는 사태가 발생하였다.

환율이 급등함에 따라 주가는 급락했고, 키코 손실을 입은 우량 중소기업체인 태산엘시디, 디에스엘시디, STS엔진, 심텍 등의 주가가 폭락했다.

태산엘시디는 TV용 TFT LCD 부품(백라이트유닛)을 생산하는 업체로 2007년까지도 주가가 2만 원 하던 우량 중소기업이었다. 2009년 상반기 114억 원의 영업이익이 발생했으나 키코로 인한 손실 규모가 806억 원에 달했다. 결국 2008년 9월에 부도가 발생하여 기업회생절차에 들어갔다.

키코로 손실을 입은 중소기업들은 나중에 은행을 상대로 소송을 벌여 일부나마 보상을 받았다. 그러나 키코의 의미도 모르고 관련기업에 투자한 소위 개미투자자들이 입은 손실은 보상받을 길이 없었다.

당시 환율 급등의 직격탄을 맞은 대표업종은 환율에 민감한 조선주와 철강주였으며, 이들 업종의 주가 하락이 여타 업종에 비해 상대적으로 두드러졌다.

78장

글로벌 금융위기로
폭락하는 주가

위기 진원지 미국보다 하락폭이 더 컸던
세계 각국 증시

미국의 주가 하락에 영향을 받은 세계 각국의 증시는 위기의 진원지인
미국보다 하락폭이 더 컸다.

2007~2008년 세계 금융위기 기간 중 미국의 다우지수는 47.5% 하
락에 그친 반면, 중국의 상하이종합지수는 72.8% 하락했고, 러시아
RTS지수도 76.7% 하락했다. 러시아의 경우 주가가 추락하자 2008년
9월에 3일에 걸쳐 주식거래를 중단하기도 했다.

2007~2008년 세계 금융위기 동안 주요 국가 주가 하락률

국가	지수	최고	시기	최저	시기	하락률(%)
미국	다우	14,198	07년 10월 11일	7,449	08년 11월 21일	47.5
	나스닥	2,861	07년 10월 31일	1,295	08년 11월 21일	54.7
영국	FTSE	6,751	07년 10월 15일	3,665	08년 10월 27일	45.7
일본	닛케이	18,297	07년 6월 20일	6,995	08년 10월 28일	61.8
대만	가권	9,807	07년 7월 26일	3,955	08년 11월 21일	59.7
러시아	RTS	2,360	07년 12월 12일	549	08년 10월 28일	76.7
중국	상하이종합	6,124	07년 10월 16일	1,665	08년 10월 28일	72.8
한국	코스피	2,085	07년 11월 1일	892	08년 10월 27일	57.2
	코스닥	841	07년 7월 13일	245	08년 10월 28일	70.9

▶ 2008년 11월 25일 장중 고점과 저점 기준임

외국자본 유출과 유가 하락으로 추락하는 러시아 RTS지수

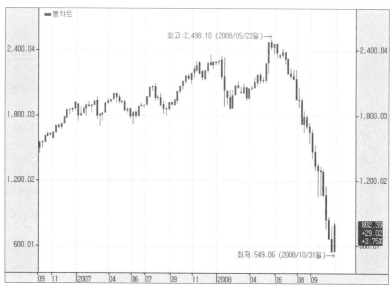

러시아 RTS지수 주봉 그래프(2006. 9.~2008. 10.)

세계 금융위기와 주가 버블로 급락한 중국 상하이종합지수

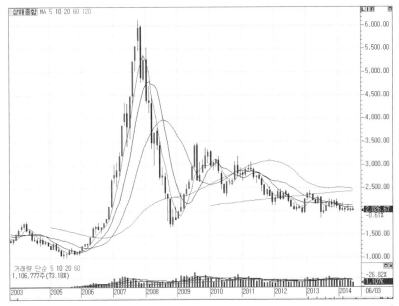

상하이종합지수 월봉 그래프(2003.~2014. 6.)

34일간 매도행진을 벌인 외국인, 한국증시 폭락!

2008년 8~11월, 한국의 국가부도 위험 정도를 나타내는 CDS프리미엄 [6]이 매일같이 급등하여 급기야 600bp를 돌파함에 따라 불안심리가 치솟았다. 원/달러 환율은 950원에서 장중 한때 1,600원까지 올랐다. 이렇게 불안심리가 극에 달해 있을 때 외국인은 하루 3천억~5천억 원의

---

6 부도 위험을 사고파는 신용 파생상품. 일정한 보증료(프리미엄, 수수료)를 내고 CDS(Credit Default Swap, 신용 부도 스와프)를 사면 회사채나 국채 등 관련 채권이 부도가 났을 경우 투자금액을 되돌려받을 수 있게 된다.

주식을 매도한 다음 썰물처럼 한국증시를 빠져나갔다. 특히 2008년 6월과 7월 두 달 동안은 외국인이 하루도 빠지지 않고 34일간 연속 매도행진에 나서 주가 하락을 선도했다. 한국증시는 1년 동안 코스피지수가 57.2% 하락했고, 벤처기업 중심인 코스닥지수는 70.9% 추락해 하락률이 코스피시장에 비해 더욱 높았다.

주가 폭락으로 한때 최고 수익률을 자랑하던 미래에셋 차이나인프라섹터 주식형펀드의 1년 수익률은 −75%가 되었다. 2008년 10월 기준 국내에서 설정된 해외펀드 수익률은 평균 −65%, 국내펀드는 평균 −50%에 이르러 펀드투자자들의 고통은 극에 달했다.

주가 하락의 진원지가 국내가 아닌 해외이기 때문에 상황판단을 정확히 하기 어려웠고, 하락률 또한 워낙 가팔라 펀드를 해약(환매)할 충분한 시간적 여유조차 없었다. 속절없이 떨어지는 주가 앞에서는 시장이 좋을 때 이름을 떨치며 고액 연봉을 받아간 펀드매니저, 애널리스트 같은 전문가들도 개미투자자와 별반 다르지 않다는 점이 확인되었다.

79장

공포의 10월 증시 대폭락
(사이드카 발동만 무려 스물두 번)

세계 금융공황으로 패닉 상태에 빠진 한국증시
- 단기 38% 추락!

세계적인 금융공황이 불어닥친 2008년 10월, 한국의 증권시장은 패닉 상태에 빠졌다. 10월 1일 1,453.40포인트이던 코스피지수가 같은 달 27일 장중 892.16포인트로 내려앉아 단기에 38.6%나 추락한 것이다. 이 같은 폭락은 IMF 외환위기 때보다 더 심각한 상황으로, 월간 하락률에서 증시기록을 갱신했다.

대부분의 상장종목이 52주 최저가 기록을 경신했으며, 10일 이상 연속 하락하는 종목이 속출했다. 한국의 대표적 우량주로 손꼽히는 포스코와 현대중공업도 연속 하한가를 면치 못했고, 상승률이 높았던 조선, 철강, 화학 등 중국 관련주들은 상대적으로 더 많이 하락했다.

우량주 중 하락폭이 컸던 종목

회사명	고점(원)	고점일	저점(원)	저점일	하락률(%)
대우차판매	53,000	2007. 10. 12.	6,360	2008. 10. 28.	−88.0
대림산업	202,500	2007. 10. 11.	26,400	2008. 10. 27.	−87.0
대우해양조선	57,800	2007. 10. 29.	9,000	2008. 10. 28.	−84.0
현대미포조선	394,500	2007. 10. 31.	69,000	2008. 10. 27.	−82.5
동부화재	57,000	2007. 11. 5.	10,800	2008. 10. 29.	−81.0
두산인프라코어	40,100	2007. 10. 24.	7,870	2008. 10. 27.	−80.0
삼성중공업	55,100	2007. 10. 16.	11,850	2008. 10. 27.	−78.5
두산중공업	183,000	2007. 11. 1.	39,400	2008. 10. 24.	−78.5
현대중공업	528,000	2007. 11. 7.	115,500	2008. 10. 24.	−78.0
성광벤드(코스닥)	38,900	2007. 11. 16.	8,370	2008. 10. 27.	−78.5

장중 고점 대비 83.8% 급락한 현대미포조선

현대미포조선 주봉 그래프(2007. 1.~2008. 12.)

신용계좌는 담보부족으로 연일 반대매매가 이루어졌고 그 결과 깡통계좌가 속출했다. 투자자와 증권사 직원이 투자 손실로 자살했다는 보도도 이어졌다. 자살이라는 극단적인 선택을 한 이들은 대부분 위험성이 높은 신용거래나 미수거래를 했거나, 선물옵션과 같은 파생상품 거래를 했거나, 남에게 돈을 빌려서 투자한 사람들이었다.

언론매체는 매일같이 1면 머릿기사로 어두운 경제전망과 주가 폭락을 다루었다. 특히 외국 투자기관의 공포심 조장은 일반 개미들로 하여금 주식을 투매하도록 부채질하기에 충분했다. 코스피지수가 2,000포인트를 상회할 때 앞다투어 목표가를 상향조정하던 외국기관들은 지수가 1,000포인트 아래로 떨어지자 앞장서서 매도의견을 내놓았다.

맥쿼리증권은 "한국주식이 아직 고평가되어 있고 정책이 불안정하므로 리스크를 줄여야 한다(2008년 8월 17일)"고 말했고, 모건스탠리도 한국증시에 대한 투자의견을 '비중유지'에서 '비중축소'로 낮추었다. 손실구간을 넘어선 ELS(주가연계증권) 매물이 시장에 쏟아진 것도 주가 하락의 클라이맥스를 장식하는 원인이 되었다.

선물이 급등락할 때 발동되는 공포의 '사이드카'가 10월 한 달 동안 매일 발동되었고, 지수가 급락할 때 발동되는 '서킷브레이커'도 유가증권 시장과 코스닥시장 모두 발동되어 모든 주식거래가 일시적으로 전면 중단되기도 했다.

사이드카(Sidecar)란 선물시장이 급변할 때 현물시장에 미치는 영향을 최대한 줄이기 위한 제도로, 선물가격이 전일에 비해 5% 이상 떨어지거나 오르는 상태가 1분간 지속되면 프로그램 매매를 5분간 중단시

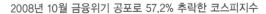

2008년 10월 금융위기 공포로 57.2% 추락한 코스피지수

코스피 주봉 그래프(2006. 12.~2009. 4.)

킨다. 서킷브레이커(Circuit Breaker)는 지수가 하루에 10% 이상 급등락하면 모든 매매거래를 30분간 중단시키는 제도이다.

10월 한 달 동안에만 사이드카와 서킷브레이커가 무려 스물두 번 발동되었다는 사실은 투자자의 공포심이 얼마나 극에 달했는지 여실히 보여준다. 주가가 하한가로 폭락했기 때문에 오를 때는 상한가로 올랐다. 특히 파생상품의 경우 선물과 옵션이 '상한가 사자' 또는 '하한가 팔자'로 끝나는 진기록을 세워 파생상품 투자자들은 하루 중에 천당과 지옥을 동시에 맛보기도 했다.

주가가 바닥임을 알리는 신호들

다음은 주가가 바닥일 때 나타나는 공통적인 현상이다. 이러한 현상이 나타나면 주가가 바닥에 가까워졌음을 예상하고 투매에 가담하는 것을 자제하고 반등 시점을 노리는 것이 유리하다.

① TV, 신문 등 각종 언론매체에서 어두운 경제전망을 연일 주요 뉴스로 다룬다.

② '최악의 경기', 'GDP성장률 큰 폭 하락', '기업부도설 난무', '수출시장 먹구름', '소비심리 실종'과 같은 제목이 톱기사로 등장한다.

③ 주가 하락에 관한 기사가 주요 신문 1면에 톱뉴스로 다루어져 '주가 최대 폭락', '고객예탁금 바닥', '투자자들 증시이탈 심각', '펀드 환매 사태' 등의 제목이 톱으로 등장한다.

④ 정부가 추락하는 증시를 붙잡기 위해 금리인하, 증권투자 세제지원, 증시에 자금공급 등의 조치를 누적해서 발표한다.

⑤ 국내외 증권전문가가 증시를 어둡게 전망하고 주가의 추가 하락을 예견한다. 특히 외국 투자기관이 한국의 주가전망 목표치를 낮추고 한국증시에서 탈출할 것을 권유한다.

⑥ 펀드환매가 일어나고 펀드매니저가 증시전망을 비관적으로 보고 주식보유 비중을 낮춘다.

⑦ 추가 하락에 대한 두려움으로 투매가 일어나고 신용계좌는 담보부족으로 연일 반대매매가 이어진다.

⑧ 깡통계좌가 속출한다는 뉴스가 보도된다.

80장

유행 따라 가입한 펀드, 깡통펀드 되다

펀드, 장기투자라고 무조건 안전한 것은 아니다

2008년 10월 이후 '깡통펀드'라는 용어가 등장했다. 깡통펀드란 펀드를 해약했을 때 투자 원금 전액 또는 그 이상으로 손실이 발생한 계좌를 말한다. 예를 들어, 1억 원을 펀드에 투자한 투자자가 펀드를 담보로 6천만 원을 대출받아 추가 투자를 해 총 1억 6천만 원을 투자했다고 하자.

주가가 60% 하락하면 펀드 평가금액은 6,400만 원에 불과하므로 융자금을 갚고 나면 투자금액 전액을 날리게 되어 깡통펀드가 되는 것이다. 고점인 2007년 7~11월에 중국, 인도, 베트남 등 투자수익률이 높다고 소문이 났던 해외 주식형펀드에 무리하게 투자한 사람들이 주로 깡통펀드의 피해자가 되었다.

2008년 기준으로 우리나라 사람들이 투자한 해외펀드 중 중국의 주식형펀드 비중이 가장 높아 2/3 가까이 되었다. 해외펀드 투자자의 절반 이상이 중국 펀드에 투자한 셈인데, 다른 해외펀드에 비해 중국 펀드의 하락폭이 커 그 피해가 상대적으로 더욱 심각했다.

중국 상하이증시는 2007년 10월 16일 최고 6,092포인트를 기록한 뒤 하락세로 돌아서 2008년 9월 18일 1,895포인트까지 떨어졌다. 1년 만에 69%나 추락한 것이다. 같은 기간 33% 하락한 한국증시보다 하락폭이 배나 컸기 때문에 중국 펀드 투자자들은 패닉 상태에 빠졌다. 한때 고수익으로 인기를 끌던 중국 펀드가 투자자들의 가슴에 큰 상처를 남기며 애물단지로 전락한 것이다.

그렇다면 왜 중국증시는 이토록 날개 없는 추락을 한 것일까?

첫째, 주가 버블이 심했다. 상하이종합지수가 6,000포인트를 넘을 때 중국 주식의 평균 주가수익비율(PER)은 60배를 넘어 과열되었으며 거품이 많았다. 비이성적으로 오른 주가는 반드시 비이성적으로 떨어지게 되어 있다.

둘째, 기업공개 때 유보해 두었던 비유통주식이 월평균 35조 원씩 증권시장으로 유입되면서 주식 물량 공급이 과대했다.

셋째, 물가가 상승하고, 베이징올림픽 이후 경제에 대한 불확실성이 커지면서 외국인들이 중국에서 발을 빼고 개인투자자들은 공포에 질려 보유주식을 투매했다.

넷째, 서브프라임 모기지 부실로 시작된 미국발 신용위기가 전 세계 금융위기로 확산되었고 고도성장하던 중국도 세계적인 금융공황을 피하지 못하고 경제성장이 둔화되었다.

많은 이들이 이때 펀드라고 유행에 따라 가입하고 해약하는 것이
아니며 주식처럼 투자 기준을 정하고 투자를 해야 하며 장기투자를 한
다고 무조건 안전한 것은 아니라는 점을 깨닫게 되었다.

81장

공매도,
주가 하락을 부채질하다

외국인의 공매도 집중

2007년 미국발 금융위기가 확산되자 외국인의 매도가 급격히 증가하기 시작해 금융위기가 극에 달한 2008년 7~10월에는 한 달에 2~4조 원씩 매도물량이 쏟아져 나왔다. 특히 10월 들어 헤지펀드들의 집중매도까지 가세하면서 코스피지수는 892포인트까지 추락했다.

그 결과 2008년 11월 시가총액 중 외국인의 주식보유 비중은 30% 아래로 떨어졌다. 외국인의 매도는, 그 실상을 들여다보면 보유주식을 내다 파는 것뿐 아니라 주식 없이 매도주문을 내는 공매도도 적지 않다.

외국인의 공매도로 2008년 6월 9일 3만 1,450원이던 하이닉스 주가가 3개월 동안 46.7%나 수직 급락해 9월 2일 1만 6,750원을 기록했다. 외국인은 이 기간 동안 약 2,300만 주, 하이닉스 총 발행주식의 5%에 해당하는 주식을 공매도했다.

공매도로 급락한 하이닉스 주가 동향

하이닉스 일봉 그래프(2008. 3.~9.)

하락장에서 쓸 수 있는 투자기법 4가지

주가가 하락할 것으로 예상될 때 투자자들이 손해를 줄이거나 적극적으로 이익을 취할 수 있는 방법에는 다음 4가지가 있다.

첫째, 현물주식을 매도한다. 손해를 줄이는 소극적인 방법으로 일단 보유주식을 매도해 둔다.

둘째, 파생상품을 이용한다. 선물 매도, 풋옵션 매수 또는 콜옵션 매도, ELW(콜매도, 풋매수) 등을 활용한다. 지수를 이용할지, 개별종목을 이용할지, 투자 규모를 얼마로 할지에 따라 방어적일 수도 있고 공격적일 수도 있다.

셋째, 주가 상승이 예상되면 증권회사로부터 자금을 빌려 주식을 추가로 매수하는 신용매수처럼 증권회사로부터 주식을 빌려 매도하는 대주를 사용한다. 대주는 기관과 개인 모두에게 허용되는 제도이다. 다만 기관이 대주보다 공매도를 선호하는 이유는 대주는 주식 수가 제한되어 있고 기간도 3~5개월로 짧기 때문이다.

넷째, 보유주식이 없거나 있어도 팔 수 없는 상황일 경우에는 공매도를 이용한다. 하락장세를 이용하는 적극적인 투자기법인 공매도에는 다음 두 가지 방법이 있다.

① 대차거래를 이용한 공매도: 가장 많이 활용하는 공매도제도로 연기금, 보험사처럼 주식을 장기간 보유하는 기관으로부터 1년 이내에 상환하는 조건으로 이자를 지불하고 주식을 빌려서 매도하는 방법이다. 헤지펀드와 같이 투기적인 거래를 하는 기관이 주로 이용하며 개인투자자는 이용할 수 없다.

② 무대주 공매도: 주식을 보유하지도 않고 빌리지도 않은 채 매도하는 행위를 무대주 공매도(Naked short sale)라 한다. 수도불이행 위험도 있고 악성 루머를 조장하는 경우도 있기 때문에 우리나라에서는 금지하고 있다.

외국인은 한국증시에서 대차거래 공매도뿐만 아니라 무대주 공매도도 적지 않게 해왔다. 미국 등 선진국 증시에서는 무대주 공매도가 허용되기 때문이다. 그러나 공매도 때문에 주가 하락이 크다는 원성이 높자 증권 당국은 1차적으로 대차거래는 무방하지만 주식을 보유하지도 않고 또 빌리지도 않고 매도하는 무대주 공매도를 금지시켰다.

공매도의 두 얼굴,
주가 하락 주범 vs 주가 상승 탄력제

2008년 7월 이후 외국인들은 서브프라임 모기지 부실로 발생한 미국의 신용위기와 고유가로 인해 세계증시가 침체될 조짐을 보이자 그동안 많이 오른 아시아 이머징국가의 주가가 하락할 것으로 예상하고 보유주식을 팔기 시작했다.

외국인의 팔자 행진 속에 2008년 1~6월에 이루어진 외국인의 공매도 규모가 26조 원에 이르러 주가 하락을 더욱 부채질했다.

공매도 종목은 유통되는 주식의 수가 많고, 언제든 사고팔 수 있는 종목 중에서 주가가 한쪽으로 쏠리는 현상이 나타난 종목이 주요 대상이었다. 특히 미래에셋이 집중 투자해 그동안 주가가 많이 오른 LG전자, 현대중공업, 삼성중공업, LG화학, 대우자판, 동양제철화학 등에 집중되었다.

LG전자(066570)는 2008년 5월 16일 16만 8천 원에서 9월 2일 8만 9천 원으로 3개월 만에 47%나 급락했다. 7월 21일, 여느 때 같았으면 호재로 작용했을 2008년 2/4분기 실적을 발표했지만, 외국인의 공매도 물량이 많아 하락하는 주가를 되돌리지는 못했다.

참고로, LG전자는 2008년 2/4분기에 전기 대비 67%, 전년 동기 대비 84% 늘어난 7,069억 원의 당기순이익을 올렸다고 공시했다.

LG전자 주가 동향

LG전자 주봉 그래프(2008. 2.~2008. 8.)

증시 하락이 외국인의 공매도 때문이라는 점을 들어 공매도 제도를 폐지해야 한다는 여론이 많았다. 정부는 주가 하락폭이 깊어지자 10월 1일부터 2008년 말까지 대차거래 공매도까지 중단했다. 그렇지만 추락하는 증시를 잡는 데는 실패했다.

공매도 물량이 많은 종목,
주가 상승 시 상승탄력이 더 컸다

증시하락 때 주가 하락을 부채질했던 공매도 물량은 증시가 상승으로 전환되자 빌린 주식을 갚기 위한 매수물량으로 바뀌어 주가 상승 탄력이 더 높았다.

공매도 물량이 대표적으로 많았던 현대중공업은 2009년 12월 저점 14만 7,500원에서 2011년 4월에는 55만 4천 원이 되어 3.7배 상승하였다.

공매도 물량이 매수물량이 되어 상승한 현대중공업

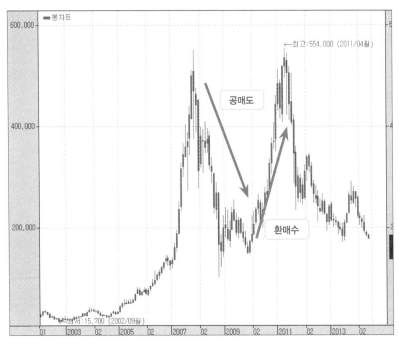

현대중공업 월봉 그래프(2002∼2014. 6.)

82장

금융위기 극복과 증시 회복
(세계 각국의 공격적인 재정정책과 금융정책)

실물경제 침체를 막기 위한 세계 각국의
금융시장 안정화 공조

2008년 9월, 공황으로 치닫는 금융시장을 안정시키기 위해 세계 각국은 부실 금융기관에 공적자금을 투입하고 금융기관 간 합병을 추진하는 등 부실 금융기관을 본격적으로 정리하기 시작했다. 아울러 침체된 경기를 살리기 위해 경기부양책을 발표하고 공격적으로 기준금리를 내렸다.

2008년 10월에는 미국이 7천억 달러의 공적자금을 부실 금융기관에 투입했다. 금융공황이 실물경제 침체로 이어지지 않도록 세계 각국도 앞다투어 부실 금융기관에 구제금융을 지원하고, 금리를 인하하고, 돈을 풀어 유동성을 공급하고, 경기부양책을 내놓는 등 적극적인 대응

책을 내놓았다.

　미국 연방준비은행은 2007년 9월 종전 5.25%이던 기준금리를 4.75%로 내리기 시작해 다음 해인 2008년 12월에는 0.25%로 공격적으로 내렸다. 그리고 유동성 공급을 위해 돈을 마구 찍어내 시중에 돈을 풀었다. 당시 연방준비은행 의장이었던 벤 버냉키는 "헬리콥터로 공중에서 돈을 뿌려서라도 경기를 부양하겠다"는 주장을 펴 '헬리콥터 벤'이란 별명을 얻었다. 미국을 비롯한 각국이 앞다투어 내놓은 경기부양책의 효과로 2009년부터 세계경제는 서서히 침체에서 벗어나기 시작했다. 이에 따라 급락했던 세계증시도 위기 이전 수준으로 회복되어 갔다.

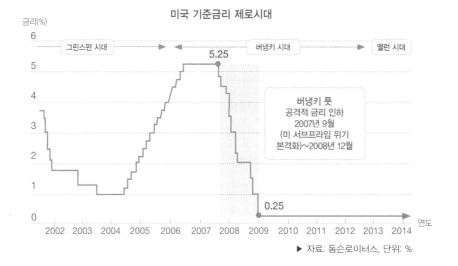

미국 기준금리 제로시대

▶ 자료: 톰슨로이터스. 단위: %

　글로벌 금융위기로 세계경제가 둔화되면서 한국의 수출도 위축되었다. 이에 정부는 국제공조에 동참하고 실물경제 활성화를 위해 다각적으로 노력했다. 그 일환으로 금융통화위원회는 미국에 비해 한참 뒤지긴 했지만 2008년 10월 종전 5.25%이던 기준금리를 4.75%로 내리기 시작하여 2008년 12월에는 대한민국 역사상 가장 낮은 2.00%가 될 때까지 빠르게 내렸다.

2008년 10월 30일 한국은 미국과 '통화스왑[7]협정'을 체결해 최대 300억 규모의 달러를 확보함에 따라 악성 외화유동성 위기설에서 벗어날 수 있게 되었다. 미국과 한국의 통화스왑협정 체결 소식이 전해지자 주가는 극적으로 반등했다. 10월 30일 하루 만에 코스피지수가 11.93% 올랐고, 선물은 상한가 사자로 바뀌었다.

2009년 한 해 88% 급등! 주가 상승의 원인은?

2008년 10월 24일 892포인트이던 코스피지수는 2011년 4월 2,231포인트로 올라 무려 150% 상승했다. 특히 2009년 한 해에만 88% 큰 폭으로 반등했다. 이러한 주가 급등은 중국을 제외하면 전 세계에 공통된 현상이었다. 그렇다면 단기에 급반등한 원인은 무엇일까?

첫째, 정부가 금융기관에 직접 자금을 공급하거나 은행에 지급보

7 　자국 통화를 상대국 통화와 맞교환하는 것으로 두 나라 중앙은행 간에 체결되며 한 국가에서 외화유동성이 부족할 때 자국 통화를 상대국에 맡기고 외화를 차입하는 계약을 말한다. 2008년 10월 미국과 최초로 통화스왑을 체결한 것은 글로벌 경제에서 차지하는 한국의 비중을 높게 평가했다는 의미이며 이는 국가 신용등급의 안정적 유지에도 기여하게 된다. 2009년 기준으로 한국은 미국 300억 달러, 일본 300억 달러, 중국 300억 달러, 아세안 65억 달러 등 총 965억 달러 규모의 통화스왑협정을 체결한 결과 유동성 위기에서 벗어날 수 있었다.

증을 하는 등 미국을 비롯한 세계 각국이 같은 방향으로 공조하며 금융과 재정정책을 편 결과 최악의 유동성 위기를 넘기고 각국의 GDP성장률이 상승으로 돌아섰다.

둘째, 금리를 대폭 인하했다. 2008년 10월 기준금리 대비, 미국 5.25% → 0.00~0.25%, 영국 5.00% → 0.50%, 한국 5.25% → 2%, 일본 0.5% → 0.1%, 중국 7.5% → 5.58% 등으로 급격히 금리를 낮추었다. 역사상 유례가 없던 이와 같은 저금리는 물가안정이 뒷받침되었기 때문에 가능했던 것으로 사실상 제로금리인 셈이었다. 저금리와 공격적인 유동성 공급으로 시중자금이 풍부해졌다.

셋째, 주가가 기업가치 이하로 하락했다. 한국의 경우 코스피지수가 900포인트까지 떨어지자 주가수준을 가늠하는 대표적인 지표인 PER(주가수익비율)는 8배 이하로, PBR(주가순자산비율)은 0.8 이하로 낮아졌다. PBR이 1 이하로 떨어졌다는 것은 주가가 청산가치에도 못 미친다는 뜻이다.

넷째, 경기가 침체될 것이라는 우려 때문에 유가가 급락했다. 2008년 7월 배럴당 147달러까지 상승한 서부텍사스산 원유(WTI)가 10월 말에는 67달러 수준으로 54% 하락했다.

다섯째, 지수가 단기에 하락해 낙폭이 심해지자 매물공백이 발생했다. 코스피지수는 10월 한 달 동안 1,453포인트에서 892포인트로 38.6% 하락했고 신용매물은 반대매매를 당해 급매물이 사라졌다.

마지막으로 한국증시가 2009년 9월 21일 세계적인 투자지표인 FTSE(Financial Times Stock Exchange) 선진국지수에 편입된 것도 큰 호재로 작용했다. 종전 개발도상국지수에서 선진국지수로 옮겨감에 따

라 대략 100억 달러(11조 원) 안팎의 신규 투자자금이 해외로부터 유입

될 것으로 전망되었기 때문이다.

    IMF 외환위기 때처럼 '위기 뒤에는 언제나 기회가 따라온다'는 말

이 이번에도 사실로 증명되었다.

유동성 위기 극복으로 급반등한 코스피지수

코스피 주봉 그래프(2008. 7.~2011. 6.)

83장

'차화정' 랠리
(자문형 랩 종목인 '7공주'와 '4대천왕' 급등)

금융위기를 맞아 추락하던 코스피지수가 세계 각국의 적극적인 재정정책과 금융정책으로 2009년부터 상승으로 전환되었다. 2008년 10월 892포인트까지 하락했던 코스피지수는 2년 6개월이 지난 2011년 4월에는 2,231포인트가 되어 2007년 고점인 2,120포인트를 경신하는 상승세를 보였다. 이 기간 동안 시장을 주도한 종목은 '차화정' 종목이었다.

2009~2010년 주식시장 주도주 '차화정'과 '7공주'

2009년 들어 증권방송에서 '차화정'이니 '7공주'라는 말을 많이 거론했다. '차화정'은 시장을 주도하는 종목들로 자동차, 화학, 정유주의 머리글자를 따서 부르는 용어였다.

대표적인 차화정 종목으로 자동차에는 현대차, 기아차, 현대모비스가 있었고, 화학에는 LG화학, 호남석유(현 롯데케미칼), 한화케미칼, OCI 그리고 OCI머티리얼즈가 있었다. 그리고 정유는 SK이노베이션과 S-Oil이 있었다.

7공주는 인기 있는 자문형 랩에 공통적으로 편입돼 있는 일곱 종목으로, 기아차, SK하이닉스, 제일모직(삼성물산에 피흡수 합병됨), LG화학, 삼성SDI, 삼성전기 그리고 삼성테크윈(현 한화테크윈)을 말했다.

이들 종목은 기관이 집중적으로 매수하였기 때문에 앞으로도 다른 종목에 비해 더 오를 가능성이 컸다. 실제로 이 종목들은 모두 주가가 2009년 저점 대비 이미 상당폭 올라 있었고, 기업실적 또한 큰 폭으로 증가하고 있었다.

소수 종목에 집중투자하는 자문형 랩 어카운트

시장이 상승으로 돌아서고 있었지만 반토막이 난 펀드를 들고 있던 투자자들은 의심의 눈을 거두지 않았다. 이들은 '펀드는 장기투자하면 수익이 난다'라는 증권사 직원들의 말을 더는 귀담아듣지 않았다. 본전이 되기만을 기다리던 투자자들은 주가가 상승할 때마다 펀드를 해약해 투자자금을 찾아갔다. 이때 증권사들이 투자자의 자금을 묶어둘

상품으로 개발한 것이 '자문형 랩'[8]이었다. 공모펀드는 운용에 제약이 많았다. 한 종목에 10% 이상 담을 수 없는 등 업종별 시가총액별 제약이 있었고 공시의무도 있었다. 그러나 투자자문사가 운영하는 자문형 랩(공식 명칭은 '자문형 랩 어카운트')은 투자자문사가 추천하는 10~20개 특정 종목을 편입하여 공격적으로 운용할 수 있었다. 2010년 차화정 랠리가 한창일 때 연 100% 이상 수익을 낸 자문형 랩도 있었다. 대박 소문은 삽시간에 퍼졌고 서울 강남을 중심으로 자문형 랩에 자금이 몰렸는데 그 규모가 2011년 5월 기준으로 20조 원에 이르렀다. 일부는 펀드를 해약하고 옮겨온 자금도 있었다.

자문사들은 수익률을 높이기 위해 특정 종목에 집중 투자하였는데, 특히 편입비율이 높은 7개 종목을 흔히 '자문형 칠공주(기아차, LG화학, SK하이닉스, 제일모직, 삼성SDI, 삼성전기, 삼성테크윈)'라고 불렀다. 또 OCI, 고려아연, 현대제철, 한진해운 등 4개 종목으로 구성된 '4대천왕'도 있었다. 이들 종목의 공통점은 금융위기 이후 영업실적이 큰 폭으로 호전되고 성장성이 돋보인다는 점이었다. 자문형 랩에 특정 종목을 편입하여 수익을 실현하자 외국인과 발 빠른 개미투자자들도 추종 매수하여 이들 종목의 주가는 더욱 탄력을 받았고 다른 종목들에 비해 눈에 띄게 상승하였다. 소액투자자들은 자문형 랩 종목을 알아보기 위해 혈안이 될 정도였다.

---

8   투자자문사에 자율권이 부여된 일종의 사모펀드로 투자 대상, 자산편입비율 등에 규제가 있는 펀드와 달리 시장상황에 따라 주식, 채권 등 여러 상품에 자율적으로 투자할 수 있다. 자문형 랩의 금융자산관리사는 투자에 대한 조언과 자문만 할 뿐 실제 주문은 고객이 직접 해야 한다. 자문형 랩이 최초로 허용된 시기는 2001년 2월 5일이었으나 실제로 자금이 몰린 것은 2008년 금융위기 이후이다.

차화정 종목의 주가는 2009년 저점 대비 모두가 상승률이 높았다. 롯데케미칼(옛 호남석유)은 4만 1,500원(2009년 3월 저점)에서 무려 11.4배 오른 47만 5천 원(2011년 4월 고점), 한화케미칼은 5,450원(2009년 3월 저점)에서 10.5배 상승한 5만 7천 원(2011년 4월 고점)이 되었다. 또한 LG화학은 9만 6천 원(2009년 1월 저점)에서 6.1배 오른 58만 3천 원(2011년 4월 고점)이 되었는데, 같은 기간 EPS 증가율이 47%인 것에 비해 주가가 더 크게 오른 이유는 전기차 배터리 부분에서 세계 선두라는 점이 감안되었기 때문이다.

차화정 및 7공주 종목인 LG화학

LG화학 주봉 그래프(2009. 1.~2011. 6.)

차화정 종목의 EPS와 주가 동향

구분	EPS(주당순이익, 원)					주가(원)		
	2007	2008	2009	2010	2011	저점 (년/월)	고점 (년/월)	상승률 (배)
기아차 (000270)	39	328	3,945	5,740	8,556	5,720 (08/11)	84,600 (11/04)	14.8
현대차 (005380)	5,909	5,078	10,374	18,450	26,818	35,750 (08/11)	257,000 (11/06)	7.2
현대모비스 (012330)	8,954	12,456	17,457	24,888	31,053	58,700 (09/01)	416,000 (11/07)	7.1
LG화학 (051910)	9,166	11,950	19,729	29,205	28,930	96,000 (09/01)	583,000 (11/04)	6.1
롯데케미칼 (011170)	14,544	−1,421	25,008	24,616	30,701	41,500 (09/03)	475,000 (11/04)	11.4
한화케미칼 (009830)	1,828	326	2,429	2,823	1,793	5,450 (09/03)	57,000 (11/04)	10.5
OCI (010060)	6,801	15,462	18,161	26,912	32,617	159,000 (10/02)	657,000 (11/04)	4.1
OCI머티리얼즈 (036490)	1,821	3,551	4,798	5,680	6,230	48,200 (09/03)	151,000 (11/04)	3.1
SK이노베이션 (096770)	3,718	9,487	7,252	12,895	33,816	67,700 (09/03)	258,000 (11/04)	3.8

84장

세계시장에서 통한 한국 자동차

한국의 자동차, 세계시장에서 약진

2009~2010년 글로벌 경기침체 속에서도 한국 자동차만은 미국과 일본 및 유럽의 쟁쟁한 경쟁업체들을 제치고 대약진하였다. 2010년도에 미국 자동차시장에서 현대기아차의 시장점유율은 7.4%로 전년 동기에 비해 무려 2.1%나 상승하는 괄목할 만한 증가율을 보였다. GM, 포드, 토요타, 혼다, 닛산, 크라이슬러에 이어 세계 7위로 올라섰는가 하면, 현대차의 제네시스는 한국차로는 최초로 미 소비자 잡지《컨슈머 리포트》의 '2009년 북미 올해의 차'로 선정되었다.

유럽시장에서도 시장점유율이 4.1%로 확대되었다. 기아차의 씨드는 프랑스 최고 권위를 자랑하는 자동차 전문지《오토모빌》로부터 세계 19개 차종 중 최고 점수를 얻기도 하였다. 또한 중국과 인도 등 신흥 시장에도 한국 자동차의 존재감을 각인시켰다.

한국차의 도약에는 미국차와 일본차의 부진에 따른 반사이익도 있었다. 세계 금융위기로 미국 업계 1위 자동차회사인 제너럴모터스(GM)와 3위인 크라이슬러가 경영난에 몰려 2009년 파산보호신청을 했고 채무조정에 들어가는 등 뼈를 깎는 노력을 하던 시기였다. 또한 세계 자동차 판매 1위인 일본차 토요타의 리콜 사태도 한몫했다. 흔히 '토요타의 페달 게이트'로 알려진 가속 페달 결함 건으로 토요타는 2009년부터 2010년 사이에 900만 대를 리콜하고 치명적 타격을 입었다.

한국 자동차산업의 약진은 품질과 성능을 인정받는 계기로도 작용했다. 한국산 자동차 부품의 품질이 좋아진 것도 크게 영향을 미쳤다.

과거 한국 자동차를 바라보는 일본인들의 시선은 저렴한 가격으로 승부하는 차, 환율 변동(원화 약세)으로 반사적 이익을 보는 차, 품질보다 마케팅으로 승부하는 차라는 인식이 강했다. 그러나 2010년 이후 한국 자동차를 '강력한 경쟁상대'로 인식하기 시작했다.

이처럼 해외시장에서 현대기아차가 선전한 이유는 연속적인 신차 출시, 보증기간 대폭 확대, 글로벌 생산기지 구축과 같은 과감한 경영 전략에 기인한다.

현대기아차는 체코에 이어 러시아, 중국, 브라질, 멕시코 등 해외에 신규 공장을 건설해 나감으로써 2004년 20% 수준에 머물던 해외생산 비중이 2013년에는 60%를 넘겼다. 현대기아차 그룹의 2018년 말 기준 국내외 생산능력 비중을 보면 국내 250만 대(36.9%), 해외공장 427만 대(63.1%)로 향후에도 해외 비중이 갈수록 높아질 전망이다. 해외판매, 환율리스크, 강성노조 등을 고려해서 해외생산을 늘려간 것이다.

그러나 지나친 해외생산 비중 확대는 국내산업을 공동화시킨다는 우려도 있다.

기아차, 2년 5개월 동안 EPS 26배, 주가 14.8배 상승

글로벌 경제위기 상황에서도 해외시장에서 선전한 현대기아차는 매출과 이익이 크게 증가하였다. 현대차의 경우 2008년 주당순이익(EPS)이 5,078원이었으나 2009년에는 1만 374원으로 104% 증가하였다. 기아차는 증가율이 무려 1,103%에 달하는 기염을 토했는데 2008년에 328원이던 주당순이익이 2009년에는 3,945원이 되었다. 주가는 주당순이익 증가폭을 그대로 반영하여 연일 급등하였다.

현대차는 2008년 11월 저점 3만 5,750원에서 2011년 6월 고점 25만 7천 원이 되어 2년 7개월 동안 주가가 7.2배 상승하였고(같은 기간 EPS 5.3배 증가), 기아차는 2008년 11월 저점 5,720원이었으나 2011년 4월에는 8만 4,600원으로 올라 2년 5개월 동안 무려 14.8배라는 경이로운 상승을 기록하였다(같은 기간 EPS 26.1배 증가).

2020년 이후 세계 자동차 시장은 전기차에서 누가 우위를 선점할 것인가에 따라 시장 판도가 결정될 것이다.

실적 호전으로 상승하는 현대차

최고 :257,000 (2011/06/03일)→

257,000원(2011. 6.)

2년 7개월 동안
7.2배 상승

35,750원(2008. 11.)

현대차 주봉 그래프(2008. 5.~2011. 12.)

증가하는 주당순이익에 비례해 급등하는 기아차 주가

— EPS

84,600원(2011. 4.)

(2011/04/29일)→

EPS(원)

2년 5개월 동안
14.8배 상승

5,720원(2008. 11.)

←최저 :5,720

기아차 주봉 그래프와 EPS(2008. 1.~2011. 12.)

이야기로 보는
주식투자
역사

9·11테러와
옵션투자

9·11테러로 엇갈린 세 투자자의 운명

D증권 강남지점에는 파생상품인 선물과 옵션만 전문으로 거래하는
사이버룸이 있다. 투자자 A, B, C 세 사람도 이곳을 자주 찾는다. 이들
은 D증권 사이버룸에서 각기 컴퓨터 2대씩을 보며 선물과 옵션을 거
래하곤 했다. 그러던 어느 날 이들 세 사람 사이에 희비가 엇갈린 사건
이 일어났다. 그 이야기를 한번 들어보자.

9·11테러가 발생하기 하루 전, 우리나라 시간으로는 2001년 9월
11일이다. A는 행사가격 65인 콜옵션(코스피200 지수가 상승하면 이익을 보
는 옵션) 100개를 개당 15만 원에 매수해 보유하고 있었다. 간밤에 거대
한 황금빛 구렁이가 나타나 자기를 무는 꿈을 꾼 A는 대단한 길몽이라
여기고 콜옵션 200개를 추가로 매수했다. 9월 11일 종가(15만 5천 원) 기

준으로 A의 옵션 평가금액은 총 4,650만 원이었다.

> A의 포지션: 콜옵션 15만 5천 원 × 300개 = 4,650만 원

　B는 일주일 전 주가가 떨어질 것으로 예상하고 행사가격 62.5인 풋옵션(코스피200 지수가 떨어지면 이익이 생기는 옵션)을 개당 1만 원씩 500개를 가지고 있었다. 그러나 반대로 주가가 오르는 바람에 옵션가격은 1천 원으로 하락하고 1천 원에 매도주문을 냈지만 사는 사람이 없었다. B의 옵션 포지션은 풋옵션 50만 원이었다.

> B의 포지션: 풋옵션 1천 원 × 500개 = 50만 원

　C는 주가가 떨어질 것으로 예상하고 풋옵션을 매수했지만 지수가 횡보하면서 옵션가격이 하락하자 마음이라도 편하게 하루를 보내자는 생각으로 포지션을 정리하고 집으로 갔다.

> C의 포지션: 0

　테러가 발생하기 전날 세 사람의 옵션 포지션을 정리하면, A는 콜옵션 4,650만원, B는 풋옵션 50만원, C는 0원이다.

　9월 11일 저녁 A, B, C 세 사람은 운명의 시간이 다가오는 줄도 모르고 각자 내일에 대한 희망을 가지고 저녁시간을 보내고 있었다. 저

녁식사를 마치고 정규 뉴스시간이 끝날 쯤인 10시경, 갑자기 정규방송이 중단되고 테러 속보가 떴다.

TV 화면에는 두 대의 여객기가 검은 연기를 내뿜으며 80층짜리 쌍둥이 빌딩과 충돌하자 거대한 빌딩이 먼지와 함께 흔적도 없이 내려앉는 모습이 계속 비쳐졌다.

"아~니, 세상에 저럴 수가!"

영화에서나 볼 법한 장면이 눈앞에서 펼쳐지자 사람들은 크게 놀랄 수밖에 없었다.

그 순간 A, B, C 세 투자자의 희비는 크게 엇갈렸다. 세 사람은 내일 증권시장이 얼마나 충격을 받을 것인가를 생각하며 기대와 실망으로 잠을 이룰 수가 없었다.

다음 날인 9월 12일 코스피지수는 전날에 비해 64포인트나 하락했다. A가 가지고 있던 행사가 65인 콜옵션은 전날 종가 15만 5천 원에서 4천 원으로 폭락했다. A의 평가금액을 확인해 보니 전날 4,650만 원이 120만 원으로 줄어 있었다.

> 콜옵션 65: 4천 원 × 300개 = 120만 원

B는 전날 1천 원에도 팔리지 않던 풋옵션 62.5짜리가 단 하루 만에 무려 500배나 오른 50만 5천 원이 되었다. 평가액을 보니 전날 50만 원이던 것이 2억 5,250만 원이 되었다. 그야말로 대박을 터뜨린 것이다.

9 · 11테러 당일 옵션가격 변동표

(가격 단위: 천 원)

종류	행사가별 옵션종류	9월 11일 종가	9월 12일 고가	9월 12일 저가	9월 12일 종가	전일비 등락 콜(%), 풋(배수)
콜	55	1130	700	300	370	67% 하락
	57.5	880	600	135	135	85% 하락
	60	630	300	47	52	86.5% 하락
	62.5	390	90	10	17	95.6% 하락
	65	155	30	2	4	97.4% 하락
	67.5	34	6	1	1	97% 하락
	70	4	1	1	1	75% 하락
	72.5	1	1	1	1	거래 안 됨
풋	55	1	79	1	7	70배 상승
	57.5	1	175	7	173	173배 상승
	60	1	330	27	300	30배 상승
	62.5	1	545	104	505	505배 상승
	65	19	780	286	750	40배 상승
	67.5	140	1050	520	1020	7.3배 상승
	70	360	1325	780	1250	3.5배 상승
	72.5	605	1590	1015	1590	2.9배 상승
	75	855	1825	1225	1825	2배 상승
	77.5	1105	2060	1600	2060	1.7배 상승
	80	1355	2300	1850	2275	1.5배 상승
종합주가지수		540.57		475.60		64.97포인트 하락
코스피200		66.55		58.59		7.96포인트 하락

> 풋옵션 62.5: 50만 5천 원 × 500개 = 2억 5,250만 원

    C는 어제 풋옵션을 정리하지 않고 가지고 있었더라면 2억 8천만 원이 되었을 거라 생각하니 눈앞이 깜깜해지는 느낌이었다. 그러나 이미 엎질러진 물, 운명을 탓할 수밖에 없었다.

저성장 시대 횡보하는 한국증시,
역사적 변동성에 대비하라

주식시장은 2011년부터 2016년까지 6년간 장기 횡보국면이 지속되었다. 2008년 글로벌 금융위기를 극복해 가는 도중에 유럽 재정위기가 불거져 경제회복이 더디게 진행되었기 때문이다. 투자수익을 내기 어려운 횡보장에서 외국인과 기관은 선물, 옵션과 같은 파생상품을 단기매매하거나 공매도로 수익을 내려고 하였고, 기관은 롱숏펀드로 투자자금을 모으기도 했다.

개인투자자들은 중소형주로 구성된 테마주에 매달렸다. 2012년 12월 대선을 앞두고 정치인 테마주가 황당한 광풍을 일으켰으며, 싸이의 '강남스타일'을 계기로 K팝 관련 테마주도 급등락을 이어갔다. 우선주와 중국 특수를 누린 화장품 관련주도 급등을 하였는데, 다른 테마주와 달리 개인이 주도한 것이 아니라 외국인과 기관이 주도한 것이었다.

2020년 코로나 팬데믹이 발생하여 제2차 세계대전 이후 가장 많은 인명 피해가 생겼으며, 경제는 마이너스 성장을 하였다. 증시도 단기에 폭락하였다. 그러나 폭락한 증시는 초저금리와 풍부한 유동성 그리고 4차산업의 도약으로 코로나 이전 수준을 뚫고 상승으로 전환되었다.

한국증시 역사를 돌이켜보면 10년 주기로 주가 버블이 반복돼 왔다. 2020년대 초반에도 버블이 되풀이될 것인지 여부를 예측하는 것은 주식투자 역사를 읽은 독자 여러분의 몫이다.

From 2011 to 현재

The History of Stocks in sight of Money

2011년에서 현재

2014. 7.
최경환노믹스 발표

2014. 8.
퇴직연금 활성화 대책 발표

2014. 10. 29.
미국 양적완화 종료

2012. 6. 9.
스페인 구제금융 신청

2011. 4.
2,231.47

2012. 7. 15.
싸이의 '강남스타일'
유튜브 공개

2013. 12.
양적완화 축소 전략
(테이퍼링) 시작

2010. 5.
그리스 전역
반긴축재정 시위

2010　　　2011　　　2012　　　2013　　　2014

2010. 4. 27.
S&P, 그리스 신용등급
정크 수준으로 강등

2013. 6.
1,770.53

2011. 9.
1,644.11

2010. 2.
1,532.23

2020. 12. 24.
2,806.68

2020. 12. 4.
2,731.45

2019. 2. 27.
북미정상회담(하노이)

2019. 9.
라임자산운용
펀드환매 중단

2019. 12. 1.
화웨이 부회장겸 CFO
체포

2015. 4.
2,189.54

2017. 5. 10.
문재인 대통령 취임

2015	2016	2017	2018	2019	2020

2020. 3. 11.
WHO 코로나 팬데믹 선언

2016. 1. 6.
북한 4차 핵실험

2020. 2. 16.~2021. 3. 12.
공매도 금지 조치

2015. 6. 15.
가격제한폭 확대

2018. 2.
평창 동계올림픽 개최

2020. 5. 28.
한국은행 기준금리 0.5%로 인하

2015. 11. 30.
한중 FTA 발효

2018. 4. 18.
남북정상회담

2020. 7.~ 10.
공모주 청약 열풍
(SK바이오팜 7. 2. /
카카오게임즈 9. 10. /
빅히트엔터 10. 5.)

2018. 6. 12.
북미정상회담(싱가포르)

85장

유럽 재정위기로 침몰한 '차화정'

유럽발 소버린 리스크[1]

'PIIGS'(피그스, '한떼의 돼지들'이란 뜻)란 용어가 처음 등장한 것은 2009년 12월《월스트리트 저널》에서다. PIIGS는 방만한 복지지출로 재정적자가 심했던 포르투갈(Portugal), 이탈리아(Italy), 아일랜드(Ireland), 그리스(Greece), 스페인(Spain)의 머리글자를 따서 붙인 이름이다.

2008년에 발생한 세계적 금융위기가 극복되어 가는 도중에 2011년 PIIGS 국가들의 재정위기가 불거지면서 세계 금융시장은 또 한 번 위기의 소용돌이 속으로 빠져들었고 주가도 크게 휘청거렸다.

---

1   소버린 리스크(Sovereign Risk)는 국제금융시장에서 자금을 빌린 국가가 채무상환을 하지 못했을 때 발생하게 되는 위험, 즉 자금을 빌려준 측이 안게 되는 위험을 가리키는 말이다. 국가의 채무상환불능 또는 부도위험을 의미하는 금융용어로, 소버린(sovereign)이란 말은 통치자, 즉 국가라는 의미이다.

유럽 재정위기의 직접적 원인은 글로벌 금융위기로 침체된 경기를 부양하는 과정에서 정부 부채가 급증하고 자산가격이 폭락한 것과 관련이 있다. 그리스, 아이슬란드, 스페인, 포르투갈 등의 국가들은 글로벌 금융위기에 따른 대규모 경기부양 조치와 조세 수입 감소, 방만한 복지지출로 재정적자가 급증하였다. 특히 그리스는 2011년 기준 정부 부채가 GDP의 165%나 되었다. 실업률은 35%(2012년 2/4분기)로 높았고 국채수익률도 35%로 급등했다. 그리스의 디폴트 우려에 관한 보도로 세계 금융시장은 살얼음을 걷는 듯했다.

반면에 아일랜드와 스페인은 글로벌 금융위기로 자산시장이 폭락하였다. 자산가격의 폭락은 금융기관을 부실하게 만들었고 부실 금융기관을 구제하는 과정에서 정부 부채가 급증했다.

2011년 7~8월에는 유럽 재정위기로 세계경기가 위축되어 가는 도중에 미국의 국가부채 한도 협상이 난항을 겪고 있었다. 이 때문에 사상 처음으로 미국 신용등급이 강등되었고 그 영향으로 증시도 폭락했다. 그 이후 미국은 재정절벽² 협상과 같은 어려움이 있었음에도 불구

---

2 정부의 재정지출이 대폭 감소하고 세금이 인상되면서 경기가 절벽에서 떨어지듯 급강하하는 현상을 재정절벽(fiscal cliff)이라고 한다. 재정절벽 문제에 직면한 대표적인 나라인 미국은 조지 W. 부시 정부 때부터 경기부양을 위해 소득세·상속세·사회보장세 등의 감세 조치를 시행하는 한편, 이라크전쟁 등으로 인해 많은 국방비를 지출하고 의료보험 등 사회보장제도를 통한 재정지출을 확대하였는데, 이로 인해 세입은 점점 줄어드는 데 반해 세출이 크게 늘어남으로써 정부의 부채가 증가하여 재정건전성이 심하게 악화되는 결과를 낳았다. 이로 인해 2000년부터 한시적으로 시행되던 각종 세제감면 혜택이 종료되고 정부 재정지출이 삭감되는 시점인 2013년이 다가오자 2012년 미국 대선을 전후하여 재정절벽 문제가 정치 이슈로 등장하였다. 세금을 더 걷고 정부 지출을 줄이면 정부의 과도한 재정적자는 개선되지만 납세자의 세금 부담이 증가하여 소비가 줄어들고 기업의 투자가 위축됨으로써 경제가 정체를 넘어선 후퇴 국면에 진입하는 재정절벽 위기에 처할 가능성이 있다. 다행히 미국은 2012년 12월 31일 공화. 민주 양당이 중산층은 감세하고 고소득층에 증세를 하는 쪽으로 타협함으로써 재정절벽은 면하게 되었다.

스페인의 실직자가 쓰레기통을 뒤져 음식물을 찾는 모습

하고 꾸준하게 경제회복이 이루어졌기 때문에 다우와 나스닥 지수는 상승 추세를 이어갈 수 있었다.

스페인은 실업률이 24.8%에 이르고 국채 수익률이 급등하자 2012년 6월 9일 1천억 유로의 구제금융을 신청하였다. 한때 중산층이었던 직장인이 하루아침에 실직자가 되어 도심의 거리에서 쓰레기통을 뒤져 음식물을 찾는 장면을 찍은 사진은 세계인을 경악하게 만들기에 충분했다. 사진에는 '쓰레기통을 뒤져 상한 음식을 먹을까 우려되어 쓰레기통에 자물쇠를 채워둔다'라는 설명이 붙어 있었다.

유로존 4위 경제대국인 스페인까지 구제금융 신청을 함으로써 유럽 재정위기는 영국과 프랑스로까지 확산되었다.

유럽 재정위기 부각으로 세계 금융시장은 요동을 쳤다. PIIGS 국가들의 CDS스프레드가 급등했고, 특히 포르투갈의 CDS스프레드는 사상 최고치를 경신하였다. 신용평가사들은 PIIGS 국가들의 신용등급을 연이어 하향 조정하였다.

위험자산인 주식 및 개발도상국의 화폐가 폭락했고 대신 안전자산으로 분류된 금과 미국의 국채 및 달러가 급등했다.

산이 높아 계곡도 깊은 '차화정'

금융시장은 불확실성을 가장 두려워한다. 2009년 12월부터 흘러나오기 시작한 유럽 재정위기설은 불확실성 속에서 약 3년을 이어오다 2011년에 정점에 이르렀고, 그 영향은 한국에까지 미쳐 코스피지수가 2,231포인트(2011년 4월 27일)에서 1,644포인트(2011년 9월 26일)로 하락하였다.

유럽 재정위기 여파로 하락한 코스피

코스피 일봉 그래프(2011. 3. 23.~11. 18.)

유럽 재정위기로 경기가 다시 침체기로 접어들자 직격탄을 받은 것은 차화정 종목이었다. 특히 OCI는 유럽의 경기침체 영향을 고스란히 받았다. 유럽 국가들이 재정위기를 맞아 태양광 에너지 사업에 대한 정부 지원을 축소하자 태양광 에너지의 주된 소재인 폴리실리콘을 만드는 OCI는 2012년과 2013년, 2년 연속 큰 폭의 적자를 냈다. 그 영향으로 주가는 2011년 4월 고점 65만 7천 원에서 8만 600원(2014년 11월)으로 무려 87.7%나 급락했다. 롯데케미칼 등 여타 차화정 종목도 주당순이익과 주가가 큰 폭으로 하락했다.

차화정 종목은 대부분 경기 민감주이다. 경기 민감주는 특성상 경기회복이 확인되면 상승 속도가 여타 종목에 비해 빠를 수 있다.

2012년 2/4분기 이후 유럽 재정위기는 점차 안정되었고, 2013년 5월 포르투갈이 IMF 구제금융을 졸업하면서 주식시장 주요 이슈에서

적자 전환으로 87% 이상 폭락한 '차화정' 종목 OCI

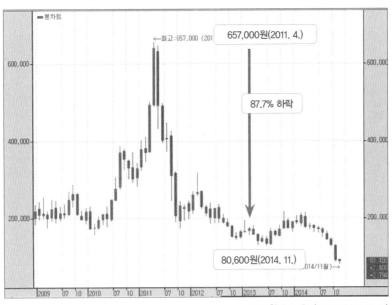

OCI 월봉 그래프(2009~2014. 11. 7.)

차화정 종목인 롯데케미칼의 EPS와 주가

롯데케미칼 주봉 그래프(2010. 9.~2014. 8.)

멀어져 갔다.

  그동안 유럽 재정위기를 타개하기 위해 EU, ECB(유럽중앙은행), IMF
등 소위 트로이카는 구제금융을 지원하고 유럽 각국이 재정적자를 줄
이도록 독려하였다. 재정위기가 하루아침에 발생한 것이 아니듯 국가
부채도 단기에 해결될 수 있는 성질의 것은 아니다. 그럼에도 각국의
증권시장은 2013년부터 서서히 안정되어 갔다.

차화정 종목의 EPS와 주가 등락률

구분	EPS(주당순이익, 원)				주가(원)		
	2010	2011	2012	2013	고점 (년/월)	저점 (년/월)	등락률 (%)
기아차 (000270)	5,740	8,556	9,537	9,416	84,600 (11/04)	47,900 (13/2)	−43.5
현대모비스 (012330)	24,888	31,053	36,555	35,147	416,000 (11/07)	226,000 (14/10)	−45.67
LG화학 (051910)	29,205	28,930	20,223	17,131	583,000 (11/04)	172,500 (14/11)	−70.4
롯데케미칼 (011170)	24,616	30,701	9,862	8,400	475,000 (11/04)	120,500 (14/10)	−74.7
한화케미칼 (009830)	2,823	1,793	209	58	57,000 (11/04)	10,500 (14/11)	−81.5
OCI (010060)	26,912	32,617	−2,866	−13,741	657,000 (11/04)	80,600 (14/11)	−87.7
OCI머티리얼즈 (036490)	5,680	6,230	2,756	33	151,000 (11/04)	28,800 (13/06)	−80.9
SK이노베이션 (096770)	12,895	33,816	12,649	7,789	258,000 (11/04)	74,300 (14/10)	−71.2

▶ 주가의 고점과 저점: 소수점 둘째 자리 이하 반올림

86장

황당한 루머에 급등한 정치인 테마주
('안랩' 782% 상승)

미리 사둔 뒤 증권방송에서 '이 주식 사라' 가격조작

"안랩(안철수연구소) 매수 추천! 지금은 실적보다는 수급을 봐야 합니다. 유망한 대선 테마주죠."

2011년 10월 5일 한 케이블TV 증권방송에 출연한 증권자문업자 전모(33살) 씨는 안랩을 유망한 투자 종목으로 추천했다. 전 씨가 출연한 방송은 증시가 열리기 전 방송되는 아침방송으로, 투자자들에게 영향을 많이 미치는 프로그램이었다. 전 씨는 또 인터넷 증권카페를 개설한 뒤 유료 회원들을 대상으로 "안랩을 사라"는 문자 메시지도 보냈다. 이 회원들은 매월 80만 원에서 100만 원씩 회비를 내는 사람들로 전 씨의 '매수 추천'에 따라 움직이는 경우가 많았다. 하지만 전 씨에겐 다른 계산이 있었다. 그는 방송 전날(10월 4일) 안랩 주식 7만 6천 주를 30여억 원에 대량매수했다. 방송 후 개미들의 매수세가 따라 붙으면서 주가가 급등해 10월 17일에는 7만 1,700원에 마감됐다. 영업일 기준으로 단 열흘 만에 주가가 배 가까이 오른 것이다. 전 씨는 보유 주식을 팔아 23억 원을 챙겼다. 그가 2011년 10월부터 2012년 1월까지 안랩과 바른손 등 4개 종목을 통해 챙긴 돈은 36억여 원! 모두 이벤트성 재료가 나오면 급등하는 중소형 종목들이었다. 2013년 1월 9일, 서울중앙지검 금융조세조사2부는 방송 프로그램을 악용해 사기성 부정거래를 한 혐의로 전 씨를 구속기소했다고 밝혔다(이상은 〈조선일보〉 2013년 1월 10일자 기사 내용-).

국내의 증권 관련 방송과 사이트는 와우넷, 이토마토, 아프리카TV, 팍스넷, 씽크풀 등 모두 130개가 넘는다. 이곳들은 대부분 유료 회원을 모집하고 있다. 증권방송의 추천대로 주가가 흘러가면 이들에게 '꽃값'(종목 추천 수고비)을 건네는 투자자들도 있다. 심지어 주식을 추천해 달라고 꽃값을 주는 경우마저 있었다.

정치인 테마주는 안철수 원장의 서울시장 출마설이 돌기 시작한 2011년 8월부터 본격적으로 생겨나기 시작했다. 처음엔 20여 개로 시작했으나 갈수록 늘어 2012년 중반에는 최고 150개까지 늘어났다. 대선후보로 거론된 박근혜, 문재인, 안철수 3인 중에서 안 원장과 관련된 종목들이 시장에서 가장 인기가 많았다.

안철수 원장(당시 서울대 융합과학 대학원장)과 관련된 대표적인 종목은 그가 설립한 보안전문업체 안랩이다. 안랩은 1만 8,950원(2011년 7월 저점)에서 16만 7,200원(2012년 1월 고점)으로 올라 6개월의 짧은 기간에 782% 상승하였다. 우량주에다 거래가 많았기 때문에 개미들의 집중 매매대상 종목이 뇌었다. 안 원장의 서울시장 출마설, 대선 출마설이 언론에 보도될 때마다 주가는 큰 폭으로 등락을 거듭했다. 흥미로운 사실은 출마설이 나오면 주가가 올랐지만 막상 출마를 선언하면 주가가 하락했다는 점이다.

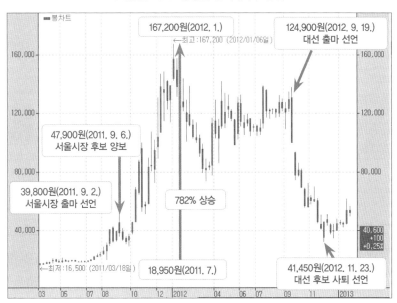

6개월간 782% 상승한 정치테마주 안랩

안랩 주봉 그래프(2011. 3.~2013. 3.)

안철수 테마주 중 써니전자는 대표이사가 안랩 출신이라는 이유로, 미래산업은 안 원장의 개인적인 멘토라는 이유가 있었지만 그 밖에 대부분의 기업이 안 원장과 직접적인 관계가 없었다. 써니전자의 경우 단순히 안랩 출신이 대표라는 이유로 4개월의 짧은 기간에 주가가 무려 17.3배 급등하여 정치테마주 중 단기 상승률 1위를 차지했다.

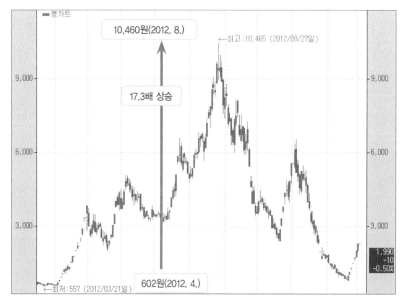

4개월 동안 17.3배 오른 안철수 후보 테마주 써니전자

써니전자 일봉 그래프(2012. 3.~2013. 1.)

　　박근혜 후보 테마주로는 하츠, EG, 대유신소재 등이 상승률이 높았는데, 하츠는 회사 대표가 박 후보 사촌의 남편과 관련이 있다는 이유로, EG는 최대주주가 남동생이라는 이유로, 대유신소재는 회장이 조카사위라는 이유가 있었다. 그중 하츠의 주가 상승률이 636%로 가장 높았다.

　　문재인 후보 테마주로는 바른손이 문재인 후보가 몸담았던 법무법인의 고객이라는 점에서, 우리들휴브레인은 우리들병원 원장이 노무현 전 대통령의 주치의였다는 등의 이유가 있었다.

4개월 만에 12.7배 급등한 문재인 후보 테마주 바른손

바른손 주봉 그래프(2011. 7.~2013. 3.)

주가 급등 때 대주주, 외국인, 기관 매도
-피해는 개미들의 몫

정치테마주가 급등하자 단기차익을 얻으려는 개미(소액 개인투자자들)
들이 대거 매수에 가담했다. 그러나 기업가치와 무관하게 주가가 올라
거품이 심하다고 판단을 한 대주주와 외국인 및 기관은 절호의 매도기
회로 생각하고 보유주식을 팔았다.

　안랩 주식을 5% 이상 보유한 대주주들은 주가가 올랐을 때 상장
주식의 14%에 해당하는 140만 주를 팔아치웠다. 미래산업 대주주

인 정문술 씨도 주가가 2,075원으로 최고가를 찍은 다음 날 보유주식 2,254만 주 전량을 시장에 팔아 약 400억 원을 현금화했다. 기가 막힌 매도시점이었다. 그가 매도한 후 대주주가 사라져 사실상 주인 없는 회사가 된 미래산업 주가는 연일 하한가로 곤두박질쳤다. 한국거래소에 따르면 정치테마주로 분류된 종목의 대주주가 매도한 주식은 9,760만 주이며, 정치테마주가 등장하기 이전인 2011년 6월을 기준으로 할 때 대주주와 특수관계인들이 챙겨간 시세차익은 3,154억 원이라고 한다.

정치테마주가 급등하고 버블이 생기는 과정에 외국인과 기관은 매수에 가담하지 않고 주가가 올랐을 때 오히려 보유주식을 매도하였다. 언제나처럼 버블은 오래가지 못했다. 개미들은 많게는 90%, 적게는 50% 하락한 주식을 들고 한숨을 쉬었지만 때는 이미 늦어 있었다.

황당한 루머로 큰 폭으로 상승한 정치테마주들은 대통령선거일인 2012년 12월 16일 이전에 테마가 형성되기 전 가격으로 내려왔고, 선거가 끝나자 그 많던 루머는 바람 앞의 연기처럼 사라졌다. 주요 종목의 고점 대비 하락률을 보면 써니전자 92%, 미래산업 89%, 바른손 88%, 안랩 81% 순이었고, 대선이 끝나자 정치테마주도 테마주로서의 생명을 다하고 소멸했다. 그리고 박근혜 대통령 탄핵으로 2017년 5월 치러진 대선에서도 황당한 테마주 광란은 되풀이되었다.

정치테마주로 생긴 투자 손실은 전부 개미들 몫이 됐다. 동아일보가 조사한 바에 의하면 안철수 테마주로 분류된 34개 종목의 시가총액이 대선 출마를 선언한 2012년 9월 19일 이후 두 달 동안 2조 2천억 원가량 증발했다고 한다.

대선 직전에 급락한 박근혜 후보 테마주 하츠 주가 동향

하츠 주봉 그래프(2011. 7.~2013. 3.)

안철수 후보 관련 테마주

종목	관련 이유	주가 상승			주가 저점 (원)	하락률 (%)
		저점(원)	고점(원)	상승률(%)		
써니전자 (004770)	대표이사 안랩 출신	602 (12/04)	10,460 (12/08)	1,637	794 (12/12)	92
안랩 (053800)	안철수연구소 설립자	18,950 (11/07)	167,200 (12/01)	782	32,450	81
미래산업 (025560)	대주주 정문술과 친분	257 (02/03)	2,130 (12/09)	729	240 (12/12)	89
다울멀티미디어 (093640)	기타	1,435 (12/04)	8,630 (12/08)	501	1,375 (12/12)	84
에이티넘인베 스트(021080)	기타	571 (12/05)	2,986 (12/09)	423	721 (12/12)	76

종목	관련 이유	주가 상승 저점(원)	주가 상승 고점(원)	상승률 (%)	주가 저점 (원)	하락률 (%)
케이씨피드 (025880)	기타	1,755 (12/03)	8,590 (12/09)	389	1,830 (12/12)	79
우성사료 (006980)	기타	2,150 (12/03)	9,690 (12/08)	351	2,100 (12/12)	78
한국정보공학 (039740)	기타	2,840 (12/03)	9,470 (12/08)	234	2,485 (12/12)	74
제미니투자 (019570)	기타	273 (12/05)	920 (12/09)	237	267 (12/12)	71
솔고바이오 (043100)	기타	1,100 (12/04)	2,575 (12/09)	134	619 (12/12)	76

▶ 주가 고점과 저점 시기: 년/월, 소수점 이하 반올림

박근혜 후보 관련 테마주

종목	관련 이유	주가 상승			주가 저점 (원)	하락률 (%)
		저점(원)	고점(원)	상승률 (%)		
하츠 (066130)	사촌의 남편과 관련	1,610 (11/10)	11,850 (12/09)	636	2,900 (12/12)	76
EG (037370)	최대주주 동생 박지만	19,350 (11/09)	87,900 (12/01)	354	30,650 (12/12)	65
대유신소재 (000330)	회장이 조카사위	1,068 (11/10)	3,943 (12/02)	269	1,310 (12/12)	67
에넥스 (011090)	기타	330 (11/08)	1,190 (12/06)	261	374 (12/12)	69
능률교육 (053290)	기타	2,725 (11/02)	9,740 (11/08)	257	3,700 (11/09)	62
서한 (011370)	기타	896 (12/07)	2,090 (12/09)	133	1,000 (12/12)	52
동양물산 (002900)	사촌의 남편이 대표	14,150 (11/11)	31,600 (11/12)	123	10,350 (12/12)	67

▶ 주가 고점과 저점 시기: 년/월, 소수점 이하 반올림

문재인 후보 관련 테마주

종목	관련 이유	주가 상승			주가 저점 (원)	하락률 (%)
		저점(원)	고점(원)	상승률(%)		
우리들휴브레인 (118000)	기타	3,210 (11/08)	44,000 (12/02)	1,270	6,350 (12/12)	86
바른손 (018700)	법무법인 고객	940 (11/09)	11,950 (12/02)	1,171	1,390 (12/12)	88
조광페인트 (004910)	학연	3,150 (11/12)	15,250 (12/02)	384	3,720 (12/12)	76
서희건설 (035890)	학연	591 (11/12)	2,465 (12/02)	317	700 (12/12)	72
자연과 환경 (043910)	학연	334 (11/12)	1,200 (12/03)	259	448 (12/12)	63

▶ 주가 고점과 저점 시기: 년/월, 소수점 이하 반올림

87장

'강남스타일'로 급등한
K팝 관련주

최단기간 유튜브 10억 건 조회 기록한
싸이의 '강남스타일'

"오빤 강남스타일

낮에는 따사로운 인간적인 여자

커피 한잔의 여유를 아는 품격 있는 여자

밤이면 심장이 뜨거워지는 여자……"

2012년 7월 15일 발표된 싸이(본명 박재상)의 6집 신곡 '강남스타일'
뮤직비디오 동영상이 유튜브 역대 최다 조회수를 기록하며 세계적인
말춤 열풍을 일으켰다.

강남스타일은 '세계 최초로 최단기간 유튜브 조회수 10억 건'을 돌

파하였고 빌보드 핫100(상위차트)에서 '7주 연속 2위'를 기록했다. 싸이는 세계 어느 나라든 가는 곳마다 최고 인기를 누렸고 그의 인기는 K팝 수준이 대중문화 선진시장인 미국과 비교해도 손색이 없다는 것을 확인시켜 주었다.

싸이의 당시 소속사인 YG엔터테인먼트 주가는 '강남스타일' 발표 전 2만 8천 원(2012년 5월 저점)이었는데 8만 1,100원(2012년 10월 고점)으로 올라 5개월 만에 189.6% 상승하였다.

싸이의 소속사 YG엔터테인먼트 주가 동향

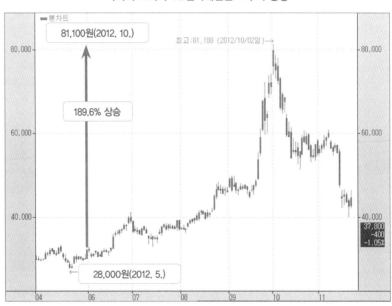

YG엔터테인먼트 일봉 그래프(2012. 4. 26.~11. 21.)

'강남스타일' 영향으로 엉뚱하게도 싸이의 부친이 경영하는 디아이(003160) 주가도 크게 올랐다. 반도체 장비업체인 디아이 주가는 '강남스타일' 발표 직전에 1,430원이었으나 3개월 후 1만 3,100원이 되어 816%나 올랐다.

싸이의 '강남스타일'은 2011년 중반부터 불붙어 있던 K팝 관련주에 기름을 붓는 역할을 했다. 국내 음반시장의 30% 이상을 점유하고 있는 1위 업체인 SM엔터테인먼트(에스엠)도 싸이가 신곡을 발표하기 전인 2012년 5월 4만 원이던 주가가 10월에는 7만 1,600원이 되어 4개월 동안 79% 상승하였다. 1년 전인 2011년 5월 주가 1만 4,800원을 기준으로 하면 무려 383.8% 오른 셈이었다. 주가 7만 1,600원일 때 에스엠의 시가총액은 1조 4,700억 원으로 뛰어 코스닥 시가총액 기준 상위 10위 안에 들기도 했다.

K팝 선두주자 SM엔터테인먼트 주가 동향

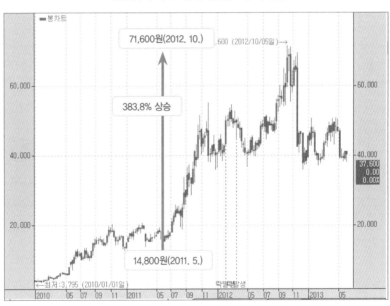

SM엔터테인먼트 주봉 그래프(2010. 1.~2013. 5.)

YG엔터테인먼트와 에스엠 이외에 K팝 관련주를 살펴보면 JYP Ent.(035900), 로엔(016170), IHQ(003560), 소리바다(053110), 제이콘텐트리(036420) 등이 있다. 이들 종목 역시 2010~2011년에 주가가 크게 뛰었다.

K팝 관련 주요 종목의 주가 등락률

종목(코드번호)	주가 저점(원)	주가 고점(원)	상승률(%)
에스엠(041510)	3,795(10/01)	71,600(12/10)	1,786.7
JYP Ent.(035900)	1,360(10/12)	9,850(11/11)	624.3
소리바다(053110)	1,240(12/01)	6,925(12/03)	458.5
로엔(현 카카오M)(016170)	5,720(11/03)	23,400(11/11)	309.1
제이콘텐트리(036420)	1,650(10/12)	6,950(11/10)	321.2
IHQ(003560)	1,310(11/08)	4,890(11/10)	273.3
YG엔터(122870)	27,850(12/05)	81,100(12/10)	191.2

▶ 주가 고점과 저점 시기: 년/월

88장

우량기업 우선주 급등

아모레G 우선주 투자로 3개월 동안 53% 수익 실현

2014년 1월 초 한 투자자는 '중국에서 인기를 누리는 한국산 화장품'이란 제목의 신문기사를 읽고 컴퓨터 앞으로 달려갔다. 화장품 업종 중에서 투자 대상 종목을 찾아보기 위해서였다.

'생활수준이 높아진 중국의 13억 인구가 한국산 화장품을 선호한다면 화장품 회사 매출이 크게 증가할 것이고, 실적이 좋아지면 주가가 오를 것이다. 더욱이 유럽산 화장품보다 한국산 화장품이 중국인의 피부에 맞아 고가임에도 인기가 높다고 하니 이보다 더 좋은 재료가 어디 있단 말인가!'

그래프를 보니 한국화장품제조, 아모레퍼시픽, 아모레G, 한국콜마, 코스맥스, 에이블씨엔씨, LG생활건강 등 화장품 회사 주가는 이미 상승세를 타고 있었다. 아모레 제품을 즐겨 쓰는 그는 아모레G 종목에 마음이 끌렸다. 기업분석 창을 보니 매출과 영업이익이 해마다 15%씩 안정적으로 증가하고 있고, 2014년 예상 EPS(주당순이익)도 전년도에 비해 47% 증가하는 것으로 나와 있었다. 그는 아모레G로 결정하고 보통주와 우선주 그래프를 확인해 보았다. 보통주보다 우선주의 주가 상승 기울기가 더 가팔랐다. 최근 3년간 주가가 답답하게 횡보상태에 머무른 것을 경험한 그는 보통주보다 상대적으로 주가 탄력이 높은 우선주를 선택했다. 투자 경험상 주가가 오를 때는 우선주가 더 수익률이 높았다는 걸 알고 있었기 때문이다.

아모레G 우선주 주가는 전년도 저점에 비해 100% 가까이 올라 있었지만 실적 호전을 확인한 후 망설이지 않고 19만 4천 원에 매수주문

보통주에 비해 급등하는 아모레G 우선주

아모레G 보통주와 우선주 비교 그래프(1995. 1.~2014. 7. 22.)

현대차 우선주와 보통주

현대차 우선주

현대차 보통주

현대차 보통주와 우선주 비교 그래프(1995. 1.~2014. 7. 22.)

을 냈다. 이후 중국에서 한국 드라마 '별에서 온 그대'가 인기를 끌어 K팝 열기가 더욱 고조되면서 주가는 계속 올랐다. 그리고 3월 6일 31만 1천 원이 되었을 때 보유주식을 전부 매도해 2개월 만에 무려 53% 수 익을 실현했다. 같은 기간 보통주 수익률이 7.8%(47만 원 → 50만 7천 원) 에 불과한 것에 비하면 대단한 성공이었다.

저금리 시대에 투자 대안으로 떠오른 우선주

2013~2014년 상반기까지 보통주에 비해 우선주의 상승률이 높았 다. 호텔신라(우) 908.6% 아모레G(우) 803.9%, 대상(우) 677%, CJ(우)

559.2% 등 발행주식수가 적은 우량기업 우선주의 상승률이 높았을 뿐만 아니라 현대차(우), 삼성전자(우)와 같이 주식수와 시가총액이 큰 대형 우선주까지 보통주에 비해 월등히 상승률이 높았다.

우선주 상승이 높았던 이유는 세 가지이다. 첫째, 저금리 시대이다 보니 1%라도 배당을 더 주는 우선주를 찾게 되었다. 사실 하루 등락률이 최고 15%인 주식투자에서 연간 1% 추가 배당수익률은 큰 것이 아니라고 생각할 수도 있다. 그러나 채권수익률이 2.0~3.2%로 낮은 저금리 시대에 1% 배당수익률은 결코 적은 것이 아니었다.

둘째, 주가가 2011년 이후 3년간 박스권에 갇혀 있던 시기였다. 코스피지수가 3년이 다 되도록 1,850~2,050포인트에서 장기횡보하다 보니 주식투자로 이익을 내기가 쉽지 않아 투자자들이 답답하게 여기던 중 우선주가 물꼬를 터준 셈이었다.

셋째, 우량주 중심의 우선주 상승이었기 때문에 외국인이 매수를 주도했다.

이상의 세 가지 이유로 외국인이 투자를 하기 시작했고, 기관도 가치주펀드 중심으로 우선주 투자 비중을 높였다. 이에 개인투자자들이 가세하면서 주가 탄력이 높아졌던 것이다.

그러나 주식 수량이 적다는 이유만으로 보통주에 비해 지나치게 급등했던 우선주들은 시간이 지나면서 하락하여 제자리로 돌아왔다. 세계증시에서 우선주는 보통주 가격의 60~90% 수준에 있는 것이 일반적이다.

상승률 상위 우선주(2012. 6.~2015. 3.)

회사명 (코드번호)	주식수 (만 주)	시가총액 (억 원)	외국인 보유비중 (%)	주가 등락		
				저점 (년/월)	고점 (년/월)	상승률 (%)
아모레G(우) (002795)	46	2,745	63.6	6,350 (12/06)	100,500 (15/05)	1,483
호텔신라(우) (008775)	75	474	12.4	11,600 (13/01)	117,000 (14/08)	909
CJ(우) (001045)	226	1,905	7.7	17,900 (12/07)	150,500 (15/07)	741
아모레퍼시픽(우) (090435)	105	9,353	64.9	29,150 (13/05)	232,000 (15/05)	696
대상(우) (001685)	137	329	11.3	3,700 (12/07)	28,750 (14/08)	677
LG하우시스(우) (108675)	103	1,004	7.1	17,800 (12/06)	126,500 (14/09)	611
대성홀딩스(우) (084695)	91	93	2.7	2,325 (12/06)	15,200 (15/07)	554
롯데칠성(우) (005305)	12	1,205	32.0	300,500 (12/07)	1,199,000 (14/07)	299
SK케미칼(우) (006125)	281	990	18.3	11,450 (12/08)	36,250 (14/07)	217
삼성물산(우) (000835)	464	2,252	26.6	17,350 (12/11)	54,300 (14/08)	213
CJ제일제당(우) (097955)	132	2,449	19.6	68,500 (13/04)	259,000 (14/09)	278
삼성화재(우) 000815	319	5,410	67.6	64,700 (12/06)	241,000 (14/08)	273
대림산업(우) (000215)	380	1,558	26.4	16,700 (12/11)	49,150 (14/08)	194
현대차(우) (005385)	2,510	3조 8,920	77.3	59,800 (12/11)	170,000 (14/07)	184
삼성전자(우) (005935)	2,283	25조 711	81.3	786,000 (12/08)	1,191,000 (14/05)	52

▶ 2015년 말 기준. 소수점 이하 반올림

89장

말도 많고 탈도 많은
우선주 파동

한국증시의 괴물, 우선주

우선주란 의결권이 없는 대신 배당이익이 발생하거나 기업청산 등 잔여재산을 분배할 경우에 보통주에 비해 우선해서 배당이나 재산을 분배받을 수 있는 주식을 말한다.

우선주에는 구형 우선주와 신형 우선주가 있다. 구형 우선주는 의결권은 없으나 보통주보다 1% 더 배당받을 수 있는 주식을 말하고, 신형 우선주는 정기예금금리에 해당하는 최저 배당률을 보장해 주거나 일정 기간이 경과한 후 보통주로 전환할 수 있는 권리가 부여된 주식이다. 구형 우선주가 대부분이고, 신형 우선주는 소수에 불과하다.

1986년 동양맥주가 최초로 우선주를 발행한 이래 2014년 6월 말 현재 139개 우선주 종목이 상장되어 있는데, 이 중 코스닥 종목은 4개에 불과하고 모두 유가증권시장 종목들이다. 우선주가 집중적으로 발행된 시기는 1989년이다. 당시 증시가 활황인 틈을 타서 대주주들이 경영간섭을 받지 않아도 되는 무의결권 우선주를 대량으로 발행하여 기업자금 명목으로 증시에서 자금을 챙겨갔다. 1989년 한 해 유상증자 금액이 11조 1,245억 원이었는데 그중에 35.8%에 해당하는 4조 원이 우선주였다.

한국증시에서 우선주는 주가 파동을 일으키는 괴물이다. 1994년 우선주 파동이 있은 다음 1999년, 2002년, 2004년, 2007년, 2011년, 2014년에 각각 우선주 파동이 일어났다.

우선주가 고평가되어 있는지 저평가되어 있는지는 보통주와의 괴리율로 따진다(예를 들어 어떤 종목의 보통주가 10만 원인데 우선주가 7만 원한다면 괴리율은 30%이다). 그래서 우선주의 역사는 괴리율의 높낮이 역사라 할 수 있다. 미국, 영국의 경우 의결권 없는 우선주 가격이 보통주의 80~90% 선에서 형성되는 것이 보통이다. 그러나 한국의 경우엔 보통주와 무관하게 하락할 때는 10%까지 하락하고 급등할 때는 보통주보다 몇십 배 올라가는 기이한 현상을 보이고 있다. 그 결과 여러 차례 파동을 반복했는데 대표적인 우선주 파동을 소개하면 다음과 같다.

1994년: 우선주 폭락 파동

1994년 우선주 파동은 주가 급등 후 급락으로 인해 발생하는 일반적인 파동과 달리, 우선주가 보통주에 비해 큰 폭으로 폭락하여 발생한 파동이었다. 우선주 폭락 이유는 주가 하락 시기에 자금이 필요했던 대주주가 앞장서서 의결권 없는 우선주를 팔아치웠기 때문이다. 대우증권을 예로 들면, 보통주는 1994년 초 3만 5,500원에서 연말 2만 9,500원으로 17% 하락한 데 반해 우선주는 같은 기간 3만 2천 원에서 1만 9,300원으로 하락하여 하락률이 40%에 달하였다. 당시 우선주 중에는 보통주의 1/10 가격까지 폭락한 종목이 속출했고 가격이 싸다는 이유만으로 우선주를 선호했던 개미투자자들의 피해가 상대적으로 컸다.

1999년: 보통주보다 배 이상 비싼 우선주 파동

1999년 들어 서울식품은 431원(1998년 11월 저점)이던 우선주 주가가 9월에 2만 5,280원이 되어 1년도 안 돼 58.7배 폭등했다. 상승할 때는 일주일씩 상한가가 이어졌고 우선주 주가가 보통주보다 2배나 높았다.

1999년 8월 초에 보통주보다 가격이 높은 우선주는 16개에 불과했으나 한 달 후인 9월 2일에는 122개에 이르러 대부분의 우선주 가격이 보통주보다 높았다. 그러나 9월 10일에는 53개로 급감할 정도로 급락세로 돌아섰다. 상승할 때는 상한가로 오르고, 하락할 때는 하한가로 떨어졌기 때문에 투자자들은 올라갈 때는 못 사서 안달했고, 떨어질 때는 못 팔아 조바심을 쳤다.

2011년: 거래 없이 상한가를 거듭한 우선주 파동

2011년 7월 16일부터 8월 31일까지의 한 달 남짓 동안 50% 이상 급등한 우선주가 10개나 되었고 이 10개 우선주의 평균 상승률은 176%였다. 같은 기간 보통주는 21% 상승에 그쳤다. SG충남방적(001380) 우선주의 경우 6 거래일 연속 상한가를 기록하며 605.6% 급등하였다. 그러나 상승기간 동안 하루 1~2주에 불과할 정도로 거래량은 턱없이 적었기 때문에 개미들의 참여도는 높지 않았다. 1만 5,284주가 상장된 LS네트웍스(000680) 우선주는 5,580원에서 8만 5,100원으로 올라 상승률이 15.3배에 이르렀다.

2014년: 가치주 중심으로 상승한 우선주

2014년 연초 대비 7월 20일까지의 주가 상승률을 보면 보통주가 3.9%인 데 반해 우선주는 40.8% 상승하였다(코스피200 종목 대상). 이렇게 우선주 상승률이 높았던 이유는 외국인이 우량주 가운데 보통주보다 가격이 낮은 우선주를 집중 매수했고, 기관은 가치주펀드에 우선주를 우선해서 담았기 때문이다.

주요 매수대상은 삼성전자, 현대차, 아모레G, 롯데칠성, CJ제일제당, 호텔신라 등으로 대표 우량주가 주류를 이루었다. 1년 전인 2013년 7월 불량 우선주 퇴출제도가 시행된 것도 우량 우선주 선호의 이유가 되었다.

2020년 5~6월: 또 한 번의 우선주 폭탄 돌리기

2020년 5월과 6월 사이 또 한 번의 우선주 폭탄 돌리기가 발생했다. 국내 조선 3사가 카타르 국영석유사와 2027년까지 100척 이상의 LNG(액화천연가스) 운반선 발주계약을 체결한 것이다. LNG선은 1척당 평균 2,300억 원으로 계약규모가 23조 6천억 원에 이르러 사상 최대 규모였다. 코로나19로 산업계가 침체된 상황에서 대규모 수주는 조선 업계에 단비가 아닐 수 없었고 이는 즉시 주가에 반영되었다. 수주공시 후 조선 3사 주가는 단번에 30% 안팎으로 급등하였다.

그러나 진짜 주가급등은 보통주가 아닌 우선주에서 나타났다. 삼성중공업 우선주는 5월 18일 5만 800원에서 6월 19일에는 장중 고점이 96만 원에 이르러 한 달 만에 무려 18.9배나 폭등하였다. 10일간 연속상승이라는 기록도 세웠다.

삼성중공업 우선주의 급등은 여타 우선주의 급등을 초래하였다. 일양약품(우), 한화(우), K증권(우), 두산퓨얼셀(우), 한화솔루션(우), JW중외제약(우) 등으로 확대되었다.

10일간 연속 상한가를 기록하고 단기에 19배 급등한 삼성중공업 우선주

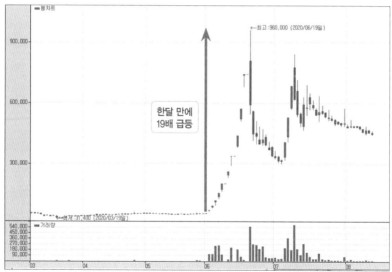

심싱중공업 우선주 일봉 그래프(2020. 3.~8.)

2020년 단기급등한 우선주

종목명(코드번호)	상장주식수	상승 전 주가(원)	일자	장중고가 (원)	일자	고점/저점(배)
삼성중공업(우) (010145)	114,845	50,800	5/18	960,000	6/19	18.9
일양약품(우) (007575)	445,080	18,650	5/25	144,500	6/18	7.7
한화(우) (000885)	479,294	24,000	6/1	89,500	6/18	3.7
SK증권(우) (001515)	3,912,514	2,575	5/28	11,750	6/19	4.6
두산퓨어셀(우) (33626K)	13,364,200	4,180	6/4	16,150	6/17	3.9
한화솔루션(우) (009835)	1,123,737	11,000	6/4	34,100	6/18	3.1
중외제약(우) (001035)	172,360	27,600	5/28	101,000	6/19	3.7
현대건설(우) (000725)	98,856	106,500	5/29	458,000	6/24	4.3

우선주 광풍은 왜 반복되는가?

삼성중공업 보통주가 40% 상승하는 동안 우선주는 무려 1,689% 상승
했다. 우선주 급등 배경은 구주가 6억 3천만 주인 반면 우선주는 11만
4,845주에 불과했기 때문이다. 일부 큰손과 개미들이 합세하여 주식
씨말리기 전략을 사용한 것이었다. 우선주는 보통주보다 주식수가 적
어 거래량이 늘면 주가가 급등락할 수밖에 없다. 우선주가 급등할 때
투자하는 것은 '폭탄 돌리기'에 뛰어드는 것과 마찬가지이다. 급등했
던 주가는 쉽게 급락했기 때문이다.

2014년에 이어 2020년에 또 우선주 광풍이 불자 금융위원회는 우선주에 대한 규제를 강화하기로 했다. 2020년 10월부터 우선주의 시장진입 요건을 상장주식 수 100만 주(종전 50만 주), 시가총액 50억 원(종전 20억 원) 이상으로 높였다. 시장퇴출 요건도 상장주식 20만 주, 시가총액 20억 원으로 높였다. 거래소 종목은 2020년 12월부터 우선주 가격이 보통주와 50% 넘게 차이날 경우 '단기과열종목'으로 지정돼 3거래일 동안 단일가 매매가 적용된다. 또 상장주식수가 50만 주에 못 미치는 우선주도 단일가 매매대상이 된다.

그러나 전문가들은 정부대책이 투기수요가 많을 때 급등세를 진정시키는 데는 한계가 있다고 본다. 다시 말해 우선주 광풍은 향후에도 발생할 가능성이 있다고 보는 것이다.

너무 낮은 배당수익률

2014년 상반기에 한국의 배당수익률이 여론의 도마에 올랐다. 2013년 배당수익률이 1.1%(코스피시장, MSCI 기준)에 불과하여 세계 평균인 2.5%의 절반에도 미치지 못했기 때문이다.

배당수익률은 배당금을 주식가격으로 나눈 수치이다. 따라서 배당수익률이 낮다는 것은 배당금이 적거나 주가가 높다는 뜻이다. 주가 높낮이는 PER를 기준으로 하는데 2013년 한국의 PER는 9~10배 수준에 불과하였으므로 주가가 높은 것이 아니라 배당이 적은 것이었다. 기업이익 중 배당금 지급비율을 배당성향이라 하는데 한국의 배당성

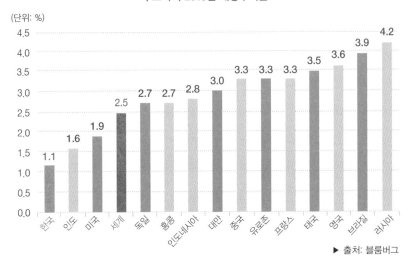

주요국의 2013년 배당수익률

(단위: %)

출처: 블룸버그

향은 2008년 27.1%에서 계속 낮아져서 2013년에는 22.6%(코스피 기준)까지 떨어졌다.

한국기업이 상대적으로 배당을 적게 주는 이유는 무엇일까? 기업 측의 변명은 크게 3가지로 요약할 수 있다.

① 투자 재원을 확보하기 위해서, ② 대주주가 받는 배당금은 금융종합과세 대상이 되어 과세비율이 높기 때문에, ③ 외국인이 한국주식을 30% 이상 보유하고 있는 상황에서 고배당은 외국인의 배만 불린다 등이다.

세계 평균에도 못 미치는 낮은 배당을 하면서, 배당률을 결정하는 총수와 총수 일가가 비상장기업을 통해 고배당을 받아가 여론의 비판을 받기도 한다. 2014년 초 담철곤 오리온 회장이 24억 원의 순이익을 낸 비상장기업 아이팩에서 150억 원의 배당금을 받아가 여론의 몰매를 맞았고, 현정은 회장과 그의 딸인 정지인 전무는 91억 원의 적자를 낸 비상장 계열사 현대유엔아이에서 14억 원의 배당을 받아간 일(이상 2013년 결산 기준)까지 있었다. 적자를 낸 기업인데도 회사적립금에서 배당금을 빼간 것이다.

이처럼 '정의롭지 못한 배당'이 언론에 회자되면서 투자자들로 하여금 적정 배당금에 대해 많은 생각을 하게 만들었다. 급기야 2014년 7월 최경환 부총리 겸 기재부장관은 '기업에 발생한 이익금 중 일정 수준 이상 투자나 배당을 하지 않으면 미활용 금액에 과세를 하겠다'는 내용의 경제활성화 방안을 내놓았다.

세계 평균 수준의 적정 배당수익률은 주식시장을 활성화시키고 장기투자를 유도하는 유인이 될 것이다.

다행히 2014년 이후 배당수익률이 점진적으로 높아가고 있다는 점은 저금리 시대에서 주식투자가 각광 받을 요인이 될 수 있다.

연도별 배당수익률은 2013년 1.12%, 2014년 1.69%, 2015년 1.71%, 2016년 1.82%, 2017년 1.86%, 2018년 2.15%, 2019년 2.51%로 높아졌다.

90장

사상 최저 금리 속 미국의 양적완화 종료

사상 최저 수준의 금리와 유동성 공급

2008년 글로벌 금융위기가 발생한 이후 세계 각국의 경제는 유례없는 침체기를 맞이했다. GDP성장률은 잠재성장률 이하로 하락했고, 소득은 감소하는데 부채가 증가해 소비가 위축되었으며 실업률은 치솟았다. 이에 나라마다 침체된 경기를 살리기 위해 케인즈 이론에 따라 정부 투자를 늘리고 세금을 깎아주는 재정정책을 펴는 한편 금리를 낮추고 시중에 돈을 푸는 금융정책을 폈다.

미국과 일본은 2008년 12월 각각 0.0~0.25%, 0.0~0.1%로 기준금리를 내려 2015년 말까지 6년간 사실상 제로금리 수준을 유지하였다.

특히 미국 연방준비제도(이하 연준) 의장 벤 버냉키는 기준금리를 사상 최저 수준으로 내렸을 뿐만 아니라 달러를 대량으로 공급해 '헬리콥터 벤'이라는 별명까지 얻었다. 연준이 설립된 이후 100년 동안 공급된 본원통화 3.8조 달러 중 78.4%가 버냉키 재임 중 쏟아부어졌다. 연준은 장기채권을 대규모로 사들여 장기금리를 직접적으로 낮추는 소위 '오퍼레이션 트위스트'[3]를 장기간 시행했다.

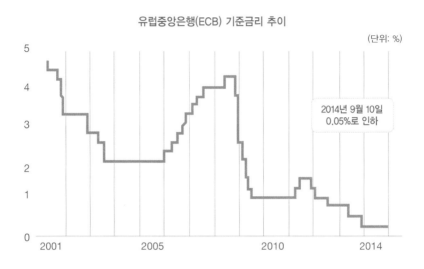

유럽중앙은행(ECB) 기준금리 추이

(단위: %)

2014년 9월 10일
0.05%로 인하

일본의 경우엔 2012년 말경 아베 신조 총리가 "일본은행으로 하여금 윤전기를 돌리게 해서라도 돈을 무제한으로 찍어내게 하겠다"고 말했다. 돈을 풀어 경제를 회복시키겠다는 의지를 밝힌 것이다. 일본은 1990년 자산버블 붕괴 이후 20년이 넘도록 경제침체를 거듭해 온데다 2011년 도호쿠 대지진과 후쿠시마 원전 사고라는 사상 최악의 재앙까

---

3   중앙은행이 단기 국채를 판 돈으로 장기 국채를 사들여 장기 금리를 낮춰 시중에 유동성을 공급하는 것으로 경기부양을 목적으로 한다. 1961년 존 F. 케네디 행정부 시절에 처음 실시된 정책으로, 장·단기 채권에 대해 엇갈리는 스텝(대응)을 밟는 모습이 1960년대 당시 유행한 트위스트와 닮았다고 해서 오퍼레이션 트위스트(Operation Twist)라는 명칭이 붙었다고 한다.

지 겹쳐 경제가 크게 휘청거렸다. 설상가상으로 슈퍼엔고까지 더해져 일본의 전자업계는 경쟁력을 잃어갔고 경상수지도 하락했다.

'시중에 돈이 넘치면 엔화가치가 떨어지고 일본제품의 가격경쟁력이 살아날 것이다'라는 이론을 배경으로 하는 '아베노믹스' 정책은 2013년 1월부터 시행됐다. 일본 중앙은행은 물가상승률 2%를 목표로 매월 13조 엔 규모의 국채를 매입하는 방식으로 시중에 돈을 풀었다. 이 같은 아베노믹스 정책에 힘입어 일본증시도 활기를 띠기 시작해 닛케이지수가 2012년 12월 저점 대비 2013년 5월까지 5개월간 무려 68%나 급등했다. 엔화가치 하락으로 기업실적이 호전되었기 때문이다. 그러나 IT와 자동차 분야에서 경쟁관계에 있는 한국기업에는 엔화가치 하락이 악재로 작용했다.

유럽중앙은행도 기준금리를 0.05%(2014년 9월 10일)로 내리고 매월 75조 원의 돈을 시중에 푸는 양적완화를 지속했다. 특히 은행들이 중앙은행에 돈을 맡길 때 이자를 주어야 함에도 오히려 마이너스 0.3% 금리를 내도록 하여 시중에 돈이 풀리도록 압박했다. 중앙은행에 돈을 맡기면서 이자를 내야 하는 마이너스 예금금리제도는 전 세계 어디에서도 유례를 찾아볼 수 없는 제도다.

한국의 기준금리도 역사상 최저금리라는 점에서는 예외가 아니었다. 글로벌 금융위기 직전인 2007년 상반기 5% 수준이었으나 지속적으로 내려 2016년 6월에는 대한민국 역사상 최저인 1.25%까지 내렸다. 이후 금융위기가 진정되자 6년 5개월 동안 유지해 오던 기준금리를 2017년 11월 30일을 기점으로 하여 0.25%씩 점진적으로 인상하기 시작하였다.

사상 최저 수준을 기록한 세계 주요국 기준금리 현황

구분		기준금리	조정일시
선진국	미국	0~0.25%	2008년 12월 16일
	EU	0~-0.30%	2015년 12월 4일
	일본	0~0.10%	2016년 1월 29일
	영국	0.25%	2016년 8월 5일
신흥국	중국	4.35%	2015년 10월 24일
	인도	6.25%	2016년 10월 4일
	브라질	7.00%	2017년 12월
	러시아	7.00%	2014년 3월 3일
한국		1.25%	2016년 6월 9일

양적완화 축소정책

2014년 2월 버냉키의 뒤를 이어 FRB 의장 자리에 오른 재닛 옐런 연준 의장도 기본적으로는 버냉키와 같은 '온건파' 통화정책 노선을 취했다. 그러나 GDP증가율과 주가가 회복되고, 고용률이 호조를 보이자 연준은 양적완화 규모를 줄였다. 시행 초기 850억 달러이던 국채매입 규모를 2013년 12월부터 매번 100억 달러씩 줄여나갔다. 이른바 예비 '출구전략(Tapering)'을 시작한 것이다. 양적완화 축소 초기에는 개발도상국으로 흘러들어간 선진국 자금의 본국 회귀에 대한 우려로 인도, 인도네시아, 터키, 남아공, 브라질 같은 신흥국 증시가 폭락하는 등 일시적으로 충격을 받았으나 곧 회복되었다.

경기가 완만하긴 하지만 지속적으로 회복되자 다우지수, 나스닥지수 그리고 S&P500지수 등 미국의 3대 지수가 2007년 고점을 돌파하고 연일 사상 최고치를 경신하였다. 특히 다우지수가 17,000포인트 선을 넘긴 것은 1896년 지수가 출발한 이후 118년 만에 처음 달성하는 수치였다.

2008년 금융위기를 극복하고 역사상 최장기간 상승을 기록한 미국 S&P500지수

미국 S&P500 월봉 그래프(2007. 2.~2020. 1.)

옐런 의장은 2014년 10월 29일 양적완화 종료를 선언했다. 금융위기 이후 2009년 3월부터 시작하여 6년간 4조 달러를 푼 양적완화를 종료한 것이다. 미국은 2016년 12월을 기점으로 점진적으로 금리를 올리고, 국채를 매도하는 등의 방법으로 그동안 대량으로 살포했던 자금을 거두어들이기 시작하였다.

91장

박스권 '덫'에 빠진 한국증시

4저 2고로 활기 없는 경제, 맥없는 증시

한국증시는 2011년 5월부터 2016년 10월까지 6년 동안 코스피지수가 1,850~2,100포인트를 오가며 2,000포인트 박스권에 갇혀 있었다. 무려 6년 동안 지수 등락률이 10% 선에 그치는 횡보장은 1975년 이래 40년 코스피 역사상 처음이었다.

지수가 2,000포인트를 넘어서면 매물이 쏟아져나와 아래로 주저앉았고, 반면에 1,850포인트 아래로 떨어지면 주가가 싸졌다고 생각하는 투자자들의 매수세가 들어와 다시 반등하는 전형적인 횡보국면이 반복된 것이다.

증권시장은 경제의 거울이다. 경제가 활황이면 증시도 활황국면을 보이고, 경제가 침체국면이면 증시는 하락 또는 횡보 국면을 보인다는

코스피 지수(2009. 3.~2020. 4.)

것은 지금까지의 투자 역사를 통해 여실히 증명되었다. 증시가 6년 넘게 횡보를 거듭하고 있다는 것은 경제가 최악의 금융위기에서는 벗어 났으나 저성장 늪에 빠져 활기를 잃고 있다는 뜻이다. 그러나 2016년 하반기부터 미국, 일본 등 일부 선진국 경제는 침체를 벗어나 회복국 면으로 전환되기 시작했다.

2008년 발생한 글로벌 금융위기와 2010년 이후 불거진 유럽 재정 위기로 세계경제는 위기를 완전히 탈피하지 못하고 불완전한 침체기 를 지나 경제회복 국면으로 나아가고 있다.

경제위기 때와는 다르게 경제회복 국면에서는 나라마다 시기와 속 도가 다르게 나타났다. 느리지만 경제회복이 제일 먼저 나타난 곳이 미국이고, 가장 늦게까지 침체에서 벗어나지 못한 곳은 EU와 중국이다. 중국은 시진핑 주석 집권 이후 경제정책의 중심을 성장에서 국민복지로 이동시키는 중에 통계에 잡히지 않는 '그림자금융'[4]으로 부도기업이 속출하는 등 몸살을 앓았다. EU도 성장률이 1%를 넘지 못했다. 반면에 일본은 '아베노믹스' 정책으로 2014년 초부터 서서히 활기를 찾아갔다.

한국의 경제도 2017년부터 반도체를 선두로 수출 증가세가 뚜렷했다. 2017년 GDP성장률[5]은 3.1%로 잠재성장률을 상회하여 경제가 회복국면으로 진입했음을 증명했다. 이를 반영한 증시는 2017년 말부터 2018년 초까지 KOSPI 장기박스권을 뚫고 상승하였다.

한국증시가 장기간 박스권에 갇힌 이유는?

그렇다면 한국경제는 왜 이리 오랫동안 활기를 잃어버렸을까? 한마디로 경제가 아주 침체된 것도 아니고 그렇다고 경제가 아주 좋은 것도 아니었기 때문이다. 구체적으로 보면 경제요인 가운데 GDP성장률, 물

---

4   신용도가 낮은 기업이 은행이 아닌 사금융으로부터 고금리 대출을 받는 것을 말한다. 그림자금융은 정확하게 통계가 잡히지 않고 정부의 간섭도 받지 않기 때문에 경기침체가 깊어지면 경제붕괴의 뇌관이 될 수 있다. 중국의 그림자금융 규모는 2013년 기준 최소 20조 위안(약 4천조 원)에서 최대 30조 위안(약 5,500조 원)으로 추정된다.

5   한 나라가 물가상승을 유발하지 않고 노동과 자본 등 생산요소를 총동원해 달성할 수 있는 최대 성장능력. GDP성장률이 잠재성장률 기준으로 높을수록 경제가 호황, 낮을수록 경제가 침체되어 있다고 본다. 한국은 저출산 고령화가 빠르게 진행되고 있기 때문에 잠재성장이 감소 추세에 있다. 한국은행에 따르면 한국의 잠재성장률은 1982~1990년 8.6%, 1991~2000년 6.3%, 2001~2005년 4.4%, 2006~2010년 4.9%에서 2011~2020년 4.3%로 낮아진 뒤 2021~2030년에는 2.8%로 더 낮아질 것으로 예상하고 있다.

가상승률, 고용률, 소비증가율 등 4가지 주요 경제요인이 낮은데도 불구하고 장기간의 국제수지 흑자로 원화가치가 올라갔다.

2011~2016년 GDP 평균성장률은 잠재성장률 2.8~3%를 넘지 못했다. GDP성장률이 잠재성장률보다 낮다는 것은 그만큼 경제가 활발하지 못하다는 것을 반영한다.

1. 저성장으로 기업실적이 저조했다

수출주도형 경제에서 한국의 최대 수출국인 중국을 비롯하여 유럽과 신흥 개발국의 경제침체가 지속되어 수출증가율이 떨어졌다. 또한 경기를 어둡게 전망하는 기업들이 투자를 늘리지 않아 수출 감소에 비해 수입 감소폭이 더 커졌고 그 결과는 불황형 흑자로 나타났다. 일본이 과거 1991년부터 20년간 겪은 경기침체와 유사하게 닮아간 것이다.

2년 6개월 동안 연속되는 경상수지 흑자로 외환보유고가 3,680억

추세적으로 하락하는 원/달러와 원/엔

(단위: 원)   (단위: 원)

━ 원/달러(좌측)
━ 원/100엔(우측)

달러(2014년 7월 기준 세계 7위)로 증가하였고, 이는 환화절상을 압박하는 요인이 되었다. 특히 대량으로 돈을 풀어 돈의 가치를 떨어뜨리는 일본의 양적완화 정책은 엔화 대비 원화가치 상승을 부추겼다. 환율하락은 국내 기업의 국제 경쟁력을 떨어뜨리는(?) 주된 요인으로 작용했다. 기업의 실적악화는 2014년 3/4분기까지 이어졌다. 이러한 상황을 타개하기 위해 2014년 7월 한국형 양적완화인 '최경환노믹스'가 발표되었다.

요약하자면 기업실적은 악화되고 경제도 회복기미가 보이지 않아 주가는 오름세를 타지 못하는 한편, 워낙 낮은 금리 때문에 크게 떨어지지도 않았다. 이것이 주가가 위로도 아래로도 움직이지 못한 첫 번째 이유다.

2. 수급상황의 악화

주식투자 매매주체를 흔히 외국인, 기관, 개인으로 구분하는데 이 셋 중 누구도 적극적인 매매를 하지 않았다. 미국을 비롯한 외국인은 양적완화의 영향으로 자금은 풍부했으나 경기회복이 늦은 신흥 시장보다 상대적으로 경기회복이 빠른 선진국 시장을 선호했다.

기관은 장기횡보시장에 지친 개인투자자들의 펀드환매로 주가가 오를 때마다 보유주식을 팔아야만 했다. 펀드 투자자들은 코스피지수가 2,000포인트를 넘어서면 환매하고, 1,850포인트 신 아래로 내려가면 매수하는 철저한 박스권 매매를 반복했다.

개인투자자의 경우 주가가 상승할 것 같아 뒤따라 사면 물리고, 반대로 떨어질 것 같아 팔면 도로 상승하여 사기도 팔기도 어려웠다. 차라리 매매를 하지 않는 것이 유리했다.

증시 대세 횡보로 거래대금도 줄어들었는데 일평균 거래대금(코스피 +코스닥)이 2011년 9.1조 원에서 2012년 7조 원, 2023년 5.8조 원, 2014년 5.3조 원으로 급감하였다. 거래가 줄어든다는 것은 투자자들의 주식시장에 대한 관심이 멀어졌다는 뜻이다. 거래대금이 다시 증가로 돌아선 때는 코로나 팬데믹으로 주가가 폭락한 2020년 3월부터 '동학개미운동(개인투자자들이 대거 증권시장에 참여한 움직임)'이 일어난 후이다.

3. 내수침체로 돈이 돌지 않았다

내수침체의 첫 번째 이유는 부동산 경기의 침체 때문이라 할 수 있다. 2008년 글로벌 금융위기 이후 서울과 수도권 아파트 가격이 고점 대비 20~40% 하락한 후 주택거래가 단절되었다. 집값 하락으로 집값보다 융자가 더 많은 아파트를 가리키는 '깡통주택'이라는 유행어가 생겨났고, 가격이 떨어지는 내 집을 가지고 있는 것보다 차라리 전세나 월세로 사는 것이 마음 편하다고 생각하여 전월세 가격만 폭등하였다. 이와 같은 부동산 시장의 침체는 주식시장으로의 자금유입을 막는 원인이 되었다.

내수침체의 두 번째 이유는 기업과 가계에서 '빈익빈 부익부' 현상이 심화되었다는 점이다. 글로벌 시장에서 선전하는 한국의 대표기업들과는 달리 중소기업들은 원화절상과 경기침체로 고전을 면치 못했다. 2013년 기준 삼성전자와 현대차 두 회사의 영업이익이 전체 상장기업 수익의 40%에 육박했다. 그러나 대기업들은 벌어들인 수익을 투자하거나 배당하지 않고 회사 내에 유보해 두었다. 설령 투자를 하더라도 공장을 해외에 설립하였다. 그 결과 국내는 고용 없는 성장이 지속되어 실업률이 줄지 않았으며 특히 청년실업이 사회문제로 등장했다.

가계는 가계대로 생계형 대출과 주택담보 대출 등 가계부채가 2013년 말 기준으로 1천조 원을 넘어섬에 따라 서민들은 소비여력이 없었고, 부유층은 어두운 경기 전망 때문에 허리띠를 졸라맸다. 결국 소비감소는 내수침체로 이어졌고, 내수침체는 개인투자자의 주식투자 수요 감소로 이어졌다.

92장

주식시장 가격제한폭 확대
(하루 등락폭 ±15% → ±30%)

16년 만에 가격제한폭 15%에서 30%로 2배 확대

2015년 6월 15일부터 주식의 하루 등락폭을 현행 ±15%에서 ±30%로 확대하기 했다. 발표 당일(2014년 8월 11일) 증권주가 일제히 큰 폭으로 상승했다. 가격제한폭 확대 조치가 증권시장의 역동성을 살려 주식거래가 늘어날 것이라는 예측에서 비롯된 것이었다. 가격등락폭 확대를 찬성하는 사람들은 가격 효율성이 높아져 균형가격 결정을 기대할 수 있다고 말한다. 실제로 가격폭이 확대되면 엄격한 가격제한폭에서 생길 수 있는 '자석효과(magnet effect)' 차단이 가능해진다. 자석효과란 가격이 제한폭에 근접해 갈 경우, 거래기회 상실을 우려한 투자자들이 더 공격적으로 주문을 내어 주가가 가격제한폭까지 빠르게 수렴되어가는 현상을 말한다. 이 같은 자석효과는 다음 거래일에도 영향을 미칠 수 있다. 상한가로 마감한 다음 날 급등 출발하거나 하한가로 마감한 다음 날 급락 개장하는 경우가 대표적이다.

한국증시는 격탁매매 방식으로 시작되었으나 1975년 1월 포스트 매매 방식으로 바뀌면서 가격제한폭이 생겨났다. 초기에는 하루 등락폭이 6% 안팎이었으나 꾸준히 확대되어 IMF 직후인 1998년 12월부터 15%로 정해져 2014년까지 16년째 이어졌다.

주식시장 가격제한폭 확대 추이

코스피시장			코스닥시장		
시기	가격제 한폭	비고	시기	가격제한폭	비고
1995년 4월 이전	17단계	정액제	1996년 11월 이전	11단계	정액제
1995년 4월	6%	정률제 전환	1996년 11월	8%	정률제 전환
1996년 11월	8%		1998년 5월	12%	
1998년 3월	12%		2005년 3월	15%	
1998년 12월	15%		2015년 6월	30%	
2015년 6월	30%				

가격제한폭을 확대하면 주가변동폭이 늘어나 투자 매력도가 높아질 수 있다. 가령 특정 기업의 주가가 10만 원일 때 제한폭까지 오르면 13만 원이 되어 30% 수익이 난다. 반대로 주가가 하한가로 떨어지면 7만 원이 되어 30% 손실이 발생한다. 극단적인 예이지만, 하한가에서 상한가로 바뀌면 단 하루 만에 7만 원에서 13만 원이 되어 무려 85.7%의 수익이 발생할 수 있다. 반대로 상한가 종목이 하한가로 떨어지면 13만 원에서 7만 원으로 떨어졌으니 46.2% 손실이 발생할 것이다. 신용으로 매수한 투자자라면 하루 만에 깡통계좌가 될 것이다.

혹시 오를 때는 최대 85.7%이고 떨어질 때는 최대 46.2%에 불과하니 매수한 사람이 유리하다고 생각하는 사람이 있다면 그것은 오산이다. 왜냐하면 상한가 13만 원에 매수한 사람이 7만 원으로 떨어진 주가가 본전인 13만 원이 되려면 85.7%나 올라야 하기 때문이다.

변동성 확대에 따른 안전장치 필요

주식시장에 하루 등락폭 제한을 두는 이유는 최악의 상황에 대비하기 위해서이다. 인간은 탐욕과 공포에서 자유로울 수 없는 존재이기 때문에 지나치게 탐욕에 도취되거나 공포심을 느끼는 상황이 되면 합리적인 판단을 하지 못하게 된다.

우리는 주식투자 역사를 통해 탐욕과 공포를 반복해서 경험해 왔다. 1975~1998년 7월 건설주 파동, 1985~1988년 금융주 파동, 1999년 벤처 파동을 거치면서 탐욕에 눈이 멀어본 경험이 있다. 또 IMF 외환위기 때와 글로벌 금융위기 때는 공포심 때문에 정상적인 판단을 하지 못했다. 2008년 8월 한 달 내내 사이드카가 발동되었고 서킷브레이커까지 반복되면서 공포에 질려 보유주식을 투매한 경험도 있다.

하지만 2010년대에 들어와서는 증시변동폭이 많이 줄어들었다. 특히 대형주는 하루 변동폭이 2~3% 이내인 경우가 많고 5% 이상 등락하는 경우는 드물다. 반면 코스닥 상장기업과 중소형주는 아직도 가격등락폭까지 오르내리는 투기 매매나 충동 매매가 많은 편이다.

외국의 사례를 보면 선진국 증시는 가격등락폭 제한이 없는 곳이 많고, 대만, 태국, 베트남 등 개발도상국 시장은 가격제한폭을 두는 곳이 많다. 가격제한폭이 없는 선진국 시장의 경우 변동성 확대에 따르는 단점을 보완하기 위해 아래와 같은 변동성 완화장치를 마련해 두고 있다.

해외 거래소의 가격등락폭 제한과 변동성 완화장치 현황

구분	거래소	가격 제한폭	변동성 완화장치		적용 시간
			동적 기준	정적 기준	
미국	뉴욕증권거래소 (NYSE)	없음	가격별 차등 ±5~ ±20%	–	5분
유럽	런던증권거래소 (LSE)	없음	섹터별 차등 ±5~ ±25%	±10~±25%	5분
	유로넷 (Euronet)	없음	지수 내 종목 ±3% 기타 종목 ±5%	±10%	2분
	도이체뵈르제	없음	비공개 1~5% 예상	비공개 (1~10% 예상)	
	나스닥OMX	없음	지수 내 종목 ±3% 기타 종목 ±5%	±10% ±15%	동적 1분 정적 3분
	보르사 이탈리아나	없음	지수 내 종목 ±3.5% 기타 종목 ±5%	–	10분
일본	도쿄증권거래소 (TSE)	평균 21%	가격별 차등 ±1.4~10%	–	1분
대만	대만증권거래소 (TSEC)	±7%	3.5%	–	2~3분

▶ 자료: 기획재정부, 신한투자금융

93장

신약개발 실패와 가짜에 떠는 제약 바이오주

가짜 백수오로 추락한 내츄럴엔도텍

2015년 4월은 주식투자자들에게는 잔인한 달이었다. 건강기능식품 제조업체인 내츄럴엔도텍(168330)의 주가가 91% 수직으로 급락하였기 때문이다. 4월 17일 9만 1,200이던 주가가 5월 22일에는 8,550원으로 떨어졌다. 이유는 내츄럴엔도텍 회사의 주력 제품인 '백수오'에 가짜 백수오인 '이엽우피소'가 섞여 있었기 때문이다. 4월 22일 한국소비자원이 문제를 제기했고 이어 식품안전처가 '백수오 원료에 이엽우피소가 검출되었다'고 공식 발표하자 주가는 바로 하한가로 직행했다. 4일 연속 하한가 후 반발매수가 들어와 대량거래가 이루어졌지만 추가하락을 멈출 수는 없었다.

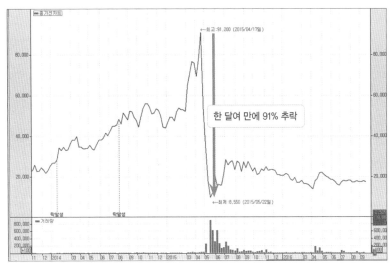

가짜 백수오로 추락한 내츄럴엔도텍

한 달여 만에 91% 추락

내츄럴엔도텍 종가 그래프(2013. 11.~2016. 9.)

연간 3천억 원 규모인 백수오 시장은 직격탄을 맞았다. 백수오뿐만
아니라 2조 원에 육박하는 건강기능식품 시장에도 나쁜 영향을 미쳤
다. 주식투자자들은 '백수오만 가짜겠느냐'며 다른 건강기능식품 관련
주도 의심의 눈초리로 보았고, 주가는 하락을 면치 못했다. 가짜 백수
오 논란 중에 김재수 대표이사를 비롯해서 누구보다 진실여부를 알고
있을 연구소장과 영업본부장이 보유주식을 대거 매각하였고 결국 소
액 투자자들만 큰 피해를 보았다.

신약개발 실패에 떠는 제약 바이오주

제약 바이오 업체는 모두가 신약개발의 꿈을 꾼다. 성공하면 기업과 투자자 모두가 황금 알을 갖게 되기 때문이다. 그러나 소요되는 비용이 크고 개발 기간도 오래 걸려서 성공하기가 쉽지 않다. 반면 실패할 때는 충격과 피해가 크다. 특히 기대만으로 주가가 급등했을 경우에 투자손실은 때에 따라 치명적일 수 있다.

제약·바이오주가 본격적으로 추락을 시작한 것은 2015년 코오롱 생명과학 주가의 급등락이라 할 수 있다. 2017년에는 신라젠에 이어 헬릭스미스 등으로 들불처럼 번져나가 주식투자자들은 신약개발 실패에 떨었다. 또한 투자자들이 코스닥 종목에 실망하여 2018년 2월 932.01이던 코스닥지수가 2019년 8월에는 540.83포인트로 무려 42% 폭락하는 주된 요인이 되었다.

코오롱생명과학(102940)은 신경병증성 통증치료제 및 항암치료제 등을 연구개발하는 바이오업체이다. 자회사인 코오롱티슈진이 개발한 골관절염 유전자치료제 '인보사'가 성공적으로 임상이 진행되고 식약처로부터 시판허가(2017년 7월)를 받았다는 소식에 주가가 급등했다. 그래서 2만 6,700원(2015년 2월 13일) 저점으로 시작한 주가가 5개월 만에 7.3배 오른 19만 5천 원(2015년 7월 13일)에 이르는 기염을 토했다.

그러나 미국에서 임상 3상을 진행하던 중 형질전환세포가 암을 일으킬 수 있는 형질전환 신장세포로 뒤바뀐 사실이 발견되어 임상은 중단되었다. 주가는 급락으로 돌아섰고 투자자들은 멘붕에 빠졌다. 주가가 3개월 동안 54% 하락했기 때문이다.

'인보사(인보사케이주)' 재료로 급등락한 코오롱생명과학

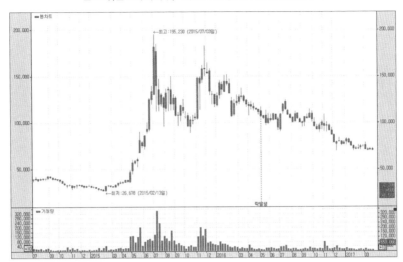

코오롱생명과학 주봉 그래프(2014. 7.~2017. 3.)

코오롱생명과학의 자회사인 코오롱티슈진(950160)은 골관절 유전자 치료제 '인보사'를 개발한 바이오업체로 2017년 11월에 상장되었다.

상장 당시 7만 5,100원까지 올랐던 동사는 고가 대비 1/10 가격인 8,010원까지 떨어졌고 인보사 성분조작 의혹과 증권거래소 상장에 필요한 서류에 허위 내용이 기재되었다는 이유로 2019년 6월 1일 거래가 정지되었고, 상장폐지 여부에 관한 절차를 밟고 있다. 상장폐지가 최종 결정된다면 주식은 휴지가 되므로 개인투자자들은 큰 피해를 입게 된다.

'인보사' 개발에 실패한 후 상장폐지 절차를 밟고 있는 코오롱티슈진

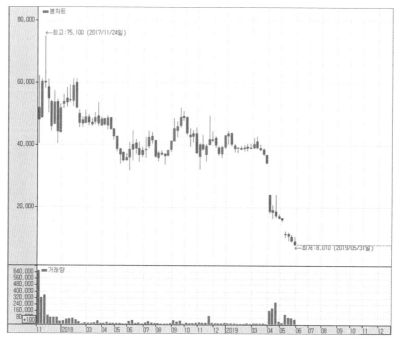

코오롱티슈진 일봉 그래프(2017. 11.~2019. 12.)

 2017년 8월부터 2018년 3월까지 주식투자자에게 가장 뜨거운 관심주는 단연 신라젠(215600)이었다. 신라젠은 2006년 3월 설립되고, 2016년 12월 6일 코스닥에 상장된 항암바이러스 기반 면역항암치료제를 연구개발하는 신약개발 회사였다. 주가는 상장 1년 후인 2017년 3월부터 급등하기 시작하였다. 주가 상승 배경은 항암바이러스 '펙사벡'의 간암 대상 임상 3상이 진행되고 있다는 재료였다. 한국에서 간암 치료 신약이 개발된다는 소식에 투자자들은 열광했고, 주가는 대량 거래를 수반하며 연일 상승을 이어갔다. 2017년 2월 20일 8,900원이던

신라젠 주가는 9개월 후인 2017년 11월 20일에는 15만 2,300원까지 상승하였다. 단기에 17.1배 폭등하여 기염을 토했고 시가총액이 10조 원을 넘어 코스닥시장 2위에 올랐다. 같은 기간 동안 회사는 '펙사벡'의 유용성에 대한 기업설명회(IR)을 연이어 개최하여 주가상승을 부추겼다. 그러나 2019년 8월 1일 미국데이터모니터링위원회(DMC)로부터 무용성평가와 임상 중단을 권고 받고나서 주가는 나락으로 떨어졌다. 2019년 9월에는 주가가 7,820원까지 떨어져 고점 대비 1/20 토막이 났다.

주가하락으로 개인투자자들의 피해는 막심했다. 소액주주 14만 7,053명이 보유한 지분이 85.7%였다. 반대로 경영진은 보유주식을 매각하여 큰 이익을 챙겼다. 문은상 신라젠 대표는 주가가 최고가 근처에 있던 시기인 2017년 12월과 1월 두 차례에 걸쳐 보유주식 156만 주 (1,300억 원) 전량을 매각했고, 임원들도 보유주식을 고가에 팔아 거금을 손에 쥐었다. 직원들은 스톡옵션으로, 외국인과 기관은 공매도를 이용하여 개미투자자로부터 수익을 챙겨갔다. 신라젠은 2020년 5월 4일 1만 2,100원을 끝으로 경영진의 횡령과 배임 혐의로 거래가 중단 되었다. 코스닥상장위원회가 상장폐지 사유 해당 여부를 결정하기 위해서다. 개미투자자들 중에는 '희대의 주가조작 사건'이라고 주장하지만 소리를 지를 힘조차 없어 목소리가 제대로 들리지 않았다.

신약개발은 신약후보물질 발굴, 임상 1~3상을 거쳐야 하는데 식약처 판매승인까지 받을 확률은 1%도 채 안된다. 신약개발 재료 기업에 투자를 할 때는 이와 같은 점을 감안하고 철저히 그래프 매매(추세분석, 거래량분석 등)로 대응할 수밖에 없다.

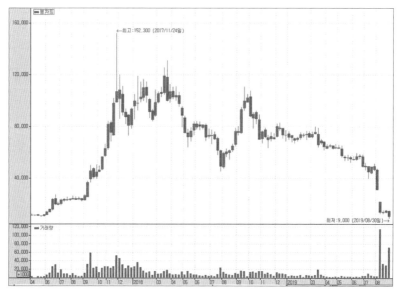

상장폐지 여부를 결정하기 위해 거래가 중단된 신라젠

신라젠 주봉 그래프(2017. 4.~2019. 8.)

　　내츄럴엔도텍 백수오 사건, 코오롱티슈진의 인보사 사건에 이어 신라젠의 펙사벡 사건이 연이어 터지면서 여타 신약개발 바이오 주가에도 영향을 미쳤다. 헬릭스미스(084990), 셀트리온헬스케어(091990), 코미팜(041960) 등의 바이오 기업 주가가 하락하였다. 코스닥지수는 바이오주의 위기가 고조되면서 2018년 2월 2일 932.01포인트에서 2019년 8월 9일 540.83포인트로 43% 하락하였다.

제약 바이오 주가하락으로 추락하는 코스닥지수(2018~2019년)

←최고 :932.01 (2018/02/02일)

최저 :540.83 (2019/08/09일)→

코스피지수(2017. 4.~2019. 12.)

94장

미중무역분쟁과 일본과의 무역마찰로 코스피 하락

9년간 장기횡보하던 코스피지수는 2018년 1월 반도체 가격 상승으로 2,872포인트까지 일시적으로 상승하였으나 이후 2019년 말까지 지루하게 횡보와 하락을 반복했다. 미국 S&P500지수가 2009년부터 10년간 5배 상승을 이어가는 것과 대조적이었다. 또한 EU 국가와 일본까지 상승대열에 합세한 것과도 달랐다.

주식시장이 침체한 배경

증시가 침체한 배경은 미중무역분쟁으로 수출이 부진한 것이 가장 큰 원인이었으며 한일무역분쟁도 부정적으로 작용했다. 국내적으로는 반시장적, 친노동정책으로 기업의 투자가 국내보다 해외 비중이 증가하

코스피지수와 미국 S&P500지수 동향

코스피지수와 미국 S&P500지수(2010. 1.~2019. 12.)

였고 실업률이 높아진 것도 원인이 되었다.

1. 미중무역분쟁으로 수출 부진

　미중무역분쟁은 2018년 중국의 세계적 규모 통신장비 업체 '화웨이'에 대한 제재를 시작으로 본격적으로 표면화되었다. 화웨이가 미국의 국가 기밀과 기술정보를 빼 간다는 것이 그 이유였다. 그러나 좀 더 근본적인 이유는 따로 있다. GDP 규모에서 세계 2위인 일본을 멀찌감치 따돌리고 남중국해를 점령하는 등 미국에 도진장을 내민 중국을 보고만 있을 미국이 아니었다. 미국과 중국은 '투키디데스 함정'[6]에 빠진 것이다. 즉 새롭게 부상하는 대국은 반드시 기존의 대국에 도전해야 하며, 기존의 대국도 이러한 위협에 필연적으로 대응하게 된다는 것이다.

100년 넘게 세계 무대를 제패해 온 미국은 기술패권에 도전장을 낸 중국에 공격적인 무역관세를 부과하였다. 그 결과 중국의 대미수출은 감소로 돌아섰고, 중국 수출 의존도가 높은 한국도 수출이 감소하였다. 2020년 초 '미중 간 1단계 합의'가 이루어졌지만 잠정적인 합의일 뿐이다. 2020년 9월 16일 이후 미국 및 우방에게 미국 기술이 들어간 반도체를 화웨이에 팔지 못하게 하는 조치를 취했다. 향후 추가적인 조치가 어디까지 이어질지 가늠하기 어렵다. '기술패권'이라는 근본적인 문제는 앞으로도 계속될 것이기 때문이다. 한국의 삼성전자와 하이닉스 등 반도체 기업과 IT 기업들은 미중분쟁에 크게 영향을 받을 가능성이 높다.

설상가상으로 한일간의 무역분쟁까지 겹쳤다. 2019년 7월 1일 일본은 반도체와 디스플레이에 필요한 필수소재 3개 품목에 대한 수출규제를 발표했다. 대법원의 일제강제징용 배상판결과 2015년 12월에 합의한 종군위안부 합의문을 파기한 한국정부에 대한 불만 때문이었다. 이 문제도 쉽게 타결될 기미를 보이지 않고 있으며 향후에도 양국 경제에 부담을 줄 것이다.

---

6   기존의 국제질서를 주도하던 강국이 약화되거나 신흥 강대국이 등장할 때, 두 세력 사이의 패권교체는 전쟁을 포함한 직접적인 충돌을 수반한다는 주장이다. 이 용어는 역사가 투키디데스의 저서 《펠레폰네소스 전쟁사》에서 주장된 것으로, 투키디데스는 기존 맹주 스파르타가 신흥 강국 아테네에 대한 불안감을 느끼게 되고 이에 두 국가는 지중해 주도권을 쥐기 위해 전쟁을 벌이게 되었다고 주장하였다.

2. 반시장적 친노동정책으로 투자 부진

문재인 정부가 들어선 후 최저임금의 급격한 인상, 주 52시간 근무제 도입, 법인세 인상, 소상인 보호를 위한 대기업 진출 제한 등 반시장적 친노동정책이 시행되었고 이는 기업의 투자를 위축시켰으며 경제와 증시가 침체시키는 데 일조했다.

그 결과 GDP성장률이 2017년 3.1%에서 2018년 2.9%, 2019년 2.0%로 떨어져 잠재성장률 2.7%를 밑돌았다.

박스권 시장에서의 투자 전략
– 외국인은 파생상품과 공매도,
기관은 롱숏펀드, 개인은 해외 직구

코스피지수가 2,000포인트 박스권에 4년을 머무는 동안 주식투자 수익률은 저조할 수밖에 없었다. 전형적인 횡보장에서 투자주체 별로 투자 수익을 내는 방식이 각기 달랐다.

외국인은 코스피200 지수를 기초로 하는 파생상품, 즉 선물 옵션 매매전략을 이용했다. 시장이 단기상승할 것 같으면 선물과 옵션을 먼저 사고, 하락할 조짐이 보이면 선물과 옵션을 먼저 매도했다. 당일 주가가 오르면 다음 날 하락할 것으로 보고 매도로 대응하고, 당일 하락하면 다음 날 상승을 예상하고 매수로 대응했다. 외국인은 심지어 미국 주가가 올랐다고 코스피가 상승으로 출발하면 일단 파생상품으로 매도하여 주가를 떨어뜨렸고, 미국 시장이 하락하여 한국증시도 낮게 시작하면 파생상품을 매수하여 주가를 끌어올렸다.

외국인이 횡보장에서 수익을 내는 또 다른 방법은 공매도와 대차 거래를 이용하는 것이었다. 공매도란 어떤 회사 주식이 하락할 것으로 예상될 때 주식을 빌려서 매도하고, 주가가 떨어지면 떨어진 가격으로 매수하여 상환하고 남는 차익을 챙기는 방법이다. 외국인과 기관만이 이용할 수 있는 제도로 주식을 빌려주는 곳은 연기금, 보험사, 자산운용사 등 당장 주식을 매도할 의사가 없는 기관이다. 주식을 빌려준 기관은 이용기간 동안 이자에 해당하는 대차거래 수수료를 받는다. 거래소에 따르면 주식 공매도 잔고는 2011년 26조, 2014년 43조, 2016년 46.7조, 2017년 48조 원으로 증가했으며 2018년 5월에는 81조 1,993조 원에 이르렀다.

공매도 주식의 주당 단가도 5만 1천 원에서 3만 원으로 낮아졌다. 공매도 단가가 낮아졌다는 것은 외국인과 기관이 공매도 주식을 구하기 어려워 일반 중저가 대중주까지 공매도 대상으로 삼았다는 의미이다. 그러나 공매도제도를 알지 못한 개미투자자들은 자기가 가지고 있는 종목이 어느 날 갑자기 폭락하는 이유를 알지 못했다(보유종목이 어느 날 갑자기 알 수 없는 이유로 폭락할 경우 HTS의 '공매도 잔고' 창을 통해 공매도 여부를 확인할 수 있다).

기관은 횡보장에서 투자자의 자금을 롱숏펀드로 불러모았다. 롱숏펀드란 주가가 오를 것으로 예상되는 종목은 사고(Long), 주가가 내릴 것으로 예상되는 종목은 공매도(Short, 주식을 빌려서 파는 것)해서 차익을 남기는 펀드이다. 롱숏펀드 성격상 장기투자가 아닌 단기차익이 목적이기 때문에 잦은 매매를 하게 된다. 공매도나 롱숏펀드는 주로 하락하거나 횡보하는 시장에서 유효한 전략으로 2011~2016년까지 주가변동폭을 축소시키는 효과를 가져왔다. 그러나 시장대세가 상승 또는 하락으로 전환되면 횡보장에서 유효했던 전략들도 대세흐름에 맞게 변경된다.

개인투자자들의 경우 답답한 한국증시 밖으로 눈을 돌려 한 발 앞서 상승으로 전환한 미국 등 선진국 증시에서 직접 종목을 찾아 투자를 하는 '해외 직구족'이 나타나기 시작했다. 특히 중국이 2014년 11월 17일 후강통⁷을 시행함에 따라 홍콩증시를 통해 중국본토 주식을 살 수 있는 길이 열려 해외 직구가 활발해졌다(누구나 HTS로 해외증시에 직접투자가 가능하다).

2011~2016년까지 지루한 횡보장이 계속되면서 주식거래가 감소하는 바람에 수익의 절반 이상을 수수료 수입에 의존하는 증권사들은 큰 타격을 받았다. 또한 수수료를 경쟁적으로 낮춘 모바일거래(MTS) 비중이 늘어나 2014년 기준 코스피시장 9.7%, 코스닥시장 19.9%를 차지한 것도 수익 감소의 원인이 되었다. 2013년에는 국내 62개 증권사들의 당기순이익 총합이 적자로 돌아섰다. 그 결과 증권사들은 다투어 점포를 축소하고 감원을 하는 등의 구조조정을 단행했다.

---

7 후강통(沪港通)은 상하이를 뜻하는 후(沪)와 홍콩을 뜻하는 강(港)이 서로 통한다는 의미이다. 즉 홍콩증시를 통해 상하이증시에 상장되어 있는 중국본토 주식을, 그리고 상하이증시를 통해 홍콩증시에 상장되어 있는 종목을 매매할 수 있다는 의미이다. 이전에는 적격심사를 거친 기관투자가만 상하이증시에 상장된 중국본토 주식을 살 수 있었는데 '후강통' 조치로 외국인이 중국본토 주식을 직접 매매할 수 있는 길이 열린 것이다. 중국은 후강통 조치를 취하면서 외국인에게 주식매매 차익의 10%에 해당하는 자본이득세를 3년간 부과하지 않기로 했다. 그러나 국내에선 해외주식 매매 순수익금 250만 원 이상의 금액에 대한 양도소득세 22%를 내야 한다.

95장

성급한 남북경협 테마주
(2018년)

2018년 4월 18일 문재인-김정은의 남북정상회담이 개최되었다. 이어 6월 12일에는 김정은-트럼프의 비핵화를 위한 북미정상회담(2018년 6월 12일, 싱가포르)이 개최됨에 따라 남북경제협력관련주(경협주)가 증권시장에서 테마주로 부상하였다. 세계가 기대하는 대로 북한의 비핵화가 이루어지고 그에 따라 북한에 대한 UN의 제재가 해제된다면 북한에서 경제부흥이 일어날 것으로 생각한 것이다. 특히 열악한 북한의 인프라를 감안할 때 철도, 도로, 항만, 전력 분야에 투자가 이루어질 것이고, 그에 따라 수혜가 예상되는 관련주에 투자자의 관심이 집중되어 주가가 불같이 타올랐다.

그중에서도 상승률이 단연 높은 것은 철도와 철도차량 관련주였다. 북한을 거쳐 러시아와 유럽에 연결되는 철로를 깔려면 북한의 철로와 철도차량을 완전 교체해야 한다는 것이었다.

철도차량용 제품을 생산하는 대호에이엘의 주가는 2018년 1월 18일 저점 1,150원에서 2018년 6월 1일 고점 8,980원이 되어 무려 7.8배 오르며 기염을 토했다. 또한 부산산업은 철도침목을 생산하는 태명실업의 모회사라는 이유로 2개월 동안 6.9배 상승했고, 철도차량을 생산하는 현대로템도 대량거래를 수반하며 단기에 3배 올랐다.

가스관을 생산하는 기업의 주가도 많이 올랐는데 동양철관은 5.5배, 하이스틸 3배, 대동스틸 2.7배 상승하였다. 도로건설 관련주로는 현대건설 우선주 8.2배, 대아티아이 4.6배, 한국석유 2.9배, SG 2.7배 올랐다. 그 밖에 북한 자원개발과 관련된 혜인, 비료사업 수혜주와 종자개발 관련주, 금강산관광·개성공단·대북송전 관련주도 상승했다. 심지어 경기도 파주에 땅을 가지고 있다는 이유만으로 경협주에 포함시키

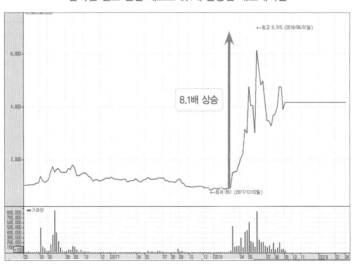

남북한 철도 연결 재료로 8.1배 급등한 대호에이엘

대호에이엘 주봉 종가 차트(2016. 3.~2019. 4.)

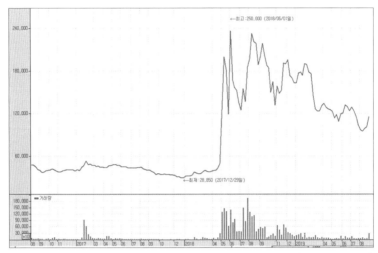

철도침목을 생산하는 자회사를 보유한 이유로 단기에 6.9배 상승한 부산산업

부산산업 주봉 종가 차트(2016. 8.~2019. 8.)

기도 하였다.

경협주는 근본적인 변화 없이 기대만으로 단기에 큰 폭으로 올랐기 때문에 주가가 오르기 전 가격으로 회귀하는 데도 그리 오래 걸리지 않았다. 경협주 상승은 개미(개인투자자)들이 주도했으며 주가가 급등하는 동안 외국인, 기관, 대주주들은 보유주식을 팔거나 줄였다.

현대로템 주가가 2일에 걸쳐 52% 급등한 2018년 5월 3일, 사모펀드인 모건스탠리프라이빗에퀴티(PE)는 보유 중이던 현대로템 주식 823만 주 전량을 블록딜(시간 외 대량 거래)로 팔아치웠고, 다음 날 주가가 17.1% 폭락하기도 하였다. 또한 개성공단 입주 기업인 J사 대주주는 주가가 오르자 보유주식 16.64%를 매도하였다.

경협주 주가는 남북관계에 따라 향후에도 2018년도와 유사한 급등락이 나올 수 있기 때문에 어떤 경협주가 있는지 알아둘 필요는 있다.

회사명 (코드)	재료	장중저점 (날짜)	장중고점 (날짜)	고점/저점 등락
현대건설(우) (000725)	건설	47,100 (2018. 4. 12.)	387,000 (2018. 5. 31.)	8.2배
대호에이엘 (069460)	철도	1,150 (2018. 1. 18.)	8,980 (2018. 6. 1.)	8.1배
부산산업 (011390)	철도	36,450 (2018. 3. 26.)	250,000 (2018. 5. 31.)	6.9배
동양철관 (008970)	가스관	835 (2018. 2. 28.)	4,595 (2018. 6. 16.)	5.5배
대아티아이 (045390)	도로	2,240 (2018. 3. 16.)	10,350 (2018. 6. 8.)	4.6배
성신양회 (004980)	시멘트	5,210 (2018. 3. 30.)	18,750 (2018. 5. 31.)	3.6배
혜인 (003010)	자원개발	3,480 (2018. 3. 6.)	10,750 (2018. 5. 23.)	3.1배
하이스틸 (071090)	가스관	21,350 (2018. 3. 2.)	64,500 (2018. 6. 22.)	3.0배
현대로템 (064350)	철도	15,050 (2018. 3. 23.)	45,500 (2018. 6. 5.)	3.0배
한국석유 (004090)	도로	95,400 (2018. 4. 18.)	277,000 (2018. 6. 4.)	2.9배
대동스틸 (048470)	가스관	7,500 (2018. 4. 27.)	19,950 (2018. 6. 18.)	2.7배
SG (255220)	도로	6,580 (2018. 4. 25.)	18,050 (2018. 6. 4.)	2.7배
스페코 (0138010)	도로	3,260 (2018. 4. 9.)	8,190 (2018. 6. 5.)	2.5배
동일제강 (002690)	철도	3,055 (2018. 3. 23.)	5,920 (2018. 5. 8.)	1.9배

그러나 경협주 중에 현대건설, 성신양회, SG를 제외하고 대부분의 기업은 적자였거나 적자를 면하기에 급급한 기업이 많았다는 점을 염두에 두어야 한다.

96장

증시 장기횡보와
사모펀드 환매중단 사태로
주식형펀드 인기 시들

주식투자는 직접투자와 간접투자로 나누어지는데 간접투자의 대표적인 것이 주식형(공모)펀드이다. 주식형펀드 투자자 강혜진(가명)은 3년간 펀드에 돈을 묻어둔 결과 누적수익률이 2.4%에 불과했다. 은행 정기예금에 3년간 넣어둔 것보다 못하다는 것을 깨닫고 펀드를 환매한 후 직접투자를 시작했다. 금융정보업체 에프엔가이드에 따르면 국내 주식형펀드의 최근 3년 평균 수익률은 2.4%에 불과하며, 펀드매니저가 적극적으로 운용하는 '액티브펀드'의 경우는 더욱 낮아 최근 3년 수익률이 1.8%에 불과했다(2020년 8월 기준).

주식형펀드 규모가 글로벌 금융위기 직전인 2008년 8월에는 142조 원이었으나 2020년 2월에는 81조 원으로 줄어들어 장기간 쇠락의 길을 걸어온 것이다.

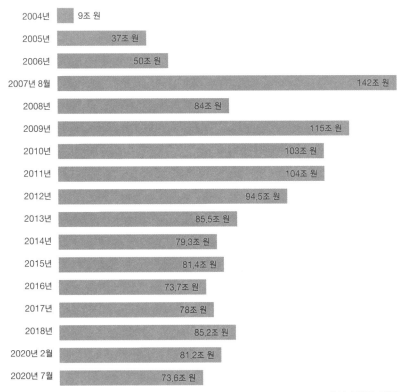

주식형 공모펀드 수탁고 추이

2004년	9조 원
2005년	37조 원
2006년	50조 원
2007년 8월	142조 원
2008년	84조 원
2009년	115조 원
2010년	103조 원
2011년	104조 원
2012년	94.5조 원
2013년	85.5조 원
2014년	79.3조 원
2015년	81.4조 원
2016년	73.7조 원
2017년	78조 원
2018년	85.2조 원
2020년 2월	81.2조 원
2020년 7월	73.6조 원

▶ 출처: 금융투자협회

이렇게 주식형 공모펀드가 쪼그라든 이유는 첫째, 국내증시의 장기 횡보 때문이고, 둘째로는 2019년부터 불거진 사모펀드(헤지펀드)의 환매중단 사태 때문이다.

주식시장 장기 횡보

2008년 금융위기와 2010년 남유럽의 재정위기 이후 세계경제는 상당 기간 불완전한 회복세를 보였다. 한국경제도 위기에서는 벗어났으나 저성장 늪에 빠져 활기를 잃었다. GDP성장률은 잠재성장률을 밑돌았고, 반면에 국제수지는 흑자를 보여 원화가 강세를 보였기 때문이다. 그 결과 코스피지수는 2011년부터 2020년 초까지 9년이라는 긴 기간 동안 1,700포인트를 저점으로, 2,400포인트를 고점으로 하는 코스피시장 역사상 가장 긴 박스권에 갇히게 되었다. 외국인, 기관, 개인 등 모든 투자 주체들은 2,000포인트를 넘어서면 매도에 나서고, 1,900선 아래로 떨어지면 매수를 반복했다.

사모펀드 환매중단 사태

사모펀드(私募, fund)는 비공개적으로 소수의 투자자들(한국은 현재 49인 이하)로부터 돈을 모아 주식과 채권, 기업이나 부동산에 투자하여 수익을 목적으로 운용하는 펀드이다. 주로 운용하는 방식은 주식의 경우는 롱숏전략(Long Short Strategy)[8]으로, 채권은 메자닌투자[9], 기업 M&A는

---

8 롱숏(Long Short)전략이란 주가가 오를 것으로 예상되는 종목은 사서(Long) 보유하고 반대로 내릴 것으로 예상되는 주식은 공매도(Short) 후 실제 주가가 떨어졌을 때 사서 되갚는 전략을 말한다.

9 메자닌(Mezzanine)투자란 주식, 채권, 파생상품 등 다양한 투자상품을 혼합하여 중위험, 중수익을 추구하는 투자를 말한다. 메자닌이란 이탈리아에서 유래된 것으로 1층과 2층 사이의 중간층에 있는 공간, 즉 발

차입매수 후 되파는 방식[10]을 취한다. 주식시장이 장기간 횡보하여 투자수익이 부진하였기 때문에 새로이 대안투자로 부상한 것이다.

2020년 코로나로 어려워진 대한항공의 '기내식과 면세사업부'를 사모펀드 한앤컴퍼니가 9,900억 원에 인수한 경우, 스카이레이크 PEF가 두산그룹의 두산솔루스를 6,986억 원에 인수한 것 등이 기업 M&A의 대표적 사례이다.

사모펀드는 자산운용사가 운용한다. 정부가 자본시장 활성화란 미명하에 2015년부터 사모펀드 규제를 완화하면서 급성장하기 시작했다. 사모펀드 운영사의 자본금 축소(40억 → 10억 원), 사모펀드투자 최저 한도 축소(5억 → 1억 원, 경영참여형 10억 → 3억 원) 등의 조치 후 사모펀드 인기가 치솟았다. 주식시장이 장기간 횡보하는 상황에서 대안투자로 부상한 것이다.

사모펀드의 환매중단을 제일 먼저 선언한 곳은 '한국형 헤지펀드 1위'인 라임자산운용사(라임)다. 운용자산규모가 5조 6,544억 원(2019년 6월 기준)에 이르는 한국 최대 사모펀드를 운영하는 라임은 2019년 9월 펀드 환매중단을 선언했다. 사모채권, 메자닌, 무역금융 부분에서 한계

코니, 테라스 등을 뜻하는 단어이다. 메자닌투자의 예로는 전환사채(CB), 신주인수권부사채(BW) 등이 대표적이다. 이들은 회사 주식으로 전환하거나 신주를 교부받을 수 있기 때문에 주가가 올랐을 때 투자수익을 추구할 수 있다. 반면에 주가가 오르지 못할 때는 낮은 금리지만 이자수익을 받을 수 있는 장점이 있다. 그러나 CB, BW를 발행하는 회사가 재무구조가 건전하지 못한 경우가 있고, 회사가 부도가 나면 원금 회수가 불가능하게 된다.

10 기업 인수 후 되파는 형식의 사모펀드는 PEF(경영참여형 사모펀드)라 하며 한국은 2014년 4.9조 원 수준이었으나 2019년에는 16조 원에 이를 만큼 규모가 커졌다.

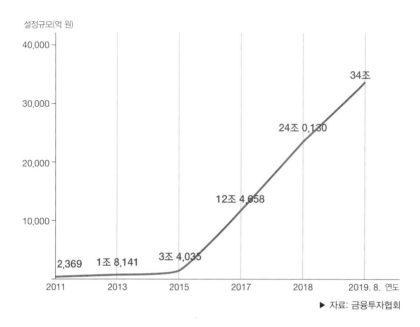

2010년에 급성장한 헤지펀드 규모

설정규모(억 원)

40,000

30,000

34조

20,000

24조 0,130

10,000

12조 4,658

3조 4,035

2,369   1조 8,141

2011   2013   2015   2017   2018   2019. 8. 연도

▶ 자료: 금융투자협회

기업이 포함되어 부실이 생긴 때문이었다. 환매중단 금액은 1조 6,700
억 원에 이르렀다. 펀드 환매중단이란 중도해약은 물론 만기가 돌아와
도 투자금을 돌려받지 못한다는 뜻이다. 이어 업계 3위인 알펜루트자
산운용도 유동성문제로 1,180억 원 규모 펀드에 대해 환매 연기를 결
정했다. 펀드 환매중단 규모는 자본시장 성장에 찬물을 끼얹었다. 금
융감독원 조사에 따르면 환매중단 규모는 22개 사모펀드에 5조 6천억
원에 이른다고 했다(2020년 7월 5일).

주요 사모펀드 환매중단 사태

사모펀드	환매중단 규모	자산운용
라임	1조 6,700억 원 (2020. 1. 기준)	비상장기업 전환사채, 신주인수권사채 등 메자닌투자와 대체투자 상품 → 다수 부실 한계기업이 포함
옵티머스	5,500억 원 (2020. 5. 기준)	정부 산하기관과 공공기관이 발행한 매출채권에 투자하는 만기 1년 미만의 상품 → 실제로는 비상장 한계기업의 사채에 투자
젠투파트너스	1조 3,000억 원 (2020. 7. 기준)	홍콩계 사모펀드 → 과도한 레버리지(대출)를 일으켰는데 코로나로 채권값 급락
알펜루트자산운용	8,800억 원	
헤리티지DLS신탁 (독일)	4,500억 원	
건강보험 채권펀드 (이탈리아)	1,600억 원	
디스커버리VS 부동산 선순위펀드	1,100억 원	

사모펀드 중단 사태는 왜 생기는 걸까?

옵티머스펀드가 공공기관이 발행하는 매출채권에 투자를 한다고 해놓고 실제로는 비상장 한계기업에 투자를 한 경우처럼 운용사가 불법으로, 또는 부도덕하게 투자자를 속이려 든다면 막을 방법이 없다. 또한 리스크를 무시한 무모한 투자도 문제이다. 사모펀드를 운용하는 곳은 자산운용사이지만 판매하는 곳은 은행 또는 증권사이다. 판매사가 부실펀드인지를 모르고 투자자에게 수수료를 받고 판매를 권유했다면 책임을 면하기 어렵다고 본다. 그것은 속이 상한 과일을 팔면서 우리는 생산자가 아니라서 몰랐다고 변명하는 것과 별반 차이가 없을 것이다.

판매를 권유하는 은행과 증권사가 불법과 부실을 모른다면 일반 개인투자자는 더욱 알 수가 없다. 사모펀드는 공모펀드와 달라서 관리 감독 대상이 아니라고 하는 금융감독기관도 문제가 있다고 본다.

97장

코로나 팬데믹(대유행)으로 증시 대폭락

코로나 팬데믹으로 경제 마비

2019년 12월 31일, 중국이 세계보건기구(WHO)에 우한에서 코로나 환자가 발생했다고 신고를 했다. 20일 후인 2020년 1월 20일 한국에서 첫 확진자가 발생했을 때만 해도 모두가 새로운 유행성 독감 정도로 가볍게 생각했다. 그러나 급속도로 확진자와 사망자가 증가하고, 아시아와 중동을 거쳐 유럽과 아메리카 대륙까지 순식간에 확산되자 사람들은 13세기 유럽인구의 1/3을 몰살시킨 흑사병(페스트)을 연상하며 이제껏 없었던 바이러스에 대한 공포에 휩싸였다. WHO는 2020년 3월 11일을 기해 코로나19에 대해 팬데믹(세계 대유행)을 선언하게 이르렀다. 전 세계 코로나 확진자는 7,488만 명, 사망자는 166만 명에 이르렀고, 한국도 47,515명 확진자에 사망은 645명이나 되었다(2020년 12

월 18일 기준).

세계 각국은 코로나19의 확산을 막기 위해 도시봉쇄와 같은 극단적인 조치 외에도 외출과 여행 자제, 마스크 쓰기와 같은 사회적 거리두기를 시행하였다.

각국은 '봉쇄조치 딜레마(Lockdown dilemma)'에 빠졌다. 즉 봉쇄를 완화하면 코로나가 확산될 위험이 커지고, 봉쇄를 지속하면 경제활동이 위축돼 봉쇄조치를 완화하든 지속하든 경제에 부정적인 충격이 지속되는 상황이 된 것이다.

사회적 거리두기로 경제는 마비상태에 이르렀다. 생산 중심의 제조업보다 항공, 여행, 외식, 숙박 등 소비 쪽의 충격이 더 컸으며 실업자 수는 급증했다.

경제불황 공포로 증시 폭락

코로나19 충격은 금융, 자산 시장에도 예외는 아니었다. 공포심리로 안전자산에 속하는 미국 달러와 금값은 급등하고, 대표적 불안정 자산인 주가는 급락했다. 이동의 제약 때문에 원유가격도 폭락했다.

코로나19로 2020년 경제전망은 암울했다. IMF는 세계 경제전망을 GDP성장률 기준 -4.9%로 하향 전망했고(2020년 6월), OECD도 -5.2% 역성장할 것으로 전망했다(2020년 8월).

OECD는 '1930년대 대공황 이후 가장 심각한 경제침체를 경험하고 있다(2020년 6월 11일)'라며, 세계경제 리스크로 저성장 고착화, 기업도산 및 금융불안, 국가부채 증가, 글로벌 교역 위축 등을 들었다.

이제껏 없던 바이러스와 경제불황에 대한 공포가 주식시장을 지배하여 투자자들은 보유주식을 투매하였다. 세계 주식시장은 연초 고점 대비 평균 -34% 폭락했다. 단 2개월이란 짧은 기간의 낙폭이라는 점에서 기록을 갱신한 것이다.

미국 S&P500지수가 -35.4% 폭락했다. 한국 코스피도 2,277.23 (2020년 1월 20일)에서 3월 19일에는 1,439.43포인트가 되어 -36.8% 하락하였고, 코스닥은 -39.4% 하락하여 낙폭이 더 깊었다. 외국인, 기관, 개인 할 것 없이 모든 투자 주체들이 투매에 가담했다.

-35.4% 급락한 미국 S&P500지수

S&P500지수 일봉 그래프(2019. 12.~2020. 5.)

2개월 동안 -36.8% 수직 하락한 코스피지수

코스피 일봉 그래프(2019. 12.~2020. 5.)

코로나19로 인한 주요 증시 하락률

국가		년중 최고일	지수	연중 최저일	지수	등락률(%)
미국	다우	2월 12일	29,568.57	3월 23일	18,213.65	−38.4
	나스닥	2월 19일	9,838.37	3월 23일	6,631.42	−32.6
	S&P500	2월 19일	3,393.52	3월 23일	2,191.86	−35.4
EU	EURO STOXX50	2월 20일	3,867.28	3월 16일	2,302.84	−40.5
일본	니케이225	1월 17일	24,115.95	3월 19일	16,358.19	−32.2
중국	상해종합	1월 14일	3,127.17	3월 19일	2,646.80	−15.4
대만	가권	1월 3일	12,197.84	3월 19일	8,523.63	−30.1
한국	코스피	1월 20일	2,277.20	3월 19일	1,439.43	−36.8
	코스닥	2월 17일	692.64	3월 19일	419.55	−39.4

증시는 폭락했지만 안전자산인 달러와 금값은 급등했다. 원/달러 환율은 1달러당 연초 1,152원에서 3월 23일 1,272원까지 10.4% 급등했다. 외환시장이 크게 출렁이며 신흥국은 또 한 번의 금융위기[11]를 겪게 될까 우려했다. 국제 금값도 온스당 연초 1,530달러에서 8월에는 2,021달러까지 32% 급등했다.

원/달러

원/달러 외환 차트

9 10월 11월 12월 2020년 2월 3월 4월 5월 6월 연도

---

11 신흥국 통화가치 하락으로 신흥국이 디폴트에 빠지는 일은 여러 번 있었다. 1994년 멕시코가 외환위기에 빠졌다. 1997년 태국 바트화 폭락을 신호탄으로 인도네시아, 한국 등에서 투자자금이 빠져나가면서 한국도 금융위기를 겪었다. 당시 한국은 210억 달러의 IMF 구제금융을 받고 위기에서 벗어났다. 아시아 금융위기는 1998년 러시아 디폴트, 2002년 브라질 디폴트 위기로 이어졌다. 1827년부터 2014년까지 무려 8번의 디폴트에 빠졌던 아르헨티나는 9번째 디폴트를 선언했다.

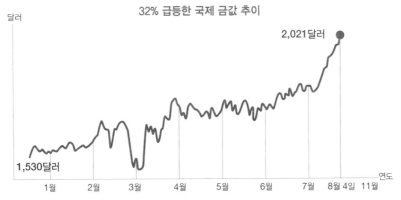

32% 급등한 국제 금값 추이

달러

2,021달러

1,530달러

1월　2월　3월　4월　5월　6월　7월　8월 4일 11월

연도

▶ 단위: 온스당 달러(종가 기준)
▶ 자료: 뉴욕상품거래소

98장

증시 'V' 반등과
동학개미운동

코로나 위기를 맞아 한국을 포함한 세계 각국은 신속하고 과감한 통화정책과 재정정책을 시행했다. 한국의 경우 개인투자자들의 '동학개미운동'으로 증권시장은 극적인 'V'자 반등을 하였다.

신속하고 과감한 통화정책과 재정정책

코로나19로 세계경제는 패닉상태에 빠졌다. 경제성장률 전망은 1930년대 대공황 이후 가장 비관적이었다. 이에 각국은 유래 없는 과감한 통화정책과 재정정책을 빠르게 내놓았다.

    미국 연방준비제도(Fed)를 필두로 각국 중앙은행은 기준금리를 거의 제로(0) 수준으로 낮추고, 국채 및 회사채 등의 자산을 대규모로 매입하는 양적완화에 착수했다.

　미국은 7조 600억 달러, 유로는 6조 2,500억 유로(원화로 총 1경 7천조 원)의 자금을 쏟아붓기로 했다. 이는 2008년 금융위기 때보다 2배나 큰 규모였다. 한국도 코로나 사태 이후 350조 4천억 원가량을 풀기로 했다.

　각국 정부는 긴급구호자금 등 막대한 재정을 투입하였다. 한국의 경우 2020년 한 해에 4차례에 걸친 추가경정예산으로 GDP 대비 국가 채무비율이 44%로 높아져 세계 3대 신용평가사가 우려를 표명하기도 했다.

　미국은 정책금리를 1.75~2.00%에서 0.00~0.25%로 낮추어 사실상 제로금리로 하향했고, 한국은행도 1.50%이던 기준금리를 두 차례에

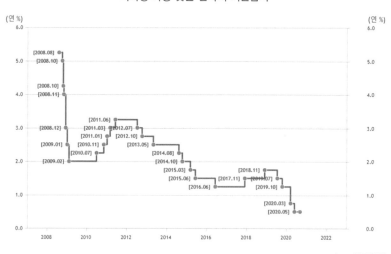

역사상 가장 낮은 한국의 기준금리

▶ 자료: 한국은행

걸쳐 0.50%로 내렸다. 이는 대한민국 역사상 가장 낮은 금리였다. 신속하고 과감한 금리인하와 양적완화로 위기로 치닫던 경제가 점진적으로 안정되어갔으며 폭락한 증권시장은 경제회복 기대로 빠르게 반등했다.

동학개미운동

코로나19로 주가가 단기에 폭락하여 2020년 3월 중순에는 PBR(주가순자산비율) 수치가 0.6배까지 내려왔다. PBR 0.6배란 주당자산가치(또는 청산가치)의 60% 선까지 주가가 하락했다는 뜻이다.

이런 위기 가운데 개인투자자(흔히 개미라고 부름)들은 '주식을 싸게 살 수 있는 절호의 기회'라 판단하고 대거 증권시장에 들어왔다. 이때 신규로 증권계좌를 개설한 주 연령대는 20대에서 40대 초반 사이였으며 여성 비중이 높은 것이 특징이었다. '동학개미운동'이라 부른 이유는 개인투자자가 외국인의 매도물량(25조 원)과 기관의 매도물량(10조 원)을 매수하였기 때문이다.

기준금리 0.50%라는 초저금리와 유동성 완화 정책으로 풍부해진 시중 부동자금이 증권시장으로 유입되었다. 부동산 과열을 식히기 위한 정부의 부동산규제 대책도 부동자금을 부동산에서 증시로 돌리게 한 하나의 이유가 되었다.

증시 'V'자 반등 – 위기는 곧 기회였다

정부가 초저금리로 금리를 내리고 시중에 유동성을 확대했으나 풀린 자금이 생산 쪽으로 가기보다 증권시장으로 유입되었다. 코스피지수는 코로나 사태로 폭락한 이후 6개월 만에 이전 지수까지 'V' 반등을 하였다. 3월 코로나 위기 때 주식을 매수한 투자자들은 이번에도 높은 투자수익을 실현할 수 있었다. '위기는 곧 기회'라는 증시격언이 이번 코로나 위기 때도 증명되었다.

증시 반등 배경

1. 코로나 확진자 수 정점 통과와 백신 및 치료제 개발에 대한 기대감
2. 2020년의 마이너스 성장보다 향후 기저효과로 높아질 경제성장률에 기대
3. 세계 각국의 경기부양을 위한 통화정책과 재정정책 그리고 역사상 가장 낮은 초저금리로 유동성 장세[12] 시현
4. 공매도 금지[13] 조치(2020년 3월 16일부터 2021년 3월 15일까지)

---

12 유동성 장세는 경기가 좋지 않아 저금리정책을 펼침으로써 시중자금이 주식으로 대거 유입하여 주식시장이 활황을 보이는 경우로 금융장세라고도 한다. 경기회복에 대한 기대감이 선반영돼 실적 개선보다 주가 상승이 빨라 PER가 높다. 일본의 유명 애널리스트인 우라카미 구니오는 경제현상과 금리변동에 따른 자금의 이동 양상에 따라 금융장세, 실적장세, 역금융장세, 역실적장세로 나누고 4개 국면은 계절이 봄, 여름, 가을, 겨울로 바뀌듯 순환한다고 했다.

13 공매도(Short Selling)는 주가 하락이 예상될 때 소유하지 않는 주식을 매도해 낮은 가격에 되사서 차익을 얻는 거래로 주로 외국인과 기관이 활용하였다. 한국은 1996년 상장증권 대차제도를 도입하였다. 주식을 빌려와서 매도하는 것(차입 공매도)과 먼저 주식을 팔고 나서 결제일 전에 주식을 구하는 방법(무차입 공매도) 두 가지가 있는데 한국은 '차입 공매도'만 허용하고 있다. 과거 2008년 금융위기와 2011년 미국 신

코스피지수(2019. 9.~2020. 9. 4.)

동학개미운동으로 주식 붐이 일면서 고객예탁금[14]은 연초 28조 5,196억 원에서 8월 말에는 무려 60조 5,270억 원으로 증가하였으며, 신용잔고 추이도 연초 9조 2,072억 원에서 8월 말에는 16조 2,151억 원으로 급증했다. 심지어 군 내무반에서도 주식투자 열풍이 불었다.

용등급 강등 시기 때도 한시적으로 전 종목 공매도 금지 조치를 취했다. 코로나19로 주가가 폭락하자 정부는 2020년 3월 16일 공매도를 9월 15일까지 금지했고, 2차로 2021년 3월 15일까지 추가로 금지조치를 내렸다. 공매도 금지 조치는 약 9% 수가 부양효과 그리고 공매도 해제 조치는 주가가 약 9% 하락 효과가 있다는 분석 자료가 있다.

14 고객예탁금은 투자자가 주식에 투자하기 위해 증권사 계좌에 넣어 둔 자금을 말한다. 기관과 연기금은 주식을 매수할 때 사전 증거금이 면제되므로 고객예탁금은 순수 개인투자자와 일반 기업의 자금만을 집계한 자금이다.

병장 월급이 54만 원이라 적지 않는 돈인 데다 일과 후 3시간 정도 스마트폰 사용이 허용되어 있기 때문에 사전예약주문[15]제도를 이용하여 주식을 거래할 수 있었다. 이들을 동학개미에 빗대어 '병정개미'라고 했다.

급증하는 고객예탁금과 신용융자 잔고

기간: 2019. 10.~2020. 8. 31.

---

15 사전예약주문제도란 정규 시장 시간(오전 9시~오후 3시 30분)과 시간외 시장(오후 3시 30분~6시, 오전 8시 30~40분) 밖에서 내가 원하는 일자 또는 기간에 원하는 종목의 가격과 수량을 예약주문할 수 있다. 증권사 HTS에서 주문/특수주문/예약주문 창을 클릭하면 가능하다.

99장

포스트코로나 - 제약 바이오와 4차산업 주도주로 부상하다

코로나19가 확산되면서 사회경제적으로 가장 두드러진 변화는 '비대면(Uncontact)'과 '디지털화'라 할 수 있다.

코로나19로 제약 바이오주 시총 상위에 오르다

코로나19가 전 세계 대유행으로 번지면서 각국 정부는 코로나가 전파되는 것을 막기 위해 마스크 쓰기, 사람과 사람 사이 거리두기, 손 씻기의 생활화 등을 국민의 생활지침으로 강제했다. 인간에게 사람을 만날 수 없어 생기는 고립감과 외로움은 참기 어려운 고통이었다. 시간이 지나 코로나가 수그러지는 듯하다가 다시 확산되기를 반복하자 사람들은 코로나 백신과 치료제 개발에 관심이 집중되었다. 자연 코로나

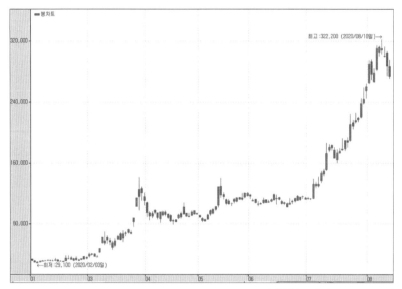

코로나 진단키트 개발로 11.1배 상승한 씨젠

최고 : 322,200 (2020/08/10일)→

최저 : 29,100 (2020/02/03일)

씨젠 일봉 그래프(2020. 1.~8. 20.)

진단키트와 백신 및 치료제 개발과 관련된 기업들이 증시에서 최고 테마주로 등극하였다. 또한 시가총액 순위에서 바이오 제약주가 상위에 랭크되는 계기가 되었다.

유전자 분자 진단 관련 시약을 개발하는 씨젠(096530)은 코로나가 발생하자 즉시 진단키트 개발에 착수하였고 남보다 먼저 개발에 성공하여 국내뿐만 아니라 전 세계 판매를 개시했다. 그 결과 매출액은 2019년 대비 8.6배 증가하고, 영업이익은 전년도 224억 원에서 6,531억 원으로 무려 29.2배 증가하였다. 씨젠의 주가는 2020년 2월 2만 9,100 원에서 8월에는 32만 2,200원이 되어 무려 11.1배 상승하였다.

코로나 진단키트를 재료로 최고 급등을 기록한 종목은 엑세스바

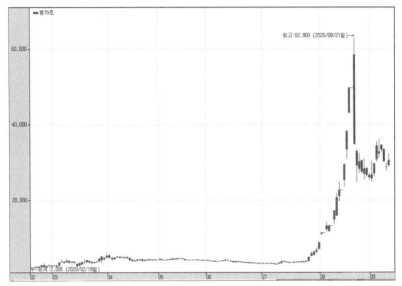

엑세스바이오 일봉 그래프(2020. 2.~2020. 9. 11.)

이오(950130)이다. 엑세스바이오가 개발한 바이러스 항체 키트가 미국 FDA 사용승인을 받았다는 재료로 연간 저점 대비 32.2배 급등하였다. 그 외에도 코로나 진단키트와 관련해서 주가가 급등한 종목은 랩지노믹스(084650), 수젠텍(253340), 녹십자엠에스(142280), 나노엔텍(039860), 바이오니아(064550), 진매트릭스(109820) 등이며 이들은 연중 저점 대비 3~10배 올라 기염을 토했다.

코로나 치료제 관련 테마주도 급등했다. 신풍제약(019170) 주가는 2020년 3월 19일 6,510원에서 6개월 뒤인 9월 2일에는 16만 3천 원까지 올라 저점대비 25배나 상승하여 코로나 관련주 상승에서 1위를 차지했다. 상승 재료는 동사가 개발한 말라리아 치료제 '피라맥스'에 대

코로나19 치료제 임상 재료로 급등한 신풍제약

신풍제약 일봉 그래프(2020. 2.~9. 4.)

해 코로나19 치료제 임상 2상을 승인 받으면서 코로나 치료제에 대한 기대 때문이었다. 그러나 신풍제약이 최고가를 기록한 다음 날 자사주 500만 3,511주를 시간 외 대량매매 방식으로 처분하였고 다음 날 주가는 14.2% 급락하였다. 신풍제약 외에도 구충제 '펜벤다졸'이 코로나 치료에 효과가 있다는 소문으로 명문제약(017180), 화일약품(061250) 등의 제약회사들도 주가가 크게 올랐다.

코로나19 이후 제약, 바이오주의 위상이 달라졌다. 2018~2019년 신약개발 실패와 가짜에 떨던 제약 바이오주는 코로나를 계기로 증권시장에 화려하게 귀환한 것이다. 선두에 선 것은 코로나 진단키트, 코로나 백신 그리고 코로나 치료제 관련 테마주들이었다. 바이오주들은 시총 상위에 올랐고 개인투자자들이 주도하는 코스닥시장에서의 시총 상위는 바이오주가 완전히 점령하게 되었다.

시가총액 상위에 오른 제약 바이오주

순서	코스피시장		코스닥시장	
	2020년 1월 20일	2020년 12월 18일	2019년 12월 말	2020년 12월 18일
1	삼성전자(IT)	삼성전자(IT)	셀트리온헬스케어 (바이오)	셀트리온헬스케어 (바이오)
2	SK하이닉스(반도체)	SK하이닉스(반도체)	에이치엘비(바이오)	셀트리온제약(제약)
3	삼성전자(우) (IT)	LG화학(2차전지)	CJ ENM (엔터테인먼트)	씨젠(바이오)
4	NAVER (인터넷플랫폼)	삼성전자(우) (IT)	펄어비스(게임)	에이치엘비(바이오)
5	삼성바이오로직스 (바이오)	삼성바이오로직스 (바이오)	스튜디오드래곤 (게임)	알테오젠(바이오)
6	현대차(전기차)	셀트리온(바이오)	케이엠더블유 (5G/통신장비)	펄어비스(게임)
7	LG화학(2차전지)	NAVER (인터넷플랫폼)	SK머티리얼즈 (반도체 부품)	카카오게임즈(게임)
8	현대모비스 (자율주행)	현대차(전기차)	헬릭스미스(바이오)	에코프로비엠 (2차전지)
9	셀트리온 (바이오)	삼성SDI(2차전지)	원익IPS (반도체 장비)	SK머티리얼즈 (반도체 부품)
10	LG생활건강 (화장품)	카카오 (인터넷플랫폼)	파라다이스(오락)	케이엠더블유 (5G/통신장비)

4차산업 관련주 시장 주도주로 부상

포스트 코로나에서 사회경제적으로 가장 두드러진 변화의 특징은 '비
대면'(Uncontact)과 '디지털화'이다. 원격근무(재택근무), 원격교육(원격
화상교육), 원격진료, 디지털뱅킹, 온라인 상거래, 게임 등이 일상화되고
있으며 이에 따라 인공지능(AI), 로봇, 빅데이터의 활용도가 높아졌다.

이러한 변화는 ICT[16] 인프라가 전제되어야 가능하기 때문에 4차산업과 관련이 있는 테마, 즉 5G/통신장비, 자율주행/2차전지/수소차, 반도체/시스템반도체, 인터넷플랫폼, 바이오 기술, 게임 등이 증권시장 주도주로 부상하였다. 이들 테마주의 주가가 다른 주식에 비해 주가 상승률이 높았으며, 시가총액 상위에 오른 종목이 두드러졌다.

4차산업 테마주로 시총 상위에 오른 종목들(2020년 12월 18일 기준)

1. 반도체/반도체장비: 삼성전자(코스피시장 1위), 삼성전자(우)(코스피시장 4위), SK머티리얼즈(코스닥시장 9위)

2. 2차전지: LG화학(코스피시장 3위), 삼성SDI(코스피시장 9위), 에코프로비엠(코스닥시장 8위)

3. 인터넷플랫폼: NAVER(코스피시장 7위), 카카오(코스피시장 10위)

4. 제약/바이오: 삼성바이오로직스(코스피시장 5위), 셀트리온(코스피시장 6위), 에이치엘비(코스닥시장 4위), 셀트리온헬스케어(코스닥시장 1위), 셀트리온제약(코스닥시장 2위), 씨젠(코스닥시장 3위), 알테오젠(코스닥시장 5위)

5. 5G/통신장비: 케이엠더블유(코스닥시장 10위)

6. 게임: 펄어비스(코스닥시장 6위), 카카오게임즈(코스닥시장 7위)

---

16 ICT(Information and Communication Technology), 즉 정보통신융합 발전으로 4차 산업혁명이 미래 성장의 핵심으로 주목받고 있다. 4차 산업혁명은 ICT융합, 즉 정보통신 기술이 다른 제조업 기술과 접목되어 발전하는 것이다. 구글이 주도하는 자율주행차, LBM 왓슨의 암진단, 애플의 인공지능 비서 '시리' 등이 그 예이다. 한국도 반도체, 5G 등 ICT 기술에서 선진국과 동일한 대열에 있으므로 4차산업은 미래 성장산업으로 좋은 기회가 될 수 있다.

2차전지 세계적 선두주자인 LG화학(051910)

LG화학 주봉 그래프(2018. 1.~2020. 9. 11.)

5G/통신장비 테마주 케이엠더블유(032500)

케이엠더블유 주봉 그래프(2018. 1.~2020. 9. 11.)

2011~현재

100장

공모주 청약 돌풍

SK바이오팜 공모주 청약 – 퇴직을 저울질하는 직원들

SK바이오팜(326030)이 상장되던 날 공모주 청약자들은 흥분의 도가니에 휩싸였다. 주가가 공모가 4만 9천 원보다 2.6배나 높은 12만 7천 원 상한가를 기록했기 때문이다. 상장 후 4일 연속 상한가를 기록하며 주가는 26만 9,500원이 되었다.

SK바이오팜 직원들은 단숨에 '주식부자' 대열에 합류했다. 기업이 상장할 때 상장주식 물량의 20%를 우리사주로 배정받게 되어있는데 SK바이오팜은 임직원 수가 207명(2020년 4월 기준)에 불과해 1인당 배정 주식이 평균 1만 1,820주를 배정받았다는 계산이 나온다. 이는 공모가 4만 9천 원으로 계산하면 5억 8천만 원에 해당하는데 상장 후 첫날 평가금액이 15억 원이 됐다. 원금을 빼고도 상장 하루만에 9억 2천만 원가량을 번 것이다.

우리사주 주식은 1년간 팔 수 없기 때문에 '당장 퇴직하여 9억이 넘는 돈을 챙길 것인가, 회사에 남을 것인가'라고 직원들은 즐거운 고민에 빠졌고 실제 소수 직원은 퇴사했다고 한다.

'우리사주 대박'은 카카오게임 상장에서도 일어났다. 카카오게임은 직원수가 많아 직원 1인당 평가차익이 SK바이오팜과 비교해서 상대적으로 적었지만 카카오게임 직원들도 상당히 많은 돈을 번 것은 마찬가지였다.

우리사주로 직원들이 큰돈을 만지게 된 경우는 빅히트엔터테인먼트가 상장될 때도 마찬가지였다. 그러나 코로나19로 직장에 남아 있기도 힘든 대다수 직장인들에게는 그림의 떡이었다.

초저금리로 시중자금이 공모주 청약으로 집결

2020년 '공모주 대박 삼인방'은 SK바이오팜(7월), 카카오게임즈(9월), 빅히트엔터테인먼트(10월)이다. 초저금리로 시중자금은 넘쳐나는데 정부의 부동산에 대한 강력한 규제로 시중자금 중 일부는 주식시장으로, 일부는 공모주 청약 시장으로 몰려들었다. 때마침 주식시장에서는 코로나 이후 4차산업과 비대면(Uncontact) 관련주들이 증권시장에서 주도주와 테마주로 부상하고 있었다. 공모주 삼인방은 각각 바이오기술, 게임, 엔터 업종이었기 때문에 시장 흐름과 맞아떨어져 인기가 높았다. 풍부한 유동성과 4차산업 그리고 비대면 업종이라는 3가지 조건이 맞아 공모주 청약 특수를 누린 것이다.

　SK바이오팜 공모의 경우 31조 원의 청약증거금[17]이 모여 경쟁률은 323대 1이었고, 카카오게임즈 공모에는 59조 원이라는 엄청난 자금이 몰려 1,524.85대 1의 경쟁률을 보였다. 1억 원의 청약자금을 불입할 때 SK바이오팜는 12주를 배정받을 수 있고, 카카오게임은 5주를 배정받을 수 있었다. 언론은 공모주 청약 자금을 '영끌 자금'(영혼까지 끌어들여 모은 자금)이라 표현했다.

청약증거금 1억 원 투자 시 일반 청약자 투자수익

회사명 (상장일)	공모가	청약자금	경쟁률	배정 주식수	투자수익
SK바이오팜 (2020. 7. 2.)	49,000원	30조 9,900억 원	323.02:1	12	936,000원
카카오게임 (2020. 9. 10.)	24,000원	58조 6,000억 원	1,524.85:1	5	192,000원
빅히트엔터테인먼트 (2020. 10. 5.)	135,000원	58조 4,000억 원	606.97:1	1	123,000원

▶ 투자수익: (상장 첫날 종가 - 공모가) × 배정 주식수

공모주 청약은 무조건 대박이 나는 걸까?

한마디로 모든 공모주 청약이 대박을 터뜨리는 것은 아니다. 대체로

17　공모주 청약을 하려면 증권사 계좌에 청약증거금을 넣어두어야 한다. 공모주 청약은 모든 증권사에서 할 수 있는 것이 아니고 공모를 주관하는 증권사 계좌라야 한다. 청약증거금은 계약금 형식으로 청약금액의 50%이다. 가령 SK바이오팜 1천 주를 청약하고 싶다면 500주에 해당하는 2,450만 원(공모가 4만 9천 원 × 500주)을 입금해 두어야 한다. 실제 배정받을 수 있는 주식은 경쟁률로 결정된다. SK바이오팜은 경쟁률이 323.02대 1이므로 각 3주를 배정받게 된다.

시장이 강세시장이고 투자자의 관심이 높았던 종목은 '전강후약', 즉 상장 초기에 주가가 높았다가 점차 하락하고, 반대로 관심이 부족했던 종목은 '전약후강' 현상을 보였다. 공모가가 시장분위기에 편승하여 높게 책정될 경우는 손실을 볼 수도 있다. 한국경제신문이 NH투자증권에 의뢰해서 지난 20년간 청약 경쟁률이 높았던 블록버스터급 공모주를 뽑아 분석해 보았다. 그중에서 공모가가 높게 책정된 롯데쇼핑, 삼성생명, 삼성카드 등은 공모주 청약으로 이득을 보지 못했거나 손실을 보았다. '전강후약'의 사례는 셀트리온헬스케어로 상장 후 1달 이내에 매도한 청약자는 높은 수익을 실현할 수 있었으나 이후는 주가가 저조했다. 반면에 삼성바이오로직스는 '전약후강'의 예로 상장 초기에는 수익이 저조했으나 장기 보유자에게는 큰 수익을 가져다주었다.

블록버스터급 공모주 투자수익 현황

회사명	상장일	공모가(원)	상장 첫날 종가(원)	1년 이내 최저가(원)	1년 이내 최고가(원)
KT&G (033780)	1999. 10. 8.	26,700	26,700	13,550	26,700
롯데쇼핑 (023530)	2006. 2. 9.	400,000	386,400	276,000	415,000
삼성카드 (029780)	2007. 6. 27.	48,000	56,800	29,950	68,400
삼성생명 (032830)	2014. 11. 14.	110,000	114,000	89,800	109,000
삼성에스디에스 (018260)	2014. 11. 14.	190,000	327,500	226,000	429,500
토니모리 (214420)	2015. 7. 10.	32,000	50,500	18,400	38,200
삼성바이오로직스 (207940)	2016. 11. 10.	136,000	144,000	125,500	411,000
셀트리온헬스케어 (091990)	2017. 7. 28.	41,000	50,300	41,000	152,600

101장

시장에서 소액투자자가 이기는 방법

증권시장 역사는 소액투자자의 희생의 역사

2020년 기준으로 한국증시의 역사는 1899년 일본인에 의해 설립된 인천미두시장이 개설된 지 121년, 일제 때 증권거래소 역할을 한 조선취인소가 설립된 지 88년, 그리고 해방 후 오늘의 한국거래소 전신인 대한증권거래소가 개설된 지 64년이 지났다. 그동안 수많은 사람이 증권시장에 참여했다. 그중에는 부를 이룬 사람도 있고, 패가망신하고 고통스럽게 생을 마친 사람도 있었다.

증권시장을 통해 부자가 되거나 투자 수익을 낸 사람은 누구이며, 반대로 손해를 본 사람은 누구일까?

증권시장 주요 참여 주체는 대주주(주요 주주 및 경영자 포함), 연기금을 포함한 기관투자가, 외국인, 개인 큰손, 다수의 소액투자자(간접투자자 포함, 이하 개미) 등 5개 투사 주체로 구분해 볼 수 있다. 증권시장을 부의 분배 측면에서 보면 자본시장 본래의 목적, 즉 국민에게 건전한 금융투자처를 제공한다는 취지와 달리 개미투자자는 부가 감소한 반면 여타 투자 주체는 부가 증가되었다. 바꾸어 말하면 일반 소액투자자들의 부가 대주주나 소수의 큰손으로 이전되는 결과를 가져왔다고 할 수 있다. 물론 증권시장이 기업을 육성하고, 규모가 확대된 기업이 고용을 늘려 부의 분배가 이루어졌다는 점을 부인할 수는 없다. 그러나 재테크의 수단으로 주식에 투자한 대부분의 소액투자자의 경우 주식투자로 돈을 번 비율은 매우 낮고, 손실을 본 비율은 높았다. 이유가 무엇일까?

1. 증권시장의 가장 큰 수혜자는 대주주이다

대주주는 발행시장과 유통시장 모두를 활용할 수 있다. 즉 기업공개, 유상증자 등의 방법으로 기업 운영에 필요한 자금을 무이자로(어떤 면에서는 무제한으로) 다수 소액투자자로 구성되어 있는 증권시장에서 언제든 끌어다 쓸 수 있다. 대주주는 기업경영으로 돈을 버는 사람으로, 주식투자 수익은 부수적으로 따라오는 것일 뿐이다. 그런데 대주주 중 일부는 기업경영은 뒷전이고 주식투자 수익이 최고의 목적인 이들도 있었다. 대주주라는 시장에서의 우월적 지위를 이용하여 개미들을 재물로 삼아 주식투자 수익을 추구한 경우도 있었고, 주가가 지나치게 올랐다 싶을 때 보유주식을 몽땅 팔아 회사를 헌신짝처럼 버린 사례도 있었다. 대주주와 마찬가지로 주요 주주와 경영자도 누구보다 기업을 잘 알기 때문에 투자 수익에서는 유리한 위치에 있다.

2. 기관투자가는 대체로 손익 면에서 중립적이다

기관은 연기금, 펀드, 자사자금 투자로 나누어볼 수 있다. 국민연금, 공무원연금, 교원공제회연금, 우체국 연금 등의 연기금은 높은 투자 수익률보다 안정성을 더 중시해야 하는 특성상 우량 대형주 중심의 장기투자를 하게 된다. 따라서 투자 수익률도 증권시장 장기대세에 따라 좌우된다.

다수 고객의 자금을 모아 펀드로 운용하는 자산운용사(각종 형태의 공모펀드)는 연기금에 비해 장기적 투자를 하기가 어려워 시장 추종형이 많다. 주식형펀드는 시장수익률과 비교해서 평가를 받기 때문이다. 따라서 펀드운용자는 자기 돈을 운용하는 것과 같은 절박한 심정이 아닐 수 있다. 다시 말해 시장이 좋아 펀드자금이 들어오면 공격적으로 투자하고, 펀드자금이 빠져나가면 주식을 매도한다. 운용자가 펀드를 운용하는 데 제약이 많다는 뜻이다.

증권, 은행, 보험 등의 금융기관이 자체 자금으로 운용하는 주식투자 규모는 지속적으로 감소해 왔다. IMF 외환위기, 2008년 글로벌 금융위기 등 몇 차례 금융위기를 겪으면서 주식이 위험자산으로 분류되었기 때문이다. 그만큼 주식투자로 높은 수익률을 내기가 쉽지 않았다는 이야기이다. 그 결과 우리나라는 선진국에 비해 상대적으로 기관 비중이 낮다. 이는 증권시장이 얇은 냄비가 되어 쉽게 달궈지고 쉽게 식는 이유이기도 하다.

3. 외국인은 대표적인 투자 수익자에 해당한다

자금 규모, 투자 지식, 투자 정보 등 모든 면에서 우위에 있는 외국인은 어떻게 해서 투자 수익을 낼까? 외국인의 투자 원칙은 의외로 간단하다. 주식은 철저하게 우량 대형주 또는 실적 호전주 중심으로 투자하되 장기투자한다. 근거 없이 떠도는 루머나 일시적 충격에는 관심을 두지 않는다. 파생상품이 개설된 1996년 이후로는 선물과 옵션 등 파생상품을 매매하여 주식투자 손실을 헤지(Hedge)하거나 수익을 내기도 한다.

4. 큰손은 대체로 승자가 될 가능성이 높다

자금력이 풍부하다는 점에서 큰손은 개미에 비해 절대적으로 유리하다. 큰손은 기관과 외국인처럼 우량주 중심의 포트폴리오를 구성한 후 주가가 올라갈 때까지 기다릴 수 있고, 기업분석력이나 정보 면에서 일반 개인투자자보다 우위에 있으며, 주가가 기업가치 이하로 폭락할 때 주식을 매집할 수 있는 여유자금이 있다.

5. 소액투자자는 피해자가 많다

대주주, 기관, 외국인, 큰손은 개미투자자들의 호주머니를 털어 부를 가져간다. 개미투자자들은 자금력과 분석력이 부족하기 때문에 고가의 우량 대형주를 살 엄두를 내지 못하고, 성장성이 높은 주식에 장기투자를 하지 못한다. 따라서 루머에 따라 단기 급등락하는 부실주 또는 재료주에 투자를 하게 된다. 또한 금융위기 같은 상황에서 주가가 아무리 기업가치 이하로 폭락해도 여유자금이 없어 주식을 살 수가 없다. 개미들은 증권지식이 부족하기 때문에 대세판단력과 기업분석력, 차트분석력이 부족하고, 투자심리 면에서도 열위에 있다. 지금도 해마다 20~30개 기업이 자본잠식 등의 이유로 상장폐지되고 있다. 외국인, 기관, 대주주, 큰손 등은 상장폐지 훨씬 이전에 이미 다 빠져나가고 마지막까지 주식을 손에 들고 있는 투자자는 개미들뿐이다.

소액투자자 중에도 주식투자로 성공한 사람이 없는 것은 아니다. 대표적으로 우리사주 주식을 받아 운 좋게 시장이 좋을 때 매도한 회사직원들도 있고, 벤처 버블이 한창일 때 스톡옵션을 받아 목돈을 마련한 임직원도 있다. 그리고 소수이지만 외국인과 기관처럼 기업의 내재가치를 분석한 후 장기투자하여 성공한 사람도 있다.

결론적으로 증권시장에서 1순위 '갑'은 대주주와 외국인, 2순위 '갑'은 기관과 큰손이고, 개미들만 '을'인 셈이다. 갑은 수익을 가져가는 투자 주체이고, 을은 손해를 보는 투자 주체이다. 따라서 '을'인 개미투자자가 주식투자로 성공하려면 외국인 및 기관의 투자 전략을 파악하고 그들과 동일한 방법으로 투자해야 한다.

102장

버블과 폭락의
투자 역사

세계 상위 증권시장으로 부상한 한국증시

한국거래소가 1956년 3월 시장을 개설할 당시 상장기업은 12개에 불과했다. 그러나 64년이 지난 2020년 12월 18일에는 상장기업 수가 2,403개 사에 이르고, 시가총액은 2,290조 원에 이른다. 시가총액(세계 시가총액의 1.8% 차지)에서 보면 한국증시는 세계 14위 시장에 해당한다.

선진국 문턱에 선 지금, 지난 증시 역사를 되돌아보면 증권시장은 기업이 필요로 하는 산업자금을 조달해 줌으로써 국가경제에 기여한 공로가 실로 막강하다.

순위	거래소명	시가총액 (억 달러)	순위	거래소명	시가총액 (억 달러)
1	미국 (NYSE, 유로넥스트)	17,786.79	9	독일 (도이체뵈르제)	1,715.80
2	미국(나스닥, OMX)	7,280.75	10	캐나다 (토론토증권거래소)	1,591.93
3	일본 (일본거래소 그룹)	4,894.92	11	스위스	1,519.32
4	중국 (상하이증권거래소)	4,549.29	12	인도 (봄베이증권거래소)	1,516.22
5	영국 (런던증권거래소 그룹)	3,973.26	13	북유럽(나스닥, OMX, 노르딕거래소)	1,268.04
6	중국 (선전증권거래소)	3,636.78	14	대한민국(한국거래소)	1,231.20
7	유럽(유로넥스트)	3,305.90	15	호주	1,187.08
8	홍콩	3,184.87			

▶ 자료: 세계거래소 연맹(2020년 12월 2일 기준)

예탁결제원 자료에 따르면 주식투자자 수는 총 555만 6천 명(2019년 말 개인 실질주주 기준, 중복주주 제외)으로 주민등록 인구(5,182만 2천 명)의 10.7%에 달한다. 또한 경제활동 인구 2,758만 2천 명 중 20.1%가 주식투자를 하는 셈이다. 2020년 '동학개미운동' 때 대규모 신규 투자자가 유입된 점을 감안하면 국민 중 주식투자자 비중은 더욱 높아질 것이다.

또 지금은 주식을 보유하고 있지 않지만 과거 투자 경험이 있는 사람이나 간접투자 방식인 각종 펀드 투자자까지 포함할 경우 주식시장과 무관한 사람의 비중은 매우 낮다.

주식시장은 이제 삶의 한 부분이 되어 우리 삶과 밀접한 관계에 있다 할 수 있다. 그래서 정규 방송시간에 일기예보와 함께 증권시장 상황이 매일 실시간으로 보도되고 있는 것이다.

주가 버블과 폭락은 반복된다

주식투자 역사를 돌아보면 10년 주기로 버블과 폭락이 반복되었다. 주가 버블이 생기기 시작하면 주가는 짧게는 1년, 길게는 4년 반 동안 쉬지 않고 상승가도를 달렸고 종국에 가서는 비이성적 버블을 일으켰다. 그리고 버블은 예외 없이 빠르게 소멸되는 과정, 즉 폭락으로 이어졌다.

연대별로 주요 버블을 살펴보자.

1. 1970년대 주가 버블: 1975~1978년 건설주 버블 → 1980년의 경기침체와 주가 폭락

2. 1980년대 주가 버블: 1985~1988년 금융, 건설, 무역주 버블(특히 증권주 버블) → 1989~1990년의 증시 침체

3. 1990년대 주가 버블: 1997년 IMF 외환위기로 주가 폭락 → 1999년 IT, 벤처 기업 버블 → 2000~2001년 IT, 벤처 버블 붕괴

4. 2000년대 주가 버블: 2006~2007년 중국 관련주 버블 → 2008년 글로벌 금융위기로 폭락

5. 2020년대 주가 버블(?): 코로나19로 주가 폭락 → 초저금리, 4차 산업혁명 재료로 주가 상승

코스피지수로 본 대세 상승기와 하락기

	상승기					하락기			
	기간	저점 고점	소요 기간	상승률 (%)		기간	고점 저점	소요 기간	하락률 (%)
1	1975. 1.~ 1978. 8.	100 228	3년 8개월	128.0	1	1978. 8.~ 1981. 1.	228 93	2년 6개월	59.2
2	1981. 1.~ 1981. 8.	93 223	8개월	139.7	2	1981. 8.~ 1982. 5.	223 106	10개월	52.4
3	1985. 1.~ 1989. 3.	139 1,007	4년 3개월	624.5	3	1989. 4.~ 1992. 7.	1,015 504	3년 4개월	50.3
4	1992. 8.~ 1994. 10.	456 1,128	2년 3개월	147.4	4	1994. 11.~ 1998. 5.	1,145 301	3년 7개월	73.7
5	1998. 10.~ 1999. 12.	302 1,038	1년 3개월	243.7	5	2000. 1.~ 2001. 9.	1,066 463	1년 9개월	56.6
6	2003. 4.~ 2007. 10.	525 2,070	4년 7개월	294.2	6	2007. 11.~ 2008. 10.	2,085 892	1년	57.2
7	2009. 3.~ 2011. 4.	992 2,231	2년 1개월	124.9	7	2011. 8.~ 2016. 12.	2,189 1,850	6년	장기 횡보
8	2020. 4.~	1,439.43	?	?					

버블이 시작되는 초기에는 경제호전이 뒤를 받쳐준다. 이 시기에는 GDP성장률이 잠재성장률을 크게 상회하고, 물가와 금리가 안정되어 있으며, 환율은 국제수지 흑자기조를 유지하는 데 지장이 없을 만큼 적당히 하락한다. 경제호전은 기업의 실적에 반영되어 예상 EPS가 꾸준히 증가한다. 그러나 주가가 계속 상승하여 버블 상황에 이르러도 가속도가 붙은 상승추세는 쉽게 멈추지 않는다. 돈이 주가를 올리기 때문이다. 이렇게 주가가 계속 오르면 탐욕에 눈이 멀어져 기본적인 경제상황과 기업가치를 무시하게 되고 지금의 호황이 끝없이 지속될 것으로 착각하여 투기에 열중하게 된다.

그러나 나무가 아무리 자라도 하늘에 닿을 수는 없다. 주가 폭락의 가장 큰 원인은 버블이다. 주가 폭락은 언젠가는 터져야 할 버블이 예기치 못한 국내외 사건(통계적으로 주로 해외에서 발생한 사건)이 계기가 되어 터진 것에 불과하다. 흔히 금융위기나 경기침체와 함께 찾아오기도 한다. 투자자들은 썰물이 다 빠져나가고 나서야 발가벗은 자신의 모습을 보게 되고 자신이 얼마나 무모했는가를 깨닫게 된다.

그동안의 한국증시를 돌이켜 보면 대략 10년 주기로 큰 파동이 있었다. 2020년 2~3월에는 코로나19로 주가가 폭락했다. 이때 20~40대 초반 젊은 층을 중심으로 외국인이 파는 주식을 매수하는 '동학개미운동'이 불같이 일어났다. '동학개미운동'은 10년 가까이 장기간 횡보하던 한국증시를 잠에서 깨워 일으켜 대세상승으로 전환시키는 계기가 되었다. 이번 대세상승이 어느 정도의 큰 파동이 될지 그리고 언제까지 지속될지 가늠하기란 쉽지 않다. 그러나 상승파동이 지나쳐 버블이 크면 클수록 뒤이어 오는 하락파동도 클 것이다.

103장

역사가 알려주는 투자 원칙
(대박은 없다)

반복되는 대박 종목 출현, 어떻게 할 것인가?

이 책을 읽은 독자들은 주식투자 역사에서 대박 종목이 반복해서 출현하는 것을 보고 자칫 필자가 대박 종목을 유혹하는 것으로 오해할 수도 있다. 대박 종목이란 주가가 3~10개월의 짧은 기간에 최소 2~3배, 많게는 5~20배 급등하는 종목으로 흔히 테마주 또는 재료 보유주에서 곧잘 나타난다. 투자자라면 누구나 환상적인 대박 종목에 투자하는 꿈을 꾸는 것이 당연할지도 모른다.

그러나 결론부터 말하자면, 이런 대박 종목에 현혹되어서는 안 된다. 대박은 어디까지나 계산상의 수치일 뿐 실제 대박 종목에 투자해 돈을 번 개미는 극소수에 불과하다. 운 좋게 돈을 번 극소수도 대박 종목을 찾아 연속적으로 투자한 경우 결국에 가서는 큰 손실을 입었다.

대박주에 투자하여 성공하기 어려운 이유가 몇 가지 있다.

1. 개미투자자가 매수할 때는 저점 대비 2~3배 급등해 있다

급등 초기에는 '너무 많이 오르는데 저러다가 곧 하락하겠지? 전에도 그랬잖아'라며 웬만해서는 추격매수를 하지 않는다. 그러나 주가가 예상과 달리 지속적으로 상승하면 '지금까지 계속 올랐는데 앞으로도 오르지 않을까? 상한가 한 번만 먹고 빨리 나와야지'로 생각이 바뀌고, 결국엔 위험을 감수하고 매수에 가담하게 되는 것이 개미들의 투자심리이다.

외국인, 기관, 대주주와 같은 매집세력이나 혹은 작전세력은 이 기회를 기다렸다는 듯 개미들에게 물량을 팔아넘긴다. 그 결과 차트에 주가 천장과 거래량 천장이 그려지는 것이다.

2. 단기반등을 노리고 대박주를 사면 필패한다

큰 시세를 내고 하락으로 전환된 주식은 장기간 수익을 내주지 않는다. 개미들은 대박주가 고점 대비 30~50% 하락하면 세력이 다시 들어올 것으로 기대하고 매수에 가담하지만 한 번 빠져나간 세력은 결코 같은 종목에 손을 대지 않는다. 개미들은 주가가 단기에 급락하면 반등도 빠를 것으로 착각하여 매수한다. 그러나 기다리고 있는 것은 대량의 손절매 물량뿐이다. 예를 들어 1천 원에 머물던 주식이 1만 원으로 급등한 대박 종목이 50% 하락하여 5천 원으로 내려오면 개미들은 단기반등을 노려 매수에 가담한다. 해당 종목은 급등이 있기 전 1천 원 수준의 부실주였다는 사실을 잊어버린 것이다. 이 경우 대박 종목의 대부분은 원래 위치인 1천 원 수준으로 돌아왔다는 것을 주식투자 역사를 통해 확인할 수 있었다.

3. 대박주는 부실 중소형주 중심으로 나타난다

매집세력은 수익모델이 부실하지만 그럴듯한 재료가 있는 종목 중에서 대박 종목을 고른다. 개미들이 기업의 가치를 분석하기 애매한 종목이 타깃이 되는 것이다. 게다가 개미들은 기업가치에 대한 확신이 없기 때문에 급락을 염려하여 조금만 수익이 나도 쉽게 매도한다. 그래서 주식투자 역사에 등장하는 수십 배 수익률은 이론상의 수치일 뿐이며, 계산상의 수치에 불과하다. 대박 종목을 바닥에서 사서 최고점에 판 개미는 없다.

4. 그렇다면 대박 종목은 아예 투자 대상에서 제외해야 하는가?

원칙적으로 제외하는 것이 좋다고 생각한다. 다만 다음과 같은 경우는 예외일 수 있다. 기업의 가치를 분석한 후 기업의 가치가 주가에 반영되는 과정에 있다고 판단되는 종목이거나, 재료가 향후 기업실적에 크게 반영될 것으로 예상되는 종목이다. 이와 같이 실적 대비 저평가되었거나 향후 실적호전 예상 종목은 주가가 상승할 때 가파르게 오르지 않고 장기간에 걸쳐 지속적으로 상승하는 경향이 있다. 이런 종목의 경우 단순히 주가가 많이 올랐다는 이유만으로 투자 대상에서 제외할 수는 없다.

아울러 설령 대박 종목이라는 판단이 서더라도 30% 이내로 적절하게 포트폴리오를 구성하여 위험관리를 하는 것이 좋다.

종목 선정은 사업을 한다는 마음으로, 매매시점은 그래프 확인 후

주가가 크게 급등락할 때 부(富)도 큰 폭으로 이동되어 왔다. 개인의 부가 외국인, 기관, 대주주로 이전되는 악순환을 반복한 것이다. 그 결과 많은 중산층이 하층민으로 추락하는 요인이 되기도 했다. 하지만 다가오는 대변동 시기에는 개인투자자들도 부를 축적하는 기회를 가져야 하고 최소한 부를 뺏기지는 말아야겠다. 이것이 주식투자 100년의 역사를 공부하는 이유 중 하나이다. 그러려면 어떻게 해야 할까?

1. 때를 알고 투자를 해야 한다

지금이 '밀물' 때인지 '썰물' 때인지, 아니면 '기다리고 있을' 때인지 체크해 보고 밀물 때는 적극적 투자를 하고, 썰물 때는 주식시장을 떠나 있거나 때를 기다려야 한다. 밀물 때는 증시로 돈이 몰리기 때문에 어렵지 않게 수익을 낼 수 있지만 썰물 때는 손해를 볼 확률이 매우 높기 때문이다. 증시 대세는 전문가가 아니라도 경제신문만 읽으면 어느 정도 예측할 수 있다.

2. 기업가치로 종목을 선정하고, 매매시점은 그래프로 판단하자

주식투자가 어려운 것은 상장기업 전체를 투자 대상으로 삼기 때문이다. 투자자 스스로가 정한 투자 기준, 예를 들면 기업가치 대비 저평가주, 성장성이 높은 주식 등으로 구분하되 투자 대상 종목을 많게는 40종목, 적게는 10개 이내 종목으로 축소하고 평소에 이들 종목을 관찰해야 한다. 종목 선정의 출발점은 투자해서는 안 될 종목을 걸러내는 것으로부터 시작해야 한다. 내 사업이라고 생각하는 투자자라면 기업을 많이 아는 것보다 한 종목이라도 제대로 아는 것이 더 중요하다고 생각할 것이다.

3. 목표수익률을 낮춰야 한다

목표수익률을 높게 잡을수록 실패율도 높아진다. 외국인과 기관의 경우 정기예금이나 국공채 수익률보다 약간 높은 수준으로 목표수익률을 낮게 잡는다. 개미의 경우 그보다 조금 더 높게 잡더라도 터무니없이 황당한 목표수익률을 설정하는 것은 실패의 원인이 될 수 있다. 시장수익률을 뛰어넘는 초과수익률은 내가 똑똑하고 능력이 있어서가 아니라 시장이 결정한다고 생각하자. 주식투자엔 왕도가 없다.

4. 분산투자하고 길게 보고 투자하자

분산투자는 자금 규모에 따라 다르지만 아무리 적은 금액이라도 2~4개 종목으로 분산투자하는 것이 중요하다. 길게 보고 마음 편하게 투자하자.

5. 과도한 위험에 노출되지 말자

마지막으로 행복한 투자가 되려면 자신을 과도한 위험에 노출시키지 말아야 한다. 개미들은 대표적인 위험상품인 파생상품을 멀리해야 한다. 선물, 옵션, ELW 등 파생상품이 우리 시장에 들어온 후 줄곧 개인의 부가 외국인과 기관으로 넘어갔으며 이러한 현상은 앞으로도 변함이 없을 것이다. 개미투자자들이여, 빨리 돈을 잃고 싶은가? 그렇다면 과감하게 옵션에 도전하라! 옵션에 비해 조금 천천히 돈을 잃고 싶은 사람이 있는가? 그렇다면 과도한 선물매매를 해보라! 유도선수가 되려는 사람이 낙법부터 배우듯이 주식투자도 위험관리부터 배워야 한다.

연대표

1896년에서 1945년까지

1896	인천 미두취인소 설립
1897	최초의 주식회사인 조선은행, 한성은행 설립
1911. 4.	경성유가증권 현물문옥 조합 결성
1920. 5.	경성주식현물취인소 개설
1929	세계대공황
1932. 1.	조선취인소 개설
1941	태평양전쟁 발발
1943. 7. 1.	조선증권취인소령 제정과 조선증권거래소 개설
1945. 8. 15.	해방

1946년에서 1960년까지

1947	증권구락부 발족
1948. 8. 15.	대한민국 정부 수립
1949. 6.	대한민국 정부 최초의 공채인 지가증권 발행
1949. 11. 22.	대한증권 설립
1950. 6. 25.	6 · 25전쟁 발발
1950. 1.	제1회 건국국채 발행
1953. 11. 25.	대한증권협회 발족
1956. 3. 3.	대한증권거래소 개소
1958. 1. 16.	1 · 16 국채 파동
1960. 4. 19.	4 · 19 학생의거

1961년에서 1970년까지

1961. 5. 16.	5 · 16 군사혁명
1962. 1. 13.	제1차 경제개발 5개년계획 발표
1962. 1. 15.	증권거래법 제정
1962. 5. 30.	대증주 파동
1962. 6. 10.	통화개혁
1962. 6. 10. ~ 7. 13.	거래소 장기휴장
1964. 11. 30.	수출 1억 달러 돌파
1965. 2. 9.	월남파병 개시

1966. 5. 25.	1인 1주 갖기 운동 전개
1968. 11. 22.	'자본시장 육성에 관한 법률' 제정
1967. 6. 5.	중동전쟁 발발
1968. 12. 16.	한국투자공사 설립
1969. 2. 1.	청산거래제도 폐지
1969. 8. 4.	증권투자신탁제도 도입
1970. 5. 20.	수익증권 최초 발매
1970 ~ 1971. 7.	증금주 파동
1970. 12. 31.	수출 10억 달러 달성

1971년에서 1980년까지

1972. 1. 4.	다우존스식 종합주가지수 최초 발표
1972. 12. 30.	기업공개촉진법 제정
1973. 10. 6.	중동전쟁 발발
1975. 1. 4.	포스트매매 실시, 격탁매매 폐지
1975. 6. 11.	삼성전자 상장
1976. 4. 6.	근로자증권저축 시행
1977. 1. 18.	대한투자신탁 설립
1977. 2.	건설주 호가 전 매수대금 예납 조치
1977. 12. 22.	수출 100억 달러 돌파
1978	2차 오일쇼크
1979. 7. 2.	여의도 증권시장 개장
1979. 9.	전자식 시세게시판 등장
1979. 10. 26.	박정희 대통령 서거, 주가 폭락
1980. 9. 9.	이란·이라크전쟁 발발
1980. 12. 1.	컬러TV 방영 시작
1980	경제성장 마이너스 기록

1981년에서 1990년까지

1982. 1. 6.	야간통행금지 해제
1982. 5. 4.	장영자 어음사기사건
1983. 1. 4.	시가총액식 주가지수 발표
1984. 5. 15.	코리아펀드 설립
1985. 2. 2.	국제그룹 해체
1985. 11. 12.	해외 CB, BW, DR 발행 허용
1986. 1. 21.	현대차 포니 미국 첫 수출
1986. 12. 1.	액면가 5,000원으로 병합 개시
1987. 3. 12.	코리아유로펀드 설립
1987. 10. 19.	뉴욕증시 대폭락 – 블랙먼데이
1988. 3. 3.	매매체결 전산 가동
1988. 4. 11.	국민주 1호 포철주 공모
1988. 6. 29.	6·29선언
1988. 9. 17.	88서울올림픽 개최

1988	가계 금융자산 100조 원 돌파
1989. 4. 1.	종합주가지수 1,000포인트 돌파
1989. 5. 27.	한전주 공모
1989. 12. 12.	12·12 증시부양책
1990. 5. 4.	증안기금 발족 발표
1990. 10. 10.	깡통계좌 강제정리

1991년에서 2000년까지

1991. 1. 17.	걸프전 발발
1991. 9. 17.	남북 UN 동시가입
1992. 1. 3.	외국인 직접투자 허용
1993. 8. 12.	금융실명제 실시
1994. 7. 8.	김일성 사망
1995. 11. 30.	수출 1천억 달러 달성
1996. 3. 1.	증권사 점포설치 자유화
1996. 5. 3.	지수선물시장 개설
1996. 5. 17.	코스닥시장 개설
1997. 11. 21.	IMF 금융지원 요청
1998. 1.	금모으기 운동
1998. 5. 25.	외국인 주식투자한도 완전 철폐
1998. 6. 19.	5개 은행 퇴출 발표
1999. 7. 19.	대우사태 발생
2000. 4. 27.	현대그룹 유동성 문제 확산
2000. 6. 15.	6·15 남북 공동선언 발표
2000. 7. 1.	채권 시가평가제 실시

2001년에서 2010년까지

2001. 9. 11.	9·11테러 발생
2002. 5. 31.	한일월드컵 개막
2003. 3. 11.	SK글로벌 분식회계 사건
2003. 4.	카드사 경영위기 촉발
2005. 1. 27.	증권선물거래소 출발
2005. 6. 30.	주식 시가총액 500조 원 돌파
2007. 1. 15.	3년간 해외펀드 양도차익 비과세 발표
2007. 7. 4.	주식 시가총액 1,000조 원 돌파
2007. 7. 25.	코스피지수 2,000포인트 돌파
2007. 11. 1.	인사이트 펀드 출시
2007. 12. 30.	펀드 계좌 2천만 개 돌파
2008. 5.	주식형펀드 140조 원 돌파
2008. 5.	미국산 쇠고기 수입반대 촛불시위
2008. 9.	미국 투자은행 리먼브라더스 파산
2008. 10.	미국발 금융위기로 세계증시 폭락
2010	현대차·기아차 세계 자동차시장에서 약진

Memo

주식투자 무작정 따라하기

▶ 안전하고 확실하게 수익 내는 주식투자의 정석!
▶ 제대로 된 종목과 매매시점 선정하는 법은 물론 경제 흐름 읽는 법까지 OK!
▶ 정통 주식전문가의 탄탄한 주식이론 설명과 독자 스스로 해답을 구하는 학습코너 구성!

〈별책부록〉 유망 테마주 17

윤재수 지음 | 420쪽 | 18,000원

차트분석 무작정 따라하기

▶ 주식투자 전문가가 활용하는 8개의 차트분석 기법 대공개!
▶ 난해한 차트분석, 예제만 따라해도 매매시점이 한눈에 보인다!
▶ 한 권으로 끝내는 주식 기술적 분석의 교과서!

〈별책부록〉 투자하기 전 꼭 읽어야 할 모의투자 10선

윤재수 지음 | 400쪽 | 25,000원

주식 대세판단 무작정 따라하기

▶ GDP성장률, 금리, 물가, 환율, 국제수지, 시장EPS까지! 신문도, 전문가도 믿을 수 없다면 6가지 대세판단 지표에 주목하라!
▶ 코스피 상승, 하락, 횡보의 역사를 복기하면 미래가 보인다! 1970년대 건설주 투기부터 2020년 코로나19 사태까지 역사를 한눈에!

〈별책부록〉 투자하기 전 꼭 알아야 할 경제지표 12

윤재수 지음 | 264쪽 | 22,000원

ETF 투자 무작정 따라하기

한 번에 잃을 걱정 없이
작은 돈으로 시작하는 주식투자

▶주식분야 국내 1등 저자의 ETF 투자법 대공개
▶어렵게만 느껴지는 종목 고민 끝, 왕초보도 확실하게 수익 내는 ETF 투자법!
▶국내외 주식시장, 다양한 실물자산에 통째로 투자하는 주식투자의 트렌드 솔루션!

〈별책부록〉 유망 ETF 32

윤재수 지음 | 276쪽 | 16,000원